MARSEILLE INSOLITE ET SECRÈTE

Éléonore van den Bogart et Jean-Pierre Cassely

Photos :
Geoffroy Mathieu et Jean-Pierre Cassely

Jonglez

Après le succès de la première version, nous avons pris un immense plaisir à la mise à jour du guide *Marseille insolite et secrète* et espérons que, comme nous, vous continuerez grâce à lui à découvrir des aspects insolites, secrets ou encore méconnus de la ville.
Cet ouvrage est un guide pratique : tous les endroits mentionnés sont accessibles et clairement localisés sur les cartes qui ouvrent chaque chapitre.
Accompagnant certains lieux, des encadrés thématiques mettent en lumière des points d'histoire ou relatent des anecdotes qui permettront de comprendre la ville dans toute sa complexité.
Marseille insolite et secrète met également en valeur de nombreux détails visibles dans des lieux que nous fréquentons parfois tous les jours sans les remarquer. Ils sont une invitation à une observation plus attentive du paysage urbain et, de façon plus générale, un moyen pour regarder notre ville avec la curiosité et l'attention dont nous faisons souvent preuve en voyage…

Les commentaires sur ce guide et son contenu ainsi que les informations sur des lieux que nous n'évoquons pas ici sont les bienvenus. Ils nous permettront d'enrichir les futures éditions de ce guide.
N'hésitez pas à nous écrire :

• Éditions Jonglez, 17, boulevard du Roi, 78000 Versailles, France.
• par mail : infos@editionsjonglez.com

AGGLOMÉRATION DE MARSEILLE

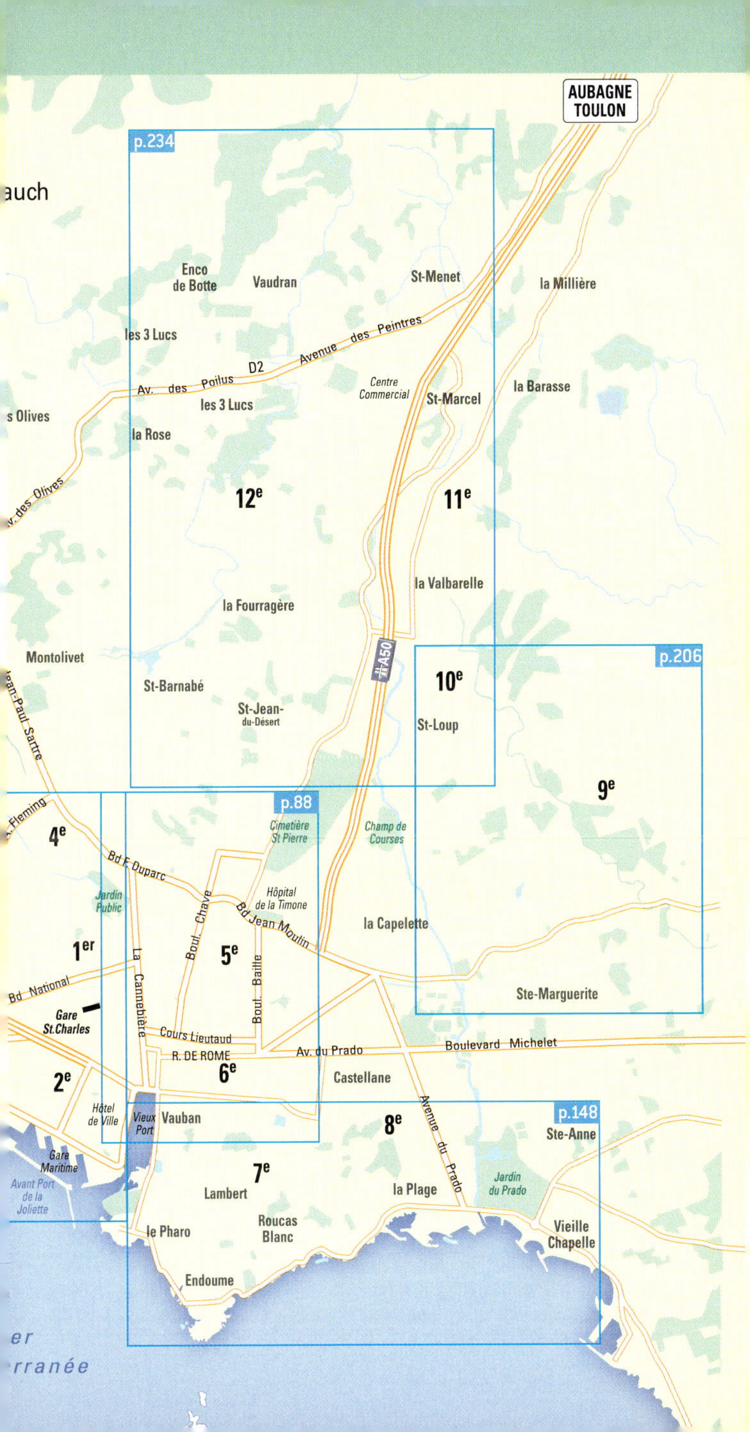
AUBAGNE
TOULON
p.234
auch
Enco
de Botte
Vaudran
St-Menet
la Millière
les 3 Lucs
Avenue des Peintres
D2
Av. des Poilus
Centre
Commercial
St-Marcel
la Barasse
les 3 Lucs
s Olives
la Rose
v. des Olives
12e
11e
la Valbarelle
la Fourragère
Montolivet
A50
p.206
10e
St-Barnabé
St-Jean-
du-Désert
St-Loup
9e
ean-Paul Sartre
p.88
Fleming
4e
Cimetière
St Pierre
Champ de
Courses
Bd F. Duparc
Jardin
Public
Boul. Chave
Hôpital
de la Timone
Bd Jean Moulin
la Capelette
1er
5e
La Cannebière
Boul. Baille
Bd National
Ste-Marguerite
Gare
St.Charles
Cours Lieutaud
R. DE ROME
Av. du Prado
Boulevard Michelet
2e
6e
Castellane
Hôtel
de Ville
Vieux
Port
Vauban
8e
Avenue du Prado
p.148
Ste-Anne
Gare
Maritime
Avant Port
de la
Joliette
7e
Lambert
la Plage
Jardin
du Prado
le Pharo
Roucas
Blanc
Vieille
Chapelle
Endoume
er
rranée

SOMMAIRE

1ER / 2^{E} / 3^{E} / 4^{E} ARRONDISSEMENTS

1ER / 5E/6E ARRONDISSEMENTS

SOMMAIRE

7^{E}/8^{E} ARRONDISSEMENTS

9E/10E ARRONDISSEMENTS

11E/12E ARRONDISSEMENTS

13E/14E/15E/16E ARRONDISSEMENTS

INDEX

SAINT-JUST
LES CHARTREUX
AVENUE DE ST-JUST
BD MAL JUIN
AV. DE MONTOLIVET
BD DE ROUX
AL. DE LA COMPASSE
AVENUE ALEXANDRE FLEMMING
BD DE LA FÉDÉRATION
4e
LES MARRONIERS
CHUTES LAVIE
CHARTREUX
RUE POUCEL
BD DE LA BLANCARDE
BD L. BOTINELLI
BD BOISSON
BD ROUGIER
LA BLANCARDE
AVENUE DES CHARTREUX
RUE JEANNE JUGAN
R. KRÜGER
BD FRANÇOISE DUPARC
DES CHUTES LAVIE
BOULEVARD GUIGOU
AV. DU MAL FOCH
Jardin Public
BD DU J. ZOOLOGIQUE
BD CASSINI
CH. DE STE-MARTHE
BD PARDIGON
BD DAHDAH
BOULEVARD
RUE PAUTRIER
Palais Longchamp
CINQ AVENUES LONGCHAMP
R. BOISSELOT
RUE DU DR
BD BUREL
BOULEVARD DE PLOMBIÈRE
PL. LEVERRIER
RUE BENÉDIT
BD MONTRICHER
BD PHILIPPON
LES 5 AVENUES
RUE JOBIN
Théâtre
L. PERRIN
RUE CAMILLE
RUE DU C. MAGES
R. L. GROBET
RUE MONTE CRISTO
ST-CHARLES
FLAMMARION
BD
3e
Parc d'Artillerie
RUE CLOVIS HUGUES
RUE D'ISOARD
RUE CONSOLAT
RUE CHAPE
R. CROIX DE RÉGNIER
R. DU CAMAS
RUE BELLE DE MAI
RUE LOUBON
Caserne Busserade
Caserne du Muy
RUE BUGEAUD
RUE GUIBAL
LONGCHAMP
BOULEVARD DE LA LIBÉRATION
RUE JAUBERT
BD E. PIERRE
BD BOUÈS
AV. ED. VAILLANT
AV. BELLE-VUE
R. CAVAIGNAC
BOULEVARD NATIONAL
RUE F. ROOSEVELT
RUE ST-SAVOURNIN
R. DE BRUYS
BELLE DE MAI
R. DES ABEILLES
VOLTAIRE
P. LÉO FERRÉ
R. GAUTIER
GARE ST-CHARLES
RÉFORMÉS CANEBIÈRE
THIERS
NATIONAL
R. DU 141E R.I.A.
CRIMÉE
R. DE LA GDE ARMÉE
BD DE LA LIBERTÉ
RUE CURIOL
RUE F. PYAT
RUE DE
BD DE STRASBOURG
Caserne des Douanes
Faculté des Sciences
RUE HONNORAT
BOULEVARD
BD D'ATHÈNES
AL. L. GAMBETTA
RUE SÉNAC
R. MAZAGRAN
BOULEVARD
ST-CHARLES
1er
BD DUGOMMIER
BD GARIBALDI
CRS LIEUTAUD
ST-LAZARE
AV. DU G. LECLERC
Faculté
R. DES DOMINICAINES
R. ST-DOMINIQUE
NATIONAL
LA VILLETTE
DÉSIRÉE CLARY
R. DES P. MARIES
LONGUE DES CAPUCINS
NOAILLES
BD C. NÉDELEC
R. DE LA FARE
RUE THUBANEAU
CAPUCINS
R. D'AUBAGNE
AV. ROGER SALENGRO
RUFFI
AVENUE CAMILLE PELLETAN
Pompiers
St. Théodore
Ste. Trinité
Saint-Martin-d'Arenc
RUE R. MIRÈS
RUE DE
RUE M. GUINOT
PEYSSONNEL
JULES GUESDE
R. D'AIX
C. BELSUNCE
CANEBIÈRE
R. DE ROME
R. VACON
BOULEVARD DE PARIS
PL. MARCEAU
PELLETAN
BELSUNCE
R. ST-FERRÉOL
R. P. ALBRAND
RUE CHEVALIER PAUL
RUE DE FORBIN
RUE FAUCHIER
LES GRANDS CARMES
R. STE-BARBE
Bourse
R. F. DAVSO
RUE PARADIS
RUE DES DAMES
COLBERT
RUE H. BARBUSSE
LA JOLIETTE
BOULEVARD DE DUNKERQUE
PL. S. CARNOT
VIEUX-PORT HÔTEL DE VILLE
QUAI DES BELGES
QUAI DU MAROC
RUE DE LA RÉPUBLIQUE
R. C. ROZE
GRAND RUE
R. COUTELLERIE
2e
Chapelle des Bourras
R. TRIGANCE
Hôp. de l'Hôtel-Dieu
AV. R. SCHUMAN
R. DE MAZENOD
Gare Maritime Nationale
BOULEVARD DES DAMES
RUE DE L'ÉVÊCHÉ
La Charité
R. DU REFUGE
R. CAISSERIE
Hôtel-de Ville
QUAI DU PORT
Vieux Port
R. F. N. DAME
RUE SAINTE
QUAI DE RIVE NEUVE
R. DE LA LOGE
M. DES ACCOULES
R. DES MARTEGALES
Gare Maritime Internationale
La Major
La Cathédrale
R. ST-LAURENT
Théâtre la Criée
St. Laurent
Bassin de Carénage
RAMPE ST-MAURICE
Bassin de la Grande Joliette
QUAI JEAN CHARCOT
N
E
O
S
Fort St.Jean
Bas Fort St. Nicolas
BD CHARLES LIVON
Fort d'Entrecasteaux
BOULEVARD DE
Port de la Réserve
RADE DE MARSEILLE
Avant Port de la Joliette
Jardin du Pharo
AV. PASTEUR
LE PHARO
1 2 3 4 5 6 7 8 9 10 11 12 13 14 15 16 17 18 19 20 21 22 23 24 25 26 27 28 29 30 31 32 33 34 35 36 37 38 39 40 41 43 44

1er / 2e / 3e / 4e ARRONDISSEMENTS

LA PLAQUE COMMÉMORATIVE DE LA FONDATION DE LA VILLE

1

Quai des Belges
• Métro : Vieux-Port

Une fondation en discussion

Scellée dans le sol, quai de la Fraternité, presque invisible, une plaque de bronze est tous les jours piétinée par la foule du vieux port. Posée dans les années 50 sur une idée de Gaston Defferre, alors maire de la ville, elle commémore la fondation de Marseille il y a 2600 ans par les Phocéens, habitants de la ville grecque de Phocée aujourd'hui Foça .

LA LÉGENDE DE LA FONDATION DE MARSEILLE

Parmi les auteurs anciens qui rapportent les circonstances de la création de Marseille, le plus souvent cité est l'historien romain Justin (IIIe siècle apr. J.-C.). Même s'il a vécu neuf siècles après l'événement, il doit sa crédibilité au fait que son Abrégé des Histoires Philippiques (Historiarum Philippicarum), est un florilège de l'histoire universelle de Trogue Pompée, historien gallo-romain né à Vaison-la-Romaine au Ier siècle apr. J.-C. Ce dernier, très influencé par la culture grecque diffusée par Marseille, écrivit son histoire universelle intitulée Histoire Philippique, composée de 44 livres, en s'appuyant lui-même sur les historiens grecs de l'époque hellénistique.

On trouve dans l'Abrégé des Histoires Philippiques (Livre XLIII, chap. III, 8-11) le passage suivant : « Les chefs de la flotte furent Simos et Protis. Ils allèrent trouver le roi des Ségobriges, nommé Nannus, sur le territoire duquel ils désiraient fonder une ville, et lui demandèrent son amitié. Justement ce jour-là le roi était occupé à préparer les noces de sa fille Gyptis, que, selon la coutume de la nation, il se disposait à donner en mariage au gendre choisi pendant le festin. Tous les prétendants avaient été invités au banquet; le roi y convia aussi ses hôtes grecs. On introduisit la jeune fille et son père lui dit d'offrir l'eau à celui qu'elle choisissait pour mari. Laissant de côté tous les autres, elle se tourna vers les Grecs et présenta l'eau à Protis qui, d'hôte devenu gendre, reçut de son beau-père un emplacement pour y fonder une ville ».

À noter qu'Aristote (384 - 322 av. J.-C.), auteur de la constitution de la cité de Massalia, aurait écrit une histoire de la fondation de la ville identique à celle rapportée par Justin, si ce n'est que Gyptis s'appelait Petta, et Protis, Euxénos. Le texte d'Aristote est aujourd'hui perdu, mais il a été résumé par Athénée, érudit grec (170 apr. J.-C. – IIIe siècle).

En considérant ces éléments, ceux-ci ne tendraient-ils pas à mettre tout le monde d'accord et à démontrer qu'une première ville aurait été fondée par les Ségobriges près de la fontaine de Voire (voir page 224) ? Et que les Phocéens, par l'intermédiaire de Gyptis et Protis, en fondèrent une autre, non loin de là, à l'actuel emplacement du vieux port ?

GYPTIS ET PROTIS

Sans disposer de descriptions précises, il est difficile de se faire une idée de l'apparence physique des deux premiers époux de Massalia. Les représentations sont rares, mais l'une d'entre elles est incontournable bien que méconnue.

Le café devenu depuis fast-food kebab, sur la Canebière au 2, rue des Feuillants exactement, à l'obsolète enseigne de : « En Suisse, au Palais du Roi » cache sur l'un des murs une représentation du banquet de mariage de Gyptis et Protis en céramique de très grande qualité.

La chambre de commerce, dans ses archives, et le musée d'Histoire de Marseille, dans ses collections exposées, disposent également des affiches les représentant, créées par David Dellepiane [1866-1925]. Elles avaient été éditées à l'occasion de la célébration du 25e centenaire de la ville, en octobre 1899.

Par ailleurs, la petite rue en biais, longue de 71 m, qui relie la rue Edouard Delanglade à la rue Breteuil a pris le nom de Gyptis. Protis, lui, bénéficie d'une rue dans le 7e arrondissement et d'un square tout près des vestiges du Théâtre Grec, là où s'élevait, avant sa destruction, le quartier Saint-Jean.

Le monument officiel dédié aux deux premiers Marseillais mythiques, lui, est situé en un lieu où personne ne le voit, excepté les plaisanciers : sur le quai Marcel Pagnol, sous le fort Saint-Nicolas. Il s'agit de blocs de marbre blanc bruts, provenant du Pentélique en Grèce. Deux d'entre eux rappellent une structure de colonne antique. Au centre, une sorte de meule où est gravé un texte : « La Grèce en offrant ses marbres, Marseille en les présentant à l'entrée de son port historique, rappellent l'union de Gyptis et Protis qui a donné naissance à notre ville ».

LE RELIQUAIRE VIDE DE L'ÉGLISE SAINT-FERRÉOL

Église Saint-Ferréol- Quai des Belges

2

- Tous les jours de 9h à 12h et de 15h à 19h (sauf dimanche 18h)
- Messe à 18h en semaine et le samedi
- Le dimanche messe à 9h30 et à 11h

Où sont passées les reliques de saint Louis d'Anjou ?

À l'intérieur de l'église Saint-Ferréol, un reliquaire vide attire l'attention. Son histoire est étonnante.

Lorsqu'en 1423 Alphonse V d'Aragon pille Marseille, il envoie des hommes de confiance chercher les reliques de saint Louis d'Anjou qui se trouvaient sous l'autel du couvent des frères mineurs, le saint ayant gardé un prestige important en Espagne (voir ci-dessous). Bien que les habitants les aient cachées dans une maison de la ville, les troupes aragonaises, bien renseignées par des pillards, s'emparent des précieuses reliques et les rapportent en Espagne. Elles y sont toujours aujourd'hui, conservées dans la cathédrale de Valence, avec les chaînes du port de Marseille.

L'histoire rebondit pourtant cinq siècles plus tard, en 1956, quand l'archevêque de Valence, Mgr Olazchea Loizago, et l'archevêque de Marseille, Mgr Delay, se mettent d'accord pour que deux vertèbres du saint soient ramenées dans la cité phocéenne. Le 24 juin 1956, elles sont placées dans un reliquaire façonné pour la circonstance dans l'église Saint-Ferréol les Augustins. En 1993, 570 ans plus tard, les vertèbres sont à nouveau volées…

SAINT LOUIS D'ANJOU

Louis d'Anjou naît à Brignoles (Var) le 9 février 1274. Fils de Charles II d'Anjou, dit «le boiteux», roi de Naples, et de Marie de Hongrie, il est aussi le petit-neveu de Saint Louis, roi de France. En 1284, son père est fait prisonnier par les Aragonais jusqu'en 1288, sa libération étant obtenue en échange de la livraison en otage de Louis, de deux de ses frères, de soixante seigneurs provençaux et de vingt notables marseillais. Prisonnier pendant sept ans (de 14 à 21 ans), le prince contracte la tuberculose en captivité. Libéré en 1295, il prend la tonsure chez les Franciscains et est nommé évêque de Toulouse par le pape Boniface VIII. Son mode de vie refusant tout honneur et toute richesse, sa réputation de sainteté, son destin hors du commun et la beauté de son visage en firent un des personnages les plus respectés et emblématiques de l'époque et plus particulièrement pour les Catalans et les Provençaux. Il meurt en 1297 et est canonisé en 1317. Ses reliques passent de leur caveau d'origine au maître-autel du couvent des frères mineurs à Marseille en 1319.
Le cours Saint-Louis à Marseille lui est dédié.
Saint Louis d'Anjou (appelé aussi saint Louis de Brignoles, saint Louis de Toulouse ou saint Louis de Marseille) est le saint patron des otages et des prisonniers.

STATUE DE SAINT ÉLOI

3

1, rue Francis Davso
13001 Marseille

Saint Gaudin ou saint Éloi ?

Au-dessus de l'entrée du numéro 1 de la rue Francis-Davso, pratiquement à l'angle de la rue de Rome, la statue de Saint Eloi abritée dans la niche de la façade n'attire pas vraiment l'attention. Elle cache pourtant une bien curieuse histoire.

Au matin du 27 mai 1944, trois mois avant la libération de Marseille, l'aviation anglo-américaine lance un raid contre les infrastructures stratégiques de la ville afin d'affaiblir les capacités de mouvement de l'occupant, en prévision d'un assaut terrestre inéluctable. Survolant Marseille à 4 000 m d'altitude, 250 avions lâchent, en une dizaine de minutes, un millier de bombes imprécises qui vont ravager le centre-ville. On dénombrera 2 000 victimes civiles, 4 000 blessés, 1 000 immeubles détruits et 9 000 endommagés. Parmi les plus atteints, se trouvait l'îlot de la rue de Rome, à l'emplacement actuel de la statue, au sein duquel l'orfèvrerie Gaudin avait ses locaux.

Totalement détruits dans les bombardements, les locaux furent reconstruits par l'orfèvrerie, à la seule condition que saint Éloi, le patron des orfèvres, soit placé au-dessus de leur magasin, en protection, afin qu'un tel événement ne puisse plus se reproduire…

Notons que le nouvel immeuble construit sur les ruines l'a été en retrait, pour respecter les nouvelles obligations d'alignement. Depuis, la maison Gaudin a déménagé : elle se trouve actuellement au 42, rue Grignan.

SAINT ÉLOI (VERS 588 – 1ER DÉCEMBRE 660)

Éloi de Noyon, plus connu sous le nom de saint Éloi, naît près de Limoges où il est placé par son père en apprentissage chez un orfèvre réputé. Il se fait remarquer par son habileté et sa piété. À Paris, où il se rend, il travaille chez l'orfèvre Bobbon qui lui confie une commande du roi Clotaire II : un trône d'or serti de pierres précieuses. Avec l'or fourni par le roi, Éloi en exécute deux. Sa probité, ses compétences et son talent, lui permettent d'entrer au service du roi puis de devenir trésorier de son successeur, Dagobert Ier. Nommé Évêque de Noyon (Picardie) en 641, il est sans doute l'un des saints les plus connus des enfants grâce à la fameuse comptine *Le bon roi Dagobert*. Les œuvres de ce remarquable orfèvre ont été détruites sous la Révolution. Saint Éloi est le saint patron des orfèvres, graveurs, forgerons, chaudronniers, horlogers, mineurs, maréchaux-ferrants et, plus généralement, des ouvriers qui travaillent le métal et de ceux qui se servent d'un marteau.

LES BAS-RELIEFS DE LA CITÉ DES ASSOCIATIONS

4

Cité des Associations
93, La Canebière 13001 Marseille
• Tél. 04 91 55 39 50

Les travailleurs du bâtiment en action

À l'entrée de la Cité des Associations, douze bas-reliefs de Louis Botinelly (1883-1962), pourtant visibles par quiconque passe devant, sont totalement méconnus des Marseillais.

Les sculptures ont été réalisées en 1952, date de l'installation en ce lieu de la Fédération des Bâtiments et Travaux Annexes, et représentent des travailleurs du bâtiment en action.

À l'intérieur, dans l'ancienne salle de conférences du troisième étage, se trouve l'œuvre du deuxième sculpteur qui avait été sollicité pour cette réalisation, l'incontournable Antoine Sartorio (1885-1988). Malheureusement, le règlement de la Cité des Associations ne permet pas au public d'accéder à l'intérieur après l'accueil et l'œuvre n'est accessible qu'aux adhérents. Au centre de cette belle plaque murale célébrant le métier d'architecte est gravée la phrase suivante : « Le bâtiment, écriture vivante du peuple ».

LOUIS BOTINELLY

Louis Botinelly est né à Digne le 26 janvier 1883. Fils d'un tailleur de pierre et neveu d'un sculpteur, il se familiarisa très jeune aux outils du carrier et manifesta un réel talent artistique. Contre la volonté de sa famille, il partit étudier aux Beaux-Arts de Marseille puis de Paris. Très vite reconnu et comblé de récompenses, Botinelly forma avec son ami l'architecte Gaston Castel (voir page 85) et le sculpteur Sartorio (voir page 22) un trio incontournable dont les multiples œuvres ont façonné la période de l'entre-deux-guerres à Marseille. Il décéda le 28 mars 1962 à 89 ans et est enterré au cimetière de Plan-de-Cuques. Une rue du 4e arr. de Marseille porte son nom (anciennement boulevard du chemin de fer) et son atelier existe encore (mais ne se visite pas) au 14, rue Buffon (4e arr.). On peut voir sur la façade de son atelier une œuvre de l'artiste : *La Victoire de Samothrace dans la main du génie féminin*. Ses œuvres principales sont :

- *Le dresseur d'oursons*, groupe en bronze (1911). Autrefois place du Général-de-Gaulle. L'œuvre est désormais située sur l'esplanade de la Tourette, 2e arr. En face de l'église Saint-Laurent.
- Statues des quatre évangélistes, à chacun des piliers de la coupole principale de la cathédrale de la Major de Marseille, place de la Major, 2e arr.
- *Les Colonies d'Asie* et *Les Colonies d'Afrique* (1923-1924), groupes allégoriques situés sur le palier inférieur du grand escalier de la gare Saint-Charles de Marseille.
- *La Loi et la Justice protégeant le Droit* (1925), groupe sculpté, dans le salon d'honneur du tribunal de grande instance de Marseille, 4, rue Émile-Pollak, 6e arr. (Voir page 101).
- *Jeanne d'Arc*, statue en marbre sur le parvis de l'église Saint-Vincent-de-Paul, dite des Réformés à Marseille, rue Socrate, 1er arr. À l'intérieur de la même église, *Le Christ Rédempteur* dont les traits sont la reproduction fidèle en trois dimensions du visage du saint suaire de Turin.

LE MÉDAILLON DE LA PRUSSE À LA CHAMBRE DE COMMERCE ET D'INDUSTRIE ❺

Palais de la Bourse - 9, La Canebière - BP 21856
13221 MARSEILLE CEDEX 01
• Tél. 0 810 113 113 • www.ccimp.com
• Horaires de 8 h à 18 h 30 du lundi au vendredi. Le samedi de 10 h à 18 h

« En 1870, les Marseillais ont martelé le médaillon de la Prusse

Fondée en 1599, la chambre de commerce de Marseille est la plus ancienne de France. Elle siégeait à l'origine dans une « loggia » (vers l'actuelle rue de la Loge – d'où le nom) puis fut transférée au rez-de-chaussée de la mairie (voir page 49). Au XIXe siècle, la prospérité de la ville incita les consuls de la chambre à ériger un bâtiment sur l'artère la plus prestigieuse de l'époque : la Canebière. Le Palais de la Bourse fut ainsi inauguré en 1860 par Napoléon III, qui avait posé la première pierre quelques années auparavant, en 1852, sous sa précédente identité de Prince Louis-Napoléon-Bonaparte.

Dix ans plus tard, après la défaite de Sedan, le Second Empire arriva à son terme et le peuple de Marseille vint en masse renverser la statue de l'empereur qui trônait sur le balcon du premier étage du grand hall (la statue a été remplacée depuis par un baromètre).

Dans le grand hall, des médaillons rappelaient également les noms des villes ou des États avec lesquels Marseille commerçait, dont la Prusse. Le nom de l'ennemi fut donc méticuleusement martelé.

Il est encore conservé en cet état de nos jours…

« LE PUBLIC MARSEILLAIS TROUVE TOUT NATUREL QUE L'ON MONTRE DES BOURSES AU PALAIS DE LA BOURSE »

Au fronton du bâtiment, un homme armé d'un trident et une femme, tous deux nus, forment une allégorie de l'Océan et de la Méditerranée (dans cet ordre). La sculpture fut exécutée par Armand Toussaint (1806-1862). Le 25 septembre 1860, Eugène de Mazenod, évêque de Marseille (1782-1861), émit une discrète protestation sur la nudité de l'allégorie maritime, ne faisant ainsi que refléter une partie de l'opinion marseillaise peu habituée aux audaces de certains artistes. Parmi eux se trouvait le virulent Bruno Pechier, membre de la compagnie consulaire, à qui Sébastien Berteaut, secrétaire archiviste de la Chambre et esprit caustique, répondit dans la presse par l'épigramme suivante :

« Sur le front du Palais, un de nos magistrats,
Pour voiler ces objets qui manquent aux castrats
D'une feuille de vigne invoque la ressource.
Souffre, chaste Pechier, ce détail corporel ;
Le public marseillais trouve tout naturel
Que l'on montre des bourses au Palais de la Bourse. »

DE REUNIONS
SIDENCE
1927 NL 13
TORPEDO
"TURCAT-MERY"
7 CV
CONSTRUITE
A MARSEILLE
EN 1927

LA TURCAT-MÉRY DU PALAIS DE LA BOURSE 6

Chambre de Commerce et d'Industrie Marseille-Provence
Palais de la Bourse - 9, La Canebière - BP 21856
13221 MARSEILLE CEDEX 01
• Tél. 0 810 113 113 • http://www.turcat-mery.com
• Horaires de 8 h à 18 h 30 du lundi au vendredi. Le samedi de 10 h à 18 h

"Quand Marseille fabriquait des voitures

Dans le hall du palais, à droite en rentrant, une voiture de collection surprend le visiteur. Datant de 1927, ce torpedo Turcat-Méry (sept chevaux, roues à rayons, quatre freins à tambour, vitesse maximale enregistrée : 58,5 km/h) est dans un état impeccable et ses pneus en parfait état de marche, la société Michelin conservant encore aujourd'hui un atelier fabriquant à la demande les pneus des voitures de collection.

Diplômé de l'Ecole supérieure de commerce de Marseille, Leon Turcat travailla avec son père, négociant en café et en poivre. Simon Méry, son cousin, était quant à lui diplômé de l'Ecole d'ingénieurs de Marseille. Leur aventure démarre en 1895, date à laquelle ils construisent leurs premiers prototypes. Leur atelier est alors un simple garage et les pièces sont coulées par un fabricant de pompes. En 1899, les premières commandes sont signées : huit exemplaires. Ils s'installent dès lors au 2 boulevard Michelet sur 700 m^2.

En 1906, les ateliers Turcat-Mery emploient 125 personnes et se lancent dans la compétition sur les routes non goudronnées de l'époque (avec notamment la fameuse "Tarasque") et remportent la première édition du rallye de Monte-Carlo en 1911.

Après la guerre, les ateliers déménagent au 17 boulevard Michelet sur six hectares, à l'emplacement actuel du stade vélodrome. L'usine tourne à plein avec cinq voitures par jour, assemblées à la main, le modèle vedette étant une 15 chevaux de 3 litres de cylindrée.

Au même moment, outre-Atlantique, un certain Henry Ford avait lancé la Ford T, construite selon le principe du travail à la chaîne, et qui se vendra à 15 millions d'exemplaires à travers le monde.

Pour l'anecdote, en mars 1969, le pilote d'essai André Turcat, neveu de Léon, fut le premier pilote du Concorde.

LES NICHES DU MÉMORIAL DE LA MARSEILLAISE

7

23-25, rue Thubaneau
- Tél. 04 91 91 91 97 • www.memorial-marseillaise.com
- Métro : Noailles
- Du 1er février au 17 juin et du 18 septembre au 30 décembre :
- Du mardi au dimanche de 14 h à 18 h. Fermé le lundi
- Du 18 juin au 16 septembre : tous les jours de 10 h à 18 h
- Fermé les 24 et 25 décembre
- Plein tarif : 7 €

Le mur d'origine du jeu de paume a été conservé

Inauguré en 2011, le mémorial de la Marseillaise est plus qu'un musée car plusieurs scénographies spectaculaires permettent de vivre cet épisode emblématique de l'histoire de France. La visite se fait selon un cheminement où alternent des séquences passives et d'autres interactives.

La salle des Marseillaises est peut-être la salle la plus « savante » du lieu avec des fac-similés des journaux d'époque et la possibilité d'écouter plus de 40 interprétations de la Marseillaise, d'Hector Berlioz à Serge Gainsbourg.

La salle des doléances met en scène les principaux personnages qui ont participé à la Révolution française à Marseille et en Provence (dont Mirabeau, Danton ou Robespierre). Une douzaine de bustes, dont les visages animés s'expriment avec un réalisme surprenant, mettent dans l'ambiance de leurs débats.

La salle du jeu de paume possède, comme son nom l'indique, le mur d'époque (restauré) sur lequel on jouait à la paume. On remarque d'ailleurs les trois niches creusées aux premières heures de la Révolution et qui abritèrent les bustes de Rousseau, Voltaire et Brutus*. Deux scénographies parallèles sont le clou de la visite : la prise de la Bastille avec sons, lumières, projections et odeurs de la poudre à fusil utilisée à l'époque et une immense baie vitrée très réaliste montrant les participants au banquet, chantant la Marseillaise.

* Brutus était le surnom du Parisien Leroy envoyé à Marseille en 1793 pour durcir la répression et comme l'a écrit Alexandre Dumas dans *Une année à Florence* : « Le Comité de salut public avait envoyé (...) le citoyen Brutus pour rendre un peu d'activité à la machine patriotique. À la première vue, on put s'apercevoir que le choix était bon : le citoyen Brutus s'entendait à merveille à déverser sur les planches de la guillotine le trop-plein des prisons ».

ICI EST NÉE LA MARSEILLAISE

Il s'appelait François Mireur et était fraîchement débarqué de Montpellier où il venait de passer son doctorat en médecine, avant de se lancer dans une carrière militaire. Voilà ce qu'on sait de l'homme qui fit connaître la Marseillaise au public en cette douce soirée du 21 juin 1791.
Ce soir-là, François Mireur avait fait un discours au club des Jacobins, ex-société des amis de la Constitution, au 25 de la rue Thubaneau. L'endroit était une salle de jeu de paume inaugurée en 1681.
On retrouve, sur une édition de l'époque parue pour l'occasion, son discours imprimé intact suivi d'un chant alors inconnu. Nommé chant de l'armée des frontières, il s'appellera également chant de l'armée du Rhin, bien avant de s'appeler la Marseillaise. Le chant est alors légèrement transformé par rapport à l'œuvre initiale de Rouget de Lisle.
S'il n'y a aucune certitude que Mireur ait vraiment chanté en public ce soir-là, il est en revanche quasiment certain que le lendemain, le même Mireur fut invité par la garde nationale à un banquet dans l'arrière-cour du 11, rue Thubaneau. Sorte de fumoir alors très réputé où les hommes aimaient à se réunir, cet estaminet à la mode donnera son nom à la rue, « thubaneau » signifiant « fumoir » en provençal. Ce soir-là, le fameux Mireur chantera devant la garde nationale. En juillet 1792, alors que la France est en guerre contre l'Autriche, Paris demande de l'aide à Marseille, qui s'empresse de lui envoyer 500 hommes « sachant mourir » de sa garde nationale. Le bataillon des fédérés marseillais, fusils à l'épaule, fait marche vers la capitale. Certains de ces hommes, présents lors de l'étonnante performance de Mireur, s'empressent de reprendre ce chant plein d'entrain qu'ils entonnent avec verve, pendant plus de 4 semaines de marche à travers la France. Ils arrivèrent à Paris en le chantant à tue-tête, sous les yeux ébahis des habitants qui, puisque venant de Marseille et chanté par des Marseillais, appelèrent ce chant la Marseillaise.

LE THÉÂTRE DE L'ŒUVRE

8

1, rue Mission-de-France
• Tél : 04 91 90 17 20
• www.theatre-œuvre.org
• E-Mail : contact@theatre-œuvre.org

Un bijou méconnu

Véritable bijou méconnu, le Théâtre de l'Œuvre est un des derniers théâtres « à l'italienne » de Marseille. La magnifique salle est équipée des 175 fauteuils d'origine et peut accueillir jusqu'à 200 spectateurs avec les strapontins (là aussi, une exception aujourd'hui hors d'usage). De par son acoustique, le théâtre accueille tous les genres de spectacles, dans une ambiance qui rappelle celle des théâtres d'antan : de l'opérette aux grands classiques, de la chanson au récital de poésie.

Créée en 1930 par Bruno Barucca, l'association humanitaire la « Société de la Paix » est à l'origine du théâtre, qu'elle fonda en 1937 au 3a, rue de Turenne, où elle avait son siège.

Le théâtre d'alors comprenait des locaux annexes où étaient donnés des cours gratuits dans toutes les matières scolaires classiques, ainsi que des formations de couture, de chant, de théâtre bien sûr, et de ce qu'on appellerait aujourd'hui « économie et vie pratique », de la cuisine à la gestion de budget. Le théâtre lui-même servait d'appui financier à l'association pour ses actions philanthropiques et des filiales furent fondées à Aix-en-Provence, à Casablanca en 1938, et à Nice.

Pendant la guerre de 1939-1945, des réfugiés venus de toute l'Europe, des résistants et des victimes de persécutions furent hébergés et nourris dans les locaux de la rue de Turenne. Après la guerre, en raison des expropriations nécessaires à l'implantation de la future autoroute Nord, la Société de la Paix fut obligée de quitter la rue de Turenne. Elle acheta alors, au 1, rue Mission-de-France, un vieux bâtiment très endommagé par l'incendie des Nouvelles Galeries. Grâce au travail et au dévouement de ses membres, elle créa un deuxième Théâtre de l'Œuvre, inauguré le 25 février 1965, qui est celui que nous connaissons actuellement.

Au-dessus de la salle de spectacles, la Société de la Paix continue son action d'aide aux personnes en difficulté.

À VOIR AUX ALENTOURS :

DES CAVES DE LOUIS XIV DANS UN PEEP SHOW SEX-SHOP L'ÉTOILE

9

21, boulevard Dugommier

Mitoyen au Duc Hôtel, le sex-shop L'étoile, à la fois sex-shop et peep-show, renferme dans ses sous-sols les seules caves d'époque Louis XIV encore visibles à Marseille. En expliquant simplement au gérant que vous venez évidemment pour voir ses caves et en lui proposant une petite contribution de 1 ou 2 euros, il se fera un plaisir, s'il a le temps, de vous les faire visiter. Toutes les autres caves situées aux pieds des anciens remparts de la ville auraient été murées ou détruites.

ACADÉMIE DE MARSEILLE

10

40, rue Adolphe-Thiers
13001 Marseille
• Ne se visite pas

La vie sexuelle d'Adolphe Thiers

Sur la façade de l'immeuble abritant l'Académie de Marseille, au numéro 40 de la rue Thiers, une plaque commémorative rappelle que Marie, Joseph, Louis, Adolphe Thiers est né dans cette maison le 15 avril 1797. Une deuxième plaque informe : « Cet immeuble a été donné à l'Académie de Marseille par mademoiselle Félicie Dosne ».

En 1827 à Paris, Adolphe Thiers se lie d'amitié avec la très prospère famille Dosne, et surtout avec la maîtresse de maison, Eurydice, qui est alors âgée de 33 ans (Thiers en a 30).

Alexis-André, l'époux, qui n'avait rien demandé, fut nommé receveur principal à Brest en 1830 et ainsi mis à l'écart, une décision que l'on imagine évidemment prise pour écarter son rival de cœur. Le mariage en 1833 de Thiers avec la fille aînée d'Eurydice, Élise, qui avait 15 ans, lui permit de vivre auprès de son amante et de « régulariser » une situation scandaleuse. Élise apporta en dot un hôtel particulier de la place Saint-Georges qui deviendra la demeure officielle parisienne du politicien marseillais. La presse se gaussa de ce mariage : « Combien d'enfants feront monsieur Thiers et sa moitié ? »

Après la mort d'Eurydice, Thiers, avec sa femme Élise et sa belle-sœur Félicie, allèrent chaque été en vacances à Dinard ou à Trouville où ils croisaient sur la plage les bourgeois de l'époque : « Tiens ! voici les trois Thiers », riaient-ils sous cape !

Après la mort d'Adolphe Thiers en 1877 et celle d'Élise en 1880, Félicie, la sœur cadette (qui s'était « rapprochée » du « boucher de la Commune »), racheta sa maison natale et en fera don à l'Académie de Marseille en 1902.

QUAND MONSIEUR THIERS MANGEAIT COMME QUATRE !

C'est lorsqu'il montra son postérieur au balcon du château de Grand-Vaux à Savigny-sur-Orge, dans les années 1850, après une grande journée orgiaque avec une vingtaine de « gaillards » et un « sérail de dames », que parut ce pamphlet dont on dit qu'il fut signé Gérard de Nerval :

Question de W.-C.
Je viens de mettre en un trou rond
Ce qu'un jour avec imprudence
Thiers ministre, sur un balcon
Fit voir aux citoyens de France

LES ATLANTES DU 1, RUE FRÉDÉRIC CHEVILLON

Église Saint-Ferréol

11

Les premiers atlantes en ciment de Marseille

Si les atlantes ne sont pas rares dans ce quartier bourgeois, ceux du 1, rue Frédéric-Chevillon ont la particularité d'avoir été les premiers atlantes en ciment de Marseille. Désiré Michel, qui voulait héberger dans l'immeuble le siège de sa Société des ciments de la Méditerranée, les utilisa en effet comme une preuve du savoir-faire de son entreprise.

Édifié en 1858 en trois mois seulement, grâce à l'usage intensif de ce nouveau matériau (breveté en 1841), l'immeuble est abondamment décoré. Le balcon de la travée centrale est supporté par deux atlantes dont la position rappelle ceux de Pierre Puget sur l'hôtel de ville de Toulon. Si la figure de droite, qui représente un homme ne semblant pas souffrir de l'effort effectué pour soutenir le balcon, est en parfait état, la figure de gauche, en revanche, a perdu ses bras avec le temps.

Désiré Michel se fit aussi connaître pour la restauration de la façade de l'église de la Mission-de-France, rue Tapis-Vert où le ciment fut également utilisé. Ce matériau tombait à pic dans une ville en pleine expansion immobilière, mais il garda toujours une connotation bon marché.

ATLANTES ET CARIATIDES

Il est d'usage d'appeler atlantes les statues (qui soutiennent le plus souvent des balcons) d'hommes et cariatides celles de femmes. Les atlantes font référence à Atlas, Dieu qui portait le monde sur ses épaules.

Les cariatides, elles, doivent leur nom aux femmes de Caryes, ville de Grèce dans le Péloponnèse : s'étant alliés aux Perses lors des guerres médiques (entre la Perse et la Grèce), les habitants de cette ville furent exterminés par leurs compatriotes. Leurs femmes furent réduites en esclavage et condamnées à porter de lourds fardeaux.

Selon une autre hypothèse, le nom de cariatides, du grec Karuatides, proviendrait du fait que les femmes de la ville de Karue avaient été enlevées à la destruction de la ville et avaient servi de modèle à des statues.

GROUPE ANARCHISTE DE LA VALLEE DE SEON
NI DIEU NI MAITRE
St HENRI MARSEILLE 1900

CENTRE INTERNATIONAL DE RECHERCHE SUR L'ANARCHISME ⓬

50, rue Consolat
13381 Marseille cedex 13
• Tel : 09 50 51 10 89
• http://cira.marseille.free.fr • cira.marseille@free.fr
• Permanences : du lundi au vendredi de 15 h à 18 h 30 (21 h le mardi).
• Cotisation minimale : 25 € par an. Cotisation souhaitée : 80 € par an.
• Carte de lecteur : 10 € par an. La consultation sur place est libre

Ni Dieu, ni Maître

Marseille est probablement la seule ville au monde où l'on trouve un centre international de recherche sur l'anarchisme et ce n'est aucunement lié, comme certains le prétendent, aux multiples interventions de Léo Ferré dans la ville.

L'anarchisme est avant tout un état d'esprit, une certaine philosophie impliquant une liberté de pensée et d'action, en opposition avec les lois imposées. Le mouvement s'est fait connaître par son slogan «Ni Dieu, ni Maître».

Fondé à Marseille en 1965 par René Bianco, historien et homme de lettres, cet établissement fut à l'origine une antenne du CIRA de Lausanne fondé en 1957. Aujourd'hui complètement autonome, cette association de loi 1901 a pour objectif principal de collecter, de classer, et d'archiver tout ce qui touche de près ou de loin à l'anarchisme. Le but est de faire connaître ses figures emblématiques à travers l'art et la littérature.

Si le local est un peu vétuste, faute de moyens, il renferme une bibliothèque impressionnante.

On y découvre plus de 2 000 œuvres consultables sur place, des archives de militants, mais aussi des affiches, des tracts, des cartes postales, des travaux universitaires ou des cassettes vidéo. Tout le monde peut devenir membre du Cira. La cotisation est de 25 euros par an et permet d'emprunter du matériel. Les membres reçoivent une lettre mensuelle qui annonce toutes les activités internes de l'association ainsi que les différentes informations liées au monde libertaire au niveau national. Le Cira édite également depuis une quarantaine d'années un bulletin thématique annuel traitant de sujets précis tels que le Congrès de Marseille en 1879, Louise Michel en Provence, ou encore une série de biographies de militants comme celle de Pepita Carpena, présidente du Cira pendant 20 ans, et de son compagnon Moreno Martinez, tous deux réfugiés espagnols exilés à Marseille en 1939. Les bulletins sont gratuits. La librairie propose aussi une série de livres ciblés dont un certain nombre sont écrits par des auteurs locaux. Des conférences, des débats ou colloques sont organisés de manière récurrente.

En dehors des locaux du Cira, une Nuit de l'anarchie à lieu chaque année au Théâtre Toursky.

ALEXANDRE-MARIUS JACOB : L'ANARCHISTE QUI A SERVI DE MODÈLE À ARSÈNE LUPIN

Né en 1879 tout près du Vieux-Port, rue Mayousse (disparue sous les destructions nazies en 1943), Alexandre-Marius Jacob commence sa vie professionnelle comme mousse. Il se passionne très tôt pour la cause anarchiste et s'y implique à un point tel qu'il passe six mois en prison pour détention d'explosifs. Dès lors, sa vocation est définitive : il va financer la cause anarchiste en lui « restituant l'argent des riches ».

Il devient gérant d'une quincaillerie dans le seul but d'apprendre les secrets des serrures et des coffres-forts, puis crée une bande spécialisée dans les cambriolages d'élite : « les travailleurs de la nuit ». Les coups d'éclat s'enchaînent : les tapisseries d'Aubusson de la cathédrale de Tours en passant par un vitrail descellé ; 400 000 francs dérobés au Mont de Piété rue du Petit Saint-Jean par trois faux policiers en perquisition ; des dizaines de domiciles de nantis repérés grâce au Bottin Mondain.

Il invente notamment le cambriolage par l'étage inférieur en perçant le plancher et en récupérant les gravats grâce à un parapluie déployé...

Le 21 avril 1903, il est arrêté avec deux de ses compères. Au cours du procès, un spectateur attentif observe Jacob, que son avocat appelle « le gentleman cambrioleur ». Cela ne tombera pas dans l'oreille d'un sourd : Maurice Leblanc venait de « créer » le personnage d'Arsène Lupin. Trois mois après le verdict qui condamne Jacob au bagne, en juillet 1905, est publié *L'arrestation d'Arsène Lupin*.

Après 25 ans de bagne, Alexandre-Marius Jacob est libéré et mène une vie paisible. En 1954, il se suicide pour mettre fin à ses douleurs physiques et laisse une émouvante lettre où il explique qu'il a choisi un samedi pour laisser la semaine à ses amis pour les formalités. Il termine son mot d'adieu par cette phrase : « Vous trouverez deux litres de rosé... »

Hasard de la géographie, à quelques mètres du centre (voir page précédente), au 19 boulevard Dugommier, se trouve une plaque commémorative de la mort de Louise Michel. Figure légendaire du mouvement ouvrier et porte-drapeau de l'anarchisme, celle-ci viendra s'éteindre à Marseille au Duc Hôtel le 10 janvier 1905 lors d'une tournée de propagande, à plus de 70 ans.

LA FAÇADE DE L'HÔTEL PESCIOLINI

13

1, rue Nationale
• Accès : métro Jules-Guesde ou Noailles

Les colonnes d'Hercule

Dernier témoin d'un faste oublié dans un quartier qui ne cesse de se transformer, l'hôtel Pesciolini possède l'une des plus belles façades de la ville, pleine d'originalité, tant dans son histoire, que dans l'agencement de sa composition. La plupart des autres demeures sur le cours Belsunce qui présentaient ce style de façades, décorées de cariatides, atlantes ou autres sphinges (sphinx femelle) ont été détruites.

Édifié en 1673, à la demande d'un riche banquier italien, M. de Venerosi de Pesciolini, l'hôtel est faussement appelé «la maison aux cariatides» puisque ce sont en fait des atlantes (hommes) et non des cariatides (femmes) qui soutiennent le balcon.

Les atlantes doivent leur nom au dieu Atlantos, dérivé du nom grec Atlas, géant qui soutient la voûte céleste dans la mythologie grecque. Le nom fut utilisé comme terme d'architecture dès 1547.

C'est en hommage à son père prénommé Hercule, que le propriétaire aurait volontairement fait édifier ces deux colosses, inspirés de la maison Maurel à Aix-en-Provence.

Bien que l'auteur des sculptures demeure inconnu, on retrouve ici des similitudes architecturales avec les châteaux arrière des vaisseaux de haut bord sur lesquels travaillait Pierre Puget à l'arsenal de Toulon. Ses compositions présentaient à la fois des trophées d'armes, entourés de sphinges elles-mêmes encadrées d'atlantes surdimensionnés, ce qui est le cas ici. On les apparente également aux atlantes de Puget sur la façade de l'hôtel de Ville de Toulon par le caractère grave qu'ils expriment. François Portal, élève de Puget, qui a notamment réalisé l'autel en marbre de l'église des Grands-Carmes, pourrait également être l'auteur de ces sculptures. À l'époque, le métier d'architecte n'était pas réglementé et il était exercé par une quantité de personnes diverses : maîtres d'œuvre, peintres, sculpteurs… Il n'était pas rare de voir plusieurs influences se faire sentir.

L'énorme épaisseur des murs, la taille atypique des pierres, la qualité des fournitures, ou encore l'importance des fondations, tous les matériaux sont de premier choix et ceci explique probablement en partie la pérennité de l'édifice.

À VOIR AUX ALENTOURS :

LA CHEMINÉE DES BAINS TURCS

14

Angle de la rue Nationale et de la rue de la Fare

Il est étonnant de découvrir en plein centre-ville, dans le quartier de Belsunce, une immense cheminée de brique rouge haute d'une dizaine de mètres. Semblant sortir tout droit des courées du nord de la France, perdue au milieu de quelques immeubles, elle se détache visuellement de l'environnement. Cette cheminée est simplement celle d'une ancienne usine. De nombreuses savonneries et raffineries d'huiles jalonnaient en effet le port de part et d'autre au XVIIe siècle. Par souci de salubrité, elles furent toutes déplacées vers la fin du XVIIIe dans des quartiers moins centraux. À la fermeture des usines, cette cheminée a ensuite été récupérée par des bains turcs réputés, ouverts dans les années 30. Toujours en place, ils sont néanmoins fermés depuis une dizaine d'années. Le site, resté à l'abandon depuis lors, est fermé au public. Les passionnés de vestiges industriels découvriront une cheminée du même type sur l'autre rive du port, rue du Fort-Notre-Dame. Elle faisait partie d'une ancienne savonnerie du XVIIIe siècle qui fut à l'origine du fameux savon de Marseille.

L'ÉGLISE SAINT-THÉODORE

15

1, rue de l'Étoile
- Accès : métro Jules-Guesde
- Tél. : 04 91 90 76 67
- Messe le dimanche matin à 10h30

Une église miraculée

L'église Saint-Théodore dégage une atmosphère très particulière. Tellement particulière que l'on se sent quasiment projeté dans un autre monde en en poussant la porte.

Également appelée église des Récollets, en souvenir de l'ordre du même nom, cette perle oubliée de l'art baroque provençal a subi les outrages du temps et n'a pas été restaurée depuis plus de 80 ans. L'ordre des Récollets formait jadis une branche de l'ordre des frères mineurs de Saint-François-d'Assise et trouve son origine dans le mot latin recollectos qui signifie «recueillis intérieurement».

Si l'église est fermée, ce qui est souvent le cas, n'hésitez pas à téléphoner au père Julien, rue de l'Étoile, pour qu'il vous ouvre la porte. L'intérieur vaut vraiment le détour.

Immense, la nef centrale apparaît comme une hallucination. Une partie de son aile droite a brûlé, l'autre a subi plusieurs dégâts des eaux et les fresques, véritables chefs-d'œuvre du XVIIe siècle en totale déliquescence ont été par endroits recouvertes de plâtre et d'enduit. Certaines toiles de Michel Serre, connu notamment pour son travail pictural remarquable sur la peste à Marseille, ou d'Antoine Sublet, tombent en lambeaux. Dans ce décor grandiose, les murs lézardés cohabitent avec les marbres, les nombreux et superbes bas-reliefs, boiseries et sculptures pour créer une ambiance impressionnante. On en a quasiment le souffle coupé !

L'église Saint-Théodore faisait à l'origine partie d'un couvent prestigieux. Il en reste encore quelques traces visibles dans le quartier, notamment dans les sous-sols de la maison des petits, une crèche municipale voisine. L'étage inférieur de la crèche est constitué d'une enfilade de pièces voûtées en pierre. La cour, visible au centre du bâtiment, aurait été le centre de l'ancien cloître du couvent. L'entrée principale de la crèche se situe un peu plus haut dans la rue des Dominicaines. L'entrée n'est pas libre, mais vous pouvez toujours demander l'autorisation de jeter discrètement un œil sur l'intérieur.

On peut également apercevoir rue Saint-Théodore, face à l'entrée de la paroisse, d'immenses portes en bois. Ce sont d'anciennes portes d'écurie qui constituent aujourd'hui les portes de l'arrière de La Maison des Petits.

Consacrée une première fois sous le patronage de saint Louis et de saint Antoine de Padoue par monseigneur Étienne de Puget, évêque de Marseille en

1648, l'église des Récollets le sera une seconde fois en 1732 par monseigneur Belsunce sous le patronage de saint Théodore. C'est à cette occasion que sera installé le monumental buffet d'orgues, composé de 26 claviers, qui trône, fantomatique, au-dessus de la porte d'entrée. Remplacé en 1939 par un orgue du XIXe siècle, il devrait l'être à nouveau, le conseil régional ayant voté l'acquisition d'un autre orgue, du XVIIe siècle cette fois-ci !

L'église est aujourd'hui classée Monument historique grâce au père Julien qui se bat depuis plus de trente ans pour préserver ce patrimoine inestimable. Suite à son investissement total, au travail intensif des journalistes et de l'office de la culture de Marseille, les travaux de restauration ont finalement été votés et viennent à peine de commencer. Ils devraient s'échelonner sur plusieurs années. Pendant cette période de rénovation, les concerts de musique baroque qui avaient lieu dans la sacristie ont été transférés dans une autre église. La paroisse héberge toujours les petites sœurs de l'Agneau. Offices et vêpres ont désormais lieu dans la sacristie.

HODIE
CRAS
CRAS
MERCI
St EXPEDIT
St EXPEDIT

LA STATUE DE SAINT EXPÉDIT

16

Église Saint-Cannat-les-Prêcheurs - 4, rue des Prêcheurs
13001 Marseille
• Tél. 04 91 90 85 47
• Horaires : lundi, jeudi, de 9 h à 13 h, mercredi, de 9 h à 19 h, mardi, vendredi, de 9 h à 12 h

Un saint pour réussir aux examens

Le destin d'Expédit ressemble à celui de nombreux autres saints vénérés en Provence comme saint Tropez ou saint Nazaire (Sanary en provençal). Commandant romain converti au christianisme, Expédit aurait été décapité sous le règne de l'empereur byzantin Dioclétien, en l'an 303 apr. J.-C., à Mélitène (Malatya, aujourd'hui en Turquie). Il est honoré par les églises catholique et orthodoxe le 19 avril. Expédit fait partie de ces personnages dont on doute qu'ils aient réellement existé : il n'y a aucune relique du saint et Pie X (pape de 1903 à 1914) a tenté, sans succès, de faire rayer son nom du « martyrologue » (livre liturgique mentionnant la liste des martyrs mais aussi des personnages reconnus saints par l'Église). Une légende laisse même supposer que l'apparition de ce personnage est due à un colis de reliques expédié par Rome à un couvent de religieuses lilloises, sans précision sur le nom du saint concerné, mais avec la mention postale « *in expedito* ».

La statue du saint à l'église Saint-Cannat-les-Prêcheurs, grandeur nature, représente l'officier romain en tenue militaire, son casque au sol. D'un pied il écrase le corbeau qui, voulant retarder sa conversion, tient dans sa bouche une banderole où est inscrit le mot « *cras* » (demain en latin). Mais Expédit répondit du mot écrit sur la croix qu'il brandit : « *hodie* » (aujourd'hui). Il porte de l'autre main la palme des martyrs.

Le culte de ce saint fait penser à sainte Rita, la sainte des causes désespérées (voir page 249), sauf qu'en l'occurrence, Expédit est plutôt invoqué pour une intervention rapide par exemple dans des procès sans fin, pour réussir un examen scolaire, pour obtenir son permis de conduire ou bien même pour gagner au tirage du loto.

Prière à saint Expédit
Ô saint Expédit, toi qui es le patron des écoliers,
plein de confiance en ta fidèle intercession,
je viens te demander de m'obtenir la grâce
de réussir dans l'examen que je redoute.
Je pense avoir apporté dans mes études
toute l'application dont j'étais capable ;
mais je sais aussi que le bon Dieu seul
accorde tous les biens à ceux qui l'aiment.
C'est pourquoi, saint Expédit,
j'ai recours à ton assistance,
afin que tu pries pour moi le Seigneur
et qu'il daigne m'être favorable.
Qu'il m'accorde aussi la grâce
de pouvoir durant toute ma vie le servir
avec autant d'amour que tu le servis toi-même.

L'HÔTEL DE CABRE

17

Angle de la rue Bonneterie et de la Grande Rue
• Accès : métro Hôtel-de-Ville

Un hôtel voyageur

Bâti en 1535, ce magnifique édifice pesant 670 tonnes possède l'extraordinaire particularité d'avoir été déplacé d'un seul bloc au cours de l'été 1954 sur un angle de 90°, afin d'être placé dans l'alignement de la Grande Rue !

L'hôtel de Cabre, de style Louis XII est l'une des plus vieilles maisons de Marseille. Placé à l'angle de la rue de la Bonneterie et de la Grande Rue, il tient son nom de son ancien propriétaire, un certain Bastien Cabre. Conservé miraculeusement depuis le XVIe siècle, il doit sa survie à la bataille assidue des membres du Comité du vieux Marseille, notamment face au dynamitage allemand de février 1943. À cette époque, la rue Bonneterie fut entièrement détruite, et reconstruite au début des années 50. Sa dénomination lui sera rendue en 1954.

Sur la façade de l'hôtel apparaissent simultanément deux noms de rue : « rue de la Bonneterie », gravé deux fois dans la pierre et « Grand'rue » sur une plaque de fer contemporaine posée à même la façade. Cette contradiction résume à elle seule quelle était la position du bâtiment avant qu'il n'ait fait l'objet de sa rotation à 90° et de son déplacement.

À VOIR AUX ALENTOURS :

LE COURANT D'AIR CAFÉ

18

45, rue de la Coutellerie. Tél. : 04 91 91 84 73. Ouverture à partir du mercredi, tous les soirs à 19 heures. Cotisation annuelle : 2 €

Ce dynamique petit café, caché derrière le quai du Port, offre l'étonnante particularité de posséder un petit oratoire œcuménique dissimulé dans le fond de la salle. Éclairé à la lueur de quelques bougies, il permet de se recueillir et d'échapper un moment à l'agitation de la ville. Le courant d'air café offre également régulièrement des soirées à thème dans une ambiance conviviale. Dans cet espace d'échanges et d'ouvertures spirituelles, sans se connaître, on peut discuter, écouter, apprendre et surtout s'amuser tout en buvant un verre. Les thèmes très variés changent tous les soirs : café chanson, café philo, café théologie ou bricolo... il y en a pour tous les goûts. Les programmes sont disponibles sur place.

LES MOULINS DU PANIER

19

Place des Moulins et 1, rue des Moulins
13002 Marseille

Les vestiges des moulins à vent du Panier

Les vestiges de trois moulins à vent sont encore aujourd'hui visibles au quartier du Panier. Le premier de ces trois moulins se voit depuis l'angle de la montée des Accoules et de la rue des Moulins en levant la tête. Les deux autres se voient depuis la place des Moulins. Ils sont situés aux deux extrémités de la place et leurs formes de tour qui émergent des toits sont très caractéristiques.

Au XVIe siècle, on comptait quinze moulins à cet emplacement. Leur rôle était stratégique : fournir de la farine à la ville intra-muros, ce qui permettait de supporter un éventuel siège.

L'utilisation de l'eau comme force motrice et la destruction des remparts scelleront le sort des moulins à vent du Panier : les nouveaux moulins peuvent en effet s'installer en dehors de l'ancienne enceinte protectrice, le long des cours d'eau qui arrosent le terroir marseillais. Ceux-ci seront eux-mêmes remplacés plus tard par les minoteries fonctionnant à l'électricité.

La technique des moulins à vent aurait été apportée à Marseille et en Provence à partir du XIIe siècle, par des croisés, de retour du Levant, qui y avaient observé le fonctionnement des moulins. La première attestation de moulin à vent en France, en 1170, figure d'ailleurs dans une charte de la ville d'Arles.

POURQUOI LE REZ-DE-CHAUSSÉE ET LE PREMIER ÉTAGE DE LA MAIRIE NE COMMUNIQUENT-ILS PAS ?

De l'ancien Hôtel de Ville, qui se trouvait au même endroit que l'actuel, on ne sait que peu de choses sauf qu'il était dans un tel état de vétusté qu'il fallut le détruire en 1653. Le nouveau bâtiment mit vingt ans pour sortir de terre sous la direction de Gaspard Puget, le frère de Pierre. Il fut prévu, dès la conception, d'attribuer le rez-de-chaussée à la « Loge » des commerçants*, et le premier à l'administration communale, en vertu d'une délibération de 1650 séparant les deux fonctions. Dès lors, l'absence d'escalier scellait cette séparation et la symbolisait fortement auprès du peuple. On accédait au premier étage par un pont de bois relié à une maison que l'on avait acquise à cette intention, derrière la mairie. Plus tard, l'arrière-corps fut entièrement repris, et une arcade couverte et voûtée fut lancée pour relier les deux bâtiments. Ainsi, aujourd'hui encore, le maire entre dans sa mairie par l'arrière-corps (et son magnifique escalier) pour rejoindre son bureau du premier étage dont le balcon domine le Vieux-Port. Notons que, sans que personne ne puisse le confirmer officiellement, il existerait un escalier dérobé dans l'épaisseur des murs de l'Hôtel de Ville...

* Le mot « loge » qui a donné son nom à la rue qui passe sous l'arcade vient de l'italien « Loggia » qui désignait le lieu où se réunissaient les commerçants. Le mot a été importé car dès 1368, Charles Ier d'Anjou avait accordé une « Loggia » à Naples pour favoriser les affaires des commerçants du cru.

RUE
SAINT ANTOINE
RUE
GUINTRAND

LA FONTAINE DE BARQUIOU

20

Angle rue Guintrand - rue Saint-Antoine
13002 Marseille

> ***L'un des rares témoignages de l'époque médiévale à Marseille***

On ne tombe pas par hasard devant l'ancienne fontaine de Barquiou, lorsque l'on visite le quartier du Panier à Marseille et rares sont les habitants du quartier qui savent indiquer où elle se trouve.

Même s'il n'est pas prouvé qu'il s'agisse bien de la « première fontaine » de la ville épiscopale, ce vestige est l'un des rares témoignages de l'époque médiévale à Marseille.

Jusqu'aux années 900-950, la ville était en proie aux invasions, pillages, épidémies et avait du mal à se structurer et à s'unifier. Au Xe siècle, la ville était divisée en trois entités.

La ville épiscopale recoupait la partie haute de la cité (le castrum qui n'avait pu résister au siège de Jules César) où viendront s'installer les vainqueurs romains. Petit à petit, ces derniers laisseront filer des pans de leur pouvoir au profit des évêques, donnant naissance à cette ville épiscopale.

La ville basse, dans le même temps, allait se développer sous le contrôle de vicomtes, nommés par les comtes de Provence, et qui allait prendre la dénomination de ville vicomtale.

Profitant de cette curieuse organisation, l'abbaye de Saint-Victor, située sur la rive sud du port, s'étendit et colonisa une partie de la Provence, créant par là même à Marseille une troisième entité : la ville abbatiale.

Il faudra attendre le XIIIe siècle pour que ville comtale et ville épiscopale s'unissent pour inventer, sur le modèle italien, une république à la marseillaise.

Barquiou en provençal désigne le bassin d'une fontaine (bassin qui, en l'occurrence, a disparu) !

LA CHAPELLE DES BOURRAS

21

6, rue du Bon-Jésus
• Accès : métro Colbert
• Messe en latin le samedi matin

Une confrérie oubliée

Quasiment invisible de la rue, la chapelle des Bourras est l'une des églises les plus méconnues de Marseille. Fondée au XVIe siècle par une confrérie aujourd'hui réactivée par l'abbé Nely, elle est classée Monument historique.

La confrérie du Très Saint et Très Auguste nom de Jésus avait pour mission de secourir, d'assister et d'ensevelir les criminels condamnés à la peine de mort. Ses membres, qui pratiquaient l'auto-flagellation, étaient appelés pénitents noirs (ou gris) en relation avec l'impressionnante robe de bure noire qu'ils portaient. Plus vulgairement, on les appelait également pénitents Bourras, du nom de l'étoffe grossière dans laquelle ils taillaient leur robe.

Après avoir fait construire cette chapelle en 1597 sur un terrain de 52 hectares, les pénitents furent expulsés à la Révolution et la chapelle fut récupérée par l'État. Très vite revendue, elle sera transformée en salle de bal jusqu'au début du XIXe siècle.

Aux alentours de 1820, les derniers pénitents Bourras parvinrent toutefois à récupérer la chapelle après avoir changé leur statut et accepté de ne plus s'occuper des condamnés. Définitivement fermée après le décès du dernier pénitent, l'église fut vidée de ses biens, dont une partie est aujourd'hui exposée au musée du vieux Marseille.

Bien que classée Monument historique, elle fut revendue en 1968 à un «marchand de sommeil» qui la transforma en dortoir pour gens de passage. Après l'avoir divisée sur plusieurs niveaux, le propriétaire utilisera les stalles et les boiseries d'origine comme éléments de coffrage et de cloisonnement de minuscules cellules individuelles insalubres. Là, s'entassaient sans aucune hygiène, sans chauffage et sans eau, des dizaines, voire des centaines de personnes au destin précaire. Le propriétaire finira par être expulsé par le bureau de l'hygiène et de la santé.

Vendue aux enchères, la chapelle sera finalement acquise par le Comité du vieux Marseille. L'association travaillera sans relâche pendant plusieurs jours afin de déblayer les immondices, d'abattre les cloisons et de rendre à cette chapelle un semblant d'aspect initial. N'ayant pas les moyens de la protéger seul, le comité ne put empêcher des actes de vandalisme et fut finalement contraint de la mettre en vente. La chapelle appartient aujourd'hui à une association laïque à caractère culturel, qui rachète des biens patrimoniaux afin de les protéger de la destruction. C'est cette même association qui prête aujourd'hui la chapelle au père Nely et à sa confrérie des pénitents Bourras de Bon-Jésus, remise au goût du jour.

Le père Nely célèbre tous les samedis matin, une messe tridentine en latin.

CHAMBRES D'HÔTES LA MAISON DE SAINT-JACQUES

22

34-36, rue du Refuge
• Accès : métro Colbert
• Tél. : 06 11 72 54 03 - 04 91 31 12 07
• Capacité : 15 personnes en chambre individuelle ou en dortoirs

L'Auberge du bonheur

Initialement conçue pour recevoir les pèlerins en partance pour Saint-Jacques-de-Compostelle, la maison de Saint-Jacques est une charmante chambre d'hôtes un peu particulière.

Après avoir fait le célèbre pèlerinage en Espagne en 1998, Jacky, photographe d'origine alsacienne, se rend compte de la difficulté de trouver un gîte pour la nuit du côté français : bien que le chemin se soit greffé sur des GR et que des topoguides balisent le terrain, on ne trouve que deux ou trois auberges sur toute la côte méditerranéenne française accueillant les pèlerins dans l'esprit initial du pèlerinage, qui se fait traditionnellement à pied.

Forts de ce constat, Jacky et Marie-Ange ont ouvert cette maison qui se veut un lieu de rassemblement et d'information pour l'ensemble des personnes désireuses d'entreprendre cette marche d'environ 70 jours au départ de Marseille.

Tous les deuxièmes lundis de chaque mois, des soirées d'information sont organisées, et en permanence, gîte et couvert (gratuits) sont proposés.

Pour les gens du quartier, enfin, Marie-Ange peut aussi cuisiner un dîner ou un déjeuner ; les renseignements sont à prendre sur place.

Nos deux hôtes ont également monté une association de quartier, La Mémoire du deuxième arrondissement et exposent de très belles photos et cartes postales de Marseille datant du siècle dernier. Marie-Ange détient aussi une série d'archives sur le quartier du Panier qui sont consultables sur place. Au centre du salon, sous une arche creusée dans le mur pour l'occasion, on découvre enfin un original vestige du quartier : l'ancienne cloche de l'église des Accoules qui leur a été offerte par la paroisse.

Pour les non-pèlerins la nuitée est à 40 € avec le petit déjeuner compris.

NUIT DE PLEINE LUNE AU SALON DE COIFFURE NATURALESSENCE

23

25, avenue Saint-Jean 13002 Marseille
• Tél. : 04 91 31 98 87
• Sur rendez-vous du mardi au samedi de 9h30 à 19h30 et le jeudi jusqu'à 21h
• Soirs de pleine lune : jusqu'à 23h

Le coiffeur de la pleine lune

Derrière une petite devanture en bambou, un charmant petit salon de coiffure est tenu par une herboriste hors pair qui ne travaille qu'avec des produits bio et des huiles essentielles. Un vrai bonheur pour les cheveux abîmés par les multiples colorations.

La particularité de Naturalessence est de proposer des soirées nocturnes jusqu'à 23h les soirs de pleine lune. Marie, la propriétaire des lieux, vante en effet les bienfaits des coupes de cheveux à cette période particulière, et offre à chaque client sur sa carte de visites le calendrier des pleines lunes de l'année (voir ci-contre).

LES LÉGENDES DE LA PLEINE LUNE

Les croyances populaires qui associent certains événements aux nuits de pleine lune sont nombreuses : les cheveux pousseraient plus rapidement, les criminels se sentiraient poussés à assouvir leurs pulsions (les personnes souffrant de problèmes mentaux verraient leurs symptômes s'aggraver) et les instincts suicidaires auraient tendance à s'accentuer.
On prétend également qu'un plus grand nombre de femmes accouchent les nuits de pleine lune (même si aucune étude scientifique ne confirme cette théorie) et que certains travaux de jardinerie, comme la tonte du gazon, bénéficient des bienfaits de la lumière lunaire, ce qui n'est pas impossible, la lune projetant une quantité considérable d'énergie lumineuse.
Certains jardiniers et agriculteurs plantent même leurs semis uniquement lorsque la lune est croissante ou pleine...
On prétend aussi que les surfaces exposées à la lueur de la lune deviennent plus brillantes. C'est tout du moins ce que soutient Berluti, le fameux chausseur de luxe, qui expose ses précieux souliers à la pleine lune pour qu'ils acquièrent le brillant qui fait leur légende.

MUSÉE DU PRÉAU DES ACCOULES

24

29, montée des Accoules
• Accès : métro Vieux-Port
• Tél. : 04 91 91 52 06
• Public scolaire : sur rendez-vous, les lundis, mardis, jeudis, vendredis toute la journée et mercredis matin • Public individuel : les mercredis et samedis de 13 h 30 à 17 h 30 • Animation sur inscription à 14 h et 16 h
• Entrée gratuite

« Le musée des enfants »

Installé depuis 1991 de façon étonnante dans une ancienne école, le préau des Accoules est aujourd'hui un musée destiné aux enfants qui propose des expositions-conférences participatives et très didactiques.

Construit en 1628 pour les jésuites, cet édifice remarquable abrita initialement le collège Sainte-Croix qui était à l'époque l'un des hauts lieux de l'enseignement. Le père Laval, directeur de l'établissement et passionné d'astronomie se lia d'amitié avec le célèbre astronome Chazelle. Celui-ci, qui cherchait un moyen d'inaugurer un observatoire à Marseille fut invité dans son établissement en 1710. Peu de temps après, il mourut finalement dans les bras du père. En hommage à son ami, celui-ci se mit alors en tête de réaliser son souhait. Soutenu par le père La Chaise, confesseur du roi, le projet délirant d'installer un observatoire sur le toit du collège put finalement aboutir.

Même si l'endroit était à l'époque le plus élevé de la ville, les travaux qui permirent d'accueillir un observatoire digne de ce nom (à l'actuel numéro 27 de la montée des Accoules) ont été considérables. Il a fallu consolider toute la base de l'édifice ainsi que toutes les fondations.

Le préau des Accoules, ancien préau du collège, encore appelé aujourd'hui l'espace des enfants des musées de Marseille, reste à ce titre visuellement très intéressant.

L'école, qui occupe toujours aujourd'hui la partie gauche du bâtiment, n'est malheureusement pas ouverte au public.

> La grande originalité architecturale du préau des Accoules est de posséder une voûte plate peu commune, construite sur les plans d'Esprit-Joseph Brun, architecte du château Borély.

À VOIR AUX ALENTOURS :

LES CITERNES DE SAINT-SAUVEUR

25

Sous la place de Lenche

Long de 52 mètres et haut de 10 mètres, un immense réservoir est caché dans le sous-sol de la place de Lenche. Ce bassin de décantation, qui date de deux siècles avant J.-C., recevait l'eau des rivières avoisinantes avant de la redistribuer vers la cité de l'époque. Classé Monument historique au début du XIXe siècle, ce vestige impressionnant a pourtant été oublié des Marseillais.

MSEN LEONARD MICHAVILA,
HIC EST CHORUS

LE CROCHET QUI TENAIT LES CHAÎNES DU PORT DE MARSEILLE

26

Fort-Saint-Jean
Quai du Port
13002 Marseille

Les chaînes du port de Marseille sont à Valence

À l'endroit le plus étroit de la passe d'entrée du Vieux-Port de Marseille, sous les murs du fort Saint-Jean, se trouve aujourd'hui encore le crochet qui retenait l'une des deux chaînes métalliques de 15 mètres de long qui protégeaient le port contre toute attaque nocturne de vaisseaux ennemis. Les chaînes, mises en place au temps des premières croisades (XIe-XIIe siècles), sont restées opérationnelles jusqu'en 1820.

En 1423, les navires marseillais et l'essentiel des forces armées de la ville, sous le pavillon de la maison d'Anjou, se trouvaient au large de Naples pour défaire les ennemis aragonais-catalans. De ce fait, le port phocéen n'avait plus que deux galères (et pas les meilleures) pour se défendre. En l'absence des combattants, la ville ne comptait plus que femmes, enfants et vieillards, ce qui l'exposa à la vindicte d'Alphonse V le Magnanime, roi d'Aragon et de Sicile, dépité de n'avoir pu prendre Naples et humilié par sa défaite navale. Marseille se trouvant sur son chemin de retour, il contourna les chaînes et les défenses du port en débarquant à l'anse des Catalans*. La faible résistance des habitants lui permit d'envahir la cité et de la mettre à sac. Pendant trois jours, ses troupes pillèrent, tuèrent, violèrent et mirent la ville à feu et à sang. Outre les trésors et les reliques de Saint-Louis d'Anjou (voir page 19), il emporta les chaînes fermant la passe du port et les exposa sur la proue de son navire comme un trophée. Ces chaînes sont aujourd'hui encore exposées sur les murs de la chapelle Saint-Sulpice de la cathédrale de Valence en Espagne (voir photo).

À Frédéric Mistral, intercédant pour demander qu'on veuille bien rendre à Marseille ce symbole d'une époque révolue, un félibre valencien répondit que cela pourrait être possible mais « que d'un autre côté, l'Espagne regrettait beaucoup les joyaux artistiques dont l'invasion napoléonienne la dépouilla »...

* Le nom d'anse des Catalans ne vient pas de ce triste épisode mais de l'installation de pêcheurs catalans au XVIIIe siècle (voir page 161).

ÉGLISE SAINT-MARTIN-D'ARENC

27

Angle de la rue Mires et de la rue de Ruffi
• Accès : métro Désirée-Clary

Une bénédiction bienvenue...

Abandonnée sur le bord de la route, en pleine zone du chantier Euroméditérranée, l'église Saint-Martin-d'Arenc est aujourd'hui en piteux état. Délaissée depuis une quinzaine d'années, fissurée, l'église est aujourd'hui au centre d'une polémique sur son éventuelle destruction.

Et pourtant. Avec ses 40 mètres de long, ses 23 mètres de large et ses 18 mètres de haut, elle impressionne par sa taille mais aussi par son architecture romano-byzantine aux allures archaïques. L'église est aujourd'hui fermée au public mais on peut en faire le tour et observer le remarquable fronton qui retrace l'histoire locale. Attention aux risques d'éboulements.

Au début du XXe siècle, M. Amédée Armand, président de la chambre de commerce de l'époque, voulait créer une paroisse au centre d'un quartier alors très pauvre. Les travaux de cet admirable bâtiment commencèrent dans les années 1910-1912 sur les ruines d'une ancienne basilique. Vite interrompue par la première Guerre mondiale, la construction fut finalement achevée en 1924 selon les plans de l'architecte Dupoux. L'édifice fut consacré la même année par l'abbé Brieugne qui eut les mots suivants : «Que nul pouvoir humain n'en vienne disperser les belles pierres, comme on l'a fait en 1886, des vieilles pierres de l'antique basilique, chère à nos ancêtres.» étonnante bénédiction à la lumière des projets actuels…

La façade principale, rue Mires, comporte trois portes ayant chacune son porche. Au-dessus d'une grande fenêtre trilobée, on aperçoit deux frontons dont l'un sert d'encadrement à une œuvre de Raybaud illustrant un Christ qui, dans un nimbe, montre son cœur. Il y est entouré de deux anges aux ailes déployées. à droite, saint Paul, le livre des épîtres à la main et saint Augustin sont debout. Devant eux, à genoux, on peut voir Anne-Madeleine de Rémusat et dans l'angle, M. Amédée Armand. Il tient d'une main un cierge aux armes de la ville et dans l'autre la maquette de l'église. Très pieuse, la famille Armand fut également à l'origine de la Tour Sainte dans le 14e arrondissement.

À la gauche du Christ, saint Jean, son livre d'évangile à la main et saint Bernard, sont debout. à genoux devant eux, monseigneur Belsunce, illustre figure ecclésiastique qui fit beaucoup pour la ville lors de la peste de 1720.

L'église, conçue en grande majorité en pierre dure de Cassis, était censée résister aux assauts du temps. L'intérieur, de toute beauté, faisait preuve dans ses proportions, à la fois d'un équilibre étonnant malgré sa grandeur et d'un symbolisme foisonnant dû à certaines innovations architecturales.

LA DIGUE DU LARGE

28

Porte 3 A du cap Pinède
• Accès : bus n° 35, station cap-Pinède

Entre le ciel et l'eau

Posée en pleine mer devant les quais du port, la digue du large est une superbe digue en pierre, très prisée des joggeurs avertis et de quelques pêcheurs. Construite à partir de 1850 au fur et à mesure que le port de marchandises s'étendait, elle s'étire sur une longueur de plus de 7 kilomètres. Son utilité première était de préserver le port et les paquebots du mistral et de la houle.

Accessible au Port autonome par le cap Pinède, elle n'est néanmoins pas officiellement ouverte au public. Sauf exception du type plan vigipirate, il est toutefois possible d'aller s'y promener en respectant le va-et-vient des immenses paquebots. Si vous êtes en voiture, garez-vous à l'extérieur du cap Pinède. On atteint ensuite la digue à pied en passant l'énorme pont-levis en fer. Attention, cet espace est réservé aux bateaux de croisière. Derrière le pont-levis, quelques marches vous permettent d'accéder à la digue. La promenade offre une vue époustouflante de la rade de Marseille.

À VOIR AUX ALENTOURS :

LES SILOS À SUCRE

29

Porte 3 du port autonome • Accès : bus n° 35
• Renseignements : M. Jaine au 04 91 60 98 08

Immenses entrepôts de stockage spécialement conçus pour recevoir des quantités massives de sucre, les silos à sucre du port autonome ont été classés en 1970 pour la qualité de leur architecture industrielle. D'une capacité de 26 000 tonnes pour un volume de 30 000 m³, le bâtiment impressionne par ses dimensions. Cette sensation de gigantisme se fait principalement sentir quand l'édifice est plein de ces montagnes de sucre, hautes de plusieurs dizaines de mètres, avant que le cortège incessant de camions vienne apporter le précieux «or blanc» vers la raffinerie Saint-Louis dans le 15e arrondissement. Vides, ces entrepôts ont un intérêt moindre.

Techniquement, le sucre en question est un sucre de canne broyé et cristallisé qui arrive en vrac de la Réunion pour 50 % et des Antilles pour 25 %. Le reste vient de Côte d'Ivoire, du Swaziland et de Cuba.

Construits en 1964, les silos ont été mis en service en 1966 pour le compte de la compagnie Saint Louis Sucre qui reçoit à Marseille environ 180 000 tonnes de sucre par an. Ce sont les seuls silos à sucre de France, Béghin-Say à Nantes déchargeant directement sa marchandise sur camions. En journée, les portes des silos sont ouvertes et la présence sur le site est tolérée.

MAXI

PROMENADE SUR LA BUTTE SAINT-MAURON 30

• Accès : métro National

Un îlot au milieu du chaos

Charmante et pittoresque, la butte Saint-Mauron est un petit village oublié où il fait bon se promener. À partir de la rue Gautier, le lacis de ruelles situé autour de l'église offre une balade agréable pour découvrir ce quartier peu connu situé pourtant non loin du centre-ville.

Il faut dire que pour la majorité des Marseillais, le quartier aux alentours est peu attractif et il est difficile de se douter de l'existence de cette jolie butte : cernée de tous côtés par des constructions anarchiques et décrépies, la butte Saint-Mauron est comme un îlot au milieu du chaos.

Tout autour, ce ne sont que façades anciennes miraculeusement préservées qui s'écroulent, au milieu d'un béton qui, à certains endroits, semble spontanément pousser du sol ! Saint-Mauron possède même un surréaliste jardin de pierres (de son vrai nom !), tout en béton.

Seuls certains pionniers, tels que Richard Martin et son théâtre Toursky, sont venus s'installer ici.

Il reste encore néanmoins quelques traces d'un passé plus lointain : sous l'autoroute face à l'église de Saint-Mauron, une ancienne nécropole datant de 450 avant J.-C. à été mise au jour en 1880 en creusant les fondations d'une maison au 28 rue Félix-Pyat. La plupart des vestiges retrouvés sont visibles au musée d'archéologie de la Vieille-Charité.

Le quartier doit son nom à un abbé de Saint-Victor, devenu évêque de Marseille en 780.

À VOIR AUX ALENTOURS :

LE LAVOIR EN PIERRE DE CASSIS 31

Rue Guichard

Le dernier véritable lavoir de la ville, typique des villages provençaux au XVIIIe siècle, est visible au centre d'une petite impasse du nom de rue Guichard. Ce petit édifice en pierre de Cassis porte l'empreinte d'un temps révolu. Il n'est aujourd'hui plus en service et reste désespérément sec, miraculeusement épargné au milieu d'un quartier en ruine. Quelques graffitis viennent de temps à autre orner ses parois, avant d'être consciencieusement et régulièrement effacés par la mairie de secteur qui protège tant bien que mal les rares vestiges du quartier.

LA CASERNE DU MUY

32

21, rue Bugeaud
• Accès : métro Saint-Charles
• Tél. : 04 91 28 55 64

Beauté volée

Plantée sur les hauteurs du quartier de la Belle-de-Mai dans une zone peu fréquentée, la caserne du Muy est un magnifique et gigantesque bâtiment construit sous le second Empire. Site militaire, le bâtiment n'est en théorie pas ouvert au public mais il est parfois possible d'y pénétrer en le demandant au vigile à l'entrée. Néanmoins, si l'extérieur vaut le détour, l'intérieur n'offre pas grand intérêt, les différents étages ayant été cloisonnés.

Construite en 1863, la caserne Saint-Charles, telle qu'elle fut baptisée, devait être initialement destinée au fils de Napoléon III, alors commandant du Corps militaire expéditionnaire. Elle servira finalement de dépôt à des hommes de troupe ou à des travailleurs militaires recrutés dans les différentes colonies françaises, et sera renommée caserne du Muy. Si, en raison de la décolonisation, cette fonction s'est éteinte vers le milieu des années 50, la caserne a toutefois conservé pour mission principale l'approvisionnement des troupes installées dans les départements et territoires d'outre-mer.

Grandiose dans sa démesure et pourtant d'une sublime austérité, l'édifice est flanqué de deux ailes qui se déploient de chaque côté d'un immense corps de bâtiment. Dans ce quartier aujourd'hui défavorisé, cette construction monumentale dénote, le bâtiment, jadis isolé, s'étant en effet retrouvé englouti en moins d'un siècle au sein d'un tissus urbain dense et populaire. Aujourd'hui, la ville continue à s'étendre et les terrains militaires qui constituent une grande partie du périmètre se morcellent petit à petit. Depuis peu, une importante pression s'exerce de la part des institutions locales qui aimeraient réquisitionner l'édifice principal à des fins culturelles. Même si l'utilisation de la caserne est actuellement réduite à son minimum, ce n'est pas encore à l'ordre du jour…

À VOIR AUX ALENTOURS :

33

LES CURIOSITÉS DU CABINET DES MONNAIES ET MÉDAILLES DE MARSEILLE

Archives municipales • 10, rue Clovis Hugues, 13003 Marseille
• Tél : 04 91 55 33 75 • Horaires : du lundi au vendredi de 9h à 12h et de 13h à 17h. Le samedi de 14h à 18h en période d'exposition. Entrée libre. Visite guidée sur rendez-vous

Inaugurée le 12 décembre 2007, la salle d'exposition du Cabinet des monnaies et médailles de Marseille permet au public d'admirer une partie des objets, médailles et monnaies (2% sur les 40 000 inventoriés) détenus par cette institution créée à la fin du XVIIIe siècle. Si une partie mineure du fonds est exposée, le reste de la collection est visible en salle de consultation sur rendez-vous. Le cabinet détient notamment une partie du « trésor d'Auriol », composé des premières monnaies frappées à Marseille (vers 500 av. J.C.), juste après sa fondation et une étonnante balance de négociant, sous le couvercle de laquelle se trouvait une table de conversion des principales monnaies du monde, qui servait à vérifier le poids des monnaies échangées.

9629

LA ROTONDE DE LA GARE DE DÉPÔT DE MARSEILLE - SAINT-CHARLES

34

Entrée au 12, rue Pautrier
• Accès : bus n° 49 B direction Belle-de-Mai, arrêt Jobin-Pautrier

Un décor SNCF

Dissimulée derrière de grands murs en pierre, la rotonde de la gare de dépôt de Saint-Charles, vaste édifice circulaire fait de tuiles, de bois et d'acier, offre à l'amateur d'architecture industrielle, ainsi qu'aux amoureux du rail, une étonnante vision.

Datant probablement du milieu du XIXe siècle, la rotonde est toujours en activité et est utilisée pour stationner des wagons dans leurs compartiments respectifs tout autour de l'édifice.

On sait malheureusement peu de chose sur cette rotonde, le patrimoine industriel n'étant pas souvent répertorié.

En entrant sur le site, remontez la voie de chemin de fer sur votre gauche. Si l'endroit n'est pas officiellement accessible au public, n'hésitez pas à demander aux techniciens présents l'autorisation d'y jeter un œil. Les esthètes découvriront là un magnifique décor.

LE CERCLE RÉPÉTITEUR DE BORDA

35

• Attention : le musée est actuellement fermé jusqu'à une date non précisée • Une visite virtuelle est disponible : www.oamp.fr/patrimoine/musee.html
• Observatoire astronomique de Marseille-Provence
• Entrée place Rafer - boulevard Cassini • Accès : métro Cinq-Avenues
• Toutes les visites et animations sont gérées par l'association Andromède • 2, place Le-Verrier 13004 Marseille • Tél. (+33) 04 13 55 21 55
• Planétarium ouvert tous les mercredis de 14 h à 17 h 30
• http://www.andromede13.info

Un instrument pour définir le mètre pendant la Révolution

Le cercle répétiteur de Borda est un instrument exceptionnel. Estampillé « numéro IIII », il est le seul survivant des quatre cercles fabriqués par Etienne Lenoir à Paris avec une optique de Noël Jean le Rebours. Du nom de son concepteur (voir ci-dessous), l'instrument fut utilisé pour effectuer les mesures sur le terrain qui permirent d'établir le calcul de la longueur du mètre (voir encadré), le long de la méridienne qui passe par Paris, de Dunkerque à Barcelone, entre 1792 et 1796.

En juin 1792, Jean-Baptiste Delambre (qui effectua les calculs entre Dunkerque et Rodez) et Pierre Méchain (qui fit les calculs de Rodez à Barcelone) furent chargés d'effectuer ces mesures en toises *, par la méthode de la « triangulation », opération connue des scientifiques sous l'appellation de « chaîne des triangles ». La triangulation ** consiste à utiliser la trigonométrie et le triangle pour mesurer une distance. On « enferme » le segment à mesurer dans une chaîne de triangles dont on va mesurer les angles grâce au cercle répétiteur de Borda (voir également les livres *Paris méconnu* et *Barcelone insolite et secrète* chez le même éditeur).

JEAN-CHARLES DE BORDA

Jean-Charles de Borda (1733-1799) est un mathématicien, physicien, politologue et marin français. Il a donné son nom à plusieurs navires destinés à former les élèves de l'École Navale jusqu'en 1914, d'où l'appellation de « bordaches » des élèves de cette école.
Sa notoriété vient du fait qu'il fut chargé par l'Académie des sciences de coordonner la campagne de calcul de référence du mètre pendant la Révolution Française.
Il est aussi l'inventeur d'un système de vote pondéré appelé la méthode Borda, encore aujourd'hui utilisé aux USA pour élire les meilleurs joueurs des Ligues majeures de baseball et l'équipe championne de football américain collégial.
Il fait partie des soixante-douze savants dont le nom est inscrit sur la Tour Eiffel.

* La toise utilisée était la toise du Pérou (car utilisée pour la mesure du méridien au Pérou) renommée en 1766 « toise de l'Académie » ou « toise de Paris ». Sa longueur était de 1,949 m.
** Pour en savoir plus sur la triangulation : enfa.mip.educagri.fr/r2math/math/res-ped/PYMATH/B10/mes-terr.pdf et http://expositions.obspm.fr/lumiere2005/triangulation_plus.html

COMMENT A-T-ON DÉFINI LE MÈTRE ?

On oublie trop souvent que le mètre est une invention française : celui-ci a été défini en 1791 par l'Académie des sciences de Paris comme étant la dix millionième partie d'un quart de méridien terrestre. Selon cette définition, la Terre avait donc en conséquence une circonférence de 40 000 km, soit la longueur d'un méridien. Après les premiers mètres étalons, dix-sept États signèrent la convention du mètre en 1875. En 1889, le Bureau des poids et mesures fit construire une barre d'un alliage de platine-iridium (dont les variations étaient supposées infimes) qui définissait de façon concrète la taille d'un mètre. Cette barre existe toujours et est conservée à Sèvres au pavillon de Breteuil (Hauts-de-Seine).

En 1960, avec l'avènement des lasers, la Conférence générale des poids et mesures (CGPM) définit le mètre de façon obscure pour le quidam comme étant 1 650 765,73 longueurs d'onde d'une radiation orangée émise par l'isotope 86 du krypton.

De façon encore plus hermétique, la conférence de 1983 redéfinit finalement le mètre comme étant la distance parcourue par la lumière dans le vide en 1/299 792 458 seconde. La vitesse de la lumière dans le vide étant la même en tout point selon la théorie de la relativité, cette définition est considérée comme plus précise.

LA LUNETTE DE JEAN-LOUIS PONS

36

Musée des Instruments Anciens de l'observatoire de Marseille
2, place Le Verrier - Entrée boulevard Cassini - Place Rafer
• Accès : métro Cinq-Avenues
• E-mail : andromede@oamp.fr • www.andromede.st.fr
• Planétarium ouvert le mercredi et le samedi après-midi de 14 heures à 17 heures Conférence et observation une fois par mois • Association Andromède - Tél. : 04 95 04 41 26 • Tarifs : 4 € ou 2,5 € (enfants)

Un instrument que l'astronome se serait fabriqué lui-même

Parmi les collections présentées à l'observatoire de Marseille, la lunette de Pons est un instrument que l'astronome se serait lui-même fabriquée pour observer le ciel et y dénicher les comètes qui firent sa célébrité. Les astronomes de l'observatoire doutent pourtant de l'appartenance de l'objet, Pons la décrivant comme ayant un angle de vision de 4°, celle présentée à l'observatoire n'ayant qu'un angle de 1°. En revanche, la monture crantée pour déplacer l'instrument par série de 3° correspond parfaitement au recouvrement nécessaire à un balayage du ciel sans solution de continuité… Jean-Louis Pons a découvert dans sa carrière plus de comètes que quiconque dans l'histoire de l'astronomie. Le « furet des comètes » fut ainsi « le plus célèbre dénicheur de comètes dont les annales de l'astronomie aient eu à enregistrer les succès » (Arago).

JEAN-LOUIS PONS, UN ANCIEN BALAYEUR DEVENU DÉNICHEUR DE COMÈTES

Jean-Louis Pons est né à Peyre, dans les Hautes-Alpes, le 24 décembre 1761. Après des études réduites au strict minimum, il est engagé comme concierge de l'observatoire de Marseille, qui se trouvait à l'époque à la montée des Accoules. Le directeur de ce qui était devenu l'Observatoire royal de la Marine, Guillaume de Saint-Jacques de Sylvabelle*, se prit d'amitié pour le jeune homme et l'initia à l'astronomie. Dès lors, Pons se passionna pour la découverte du ciel et passa ses nuits sur le toit de l'observatoire avec la lunette qu'il s'était fabriquée. Le 11 juillet 1801, il découvre sa première comète. Jusqu'en 1819, il en découvrira 23 autres avant d'être nommé astronome adjoint, malgré les protestations de certains qui affirmèrent, comme un certain Ponsillon « le balayeur Jean-Louis Pons, astronome ? ... La plume me tombe de la main... ». Pons quitta ensuite Marseille pour prendre les fonctions de directeur du nouvel observatoire de Lucques (Toscane) en Italie. Il découvre sa 25e comète le jour de son arrivée à l'observatoire, devient plus tard directeur de l'observatoire du Muséum de Florence et en 1827 devient aveugle et doit abandonner sa passion et son poste. Il s'éteint à Florence le 14 octobre 1831. Parmi les 37 comètes qu'il a découvertes, deux portent encore son nom : la 7P/Pons-Winnecke et la 12P/Pons-Brooks. Pons recevra en 1818 le prix Lalande de l'Académie des sciences ainsi que la médaille d'argent de la Royal Astronomical Society en 1824. Une plaque lui est dédiée à la montée des Accoules.

* La famille de Saint-Jacques de Sylvabelle a donné son nom à deux rues du 6e arrondissement de Marseille.

Crédit photo : Michel Eisenho

POUR OBSERVER LES ÉTOILES À MARSEILLE

Tous les mois, une conférence dirigée par un astronome, un chercheur ou un professeur d'université aborde de grands sujets : la cosmologie, l'avenir du climat... Prévue à 20 h 30, elle est en général suivie d'observations du ciel avec la grande lunette quand le temps le permet.

Toutes ces activités sont gérées par l'association Andromède qui propose également des programmes pédagogiques réservés aux groupes scolaires sur rendez-vous. Tous les programmes sont disponibles sur internet et par téléphone.

À VOIR AUX ALENTOURS :

LA BOULE SPLENDIDE DE LA BLANCARDE : UN TERRAIN DE BOULES MÉCONNU

37

177, boulevard de la Blancarde - 13004 Marseille • Tél : 06 17 68 47 16

Attention : on ne voit pas le terrain depuis le boulevard et il faut être très attentif pour lire le petit panneau placé sur un portail vert, juste à côté du pont de chemin de fer : « Boulodrome de la Blancarde »

Après une petite côte qui longe la voie ferrée, on découvre avec plaisir le terrain de boules méconnu de la Blancarde : très agréable, en grande partie ombragé l'été et capable de recevoir une dizaine de parties simultanées, le terrain est géré par une toute jeune association sans but lucratif : « la Boule splendide de la Blancarde ». La cotisation annuelle pour être membre à 20 €, T-shirt aux couleurs de l'association compris, est une invitation à profiter du lieu et, comme les autres joueurs, à saluer les trains qui passent tout près en soulevant légèrement leur casquette blanche...

Le conducteur de la locomotive leur répond parfois en activant le sifflet de la motrice, à moins que ce ne soit un compliment pour la « Fanny » en string, placée bien en vue des voies...

LES VESTIGES DU JARDIN ZOOLOGIQUE DE MARSEILLE

38

Parc Longchamp
Boulevard du Jardin-Zoologique - 13004 Marseille
- Novembre, décembre, janvier, février de 8 h à 17 h 30
- Mars, avril, septembre, octobre de 8 h à 19 h
- Mai, juin, juillet, août de 8 h à 20 h
- Entrée libre

« Histoires d'éléphants, de girafes et d'oiseaux

Poupoule était l'éléphant qui a passé une grande partie de sa vie au jardin zoologique de Marseille. Depuis 1987,ce parc devenu parc Longchamp a été privé de tout animal en captivité. Plusieurs générations de Marseillais ont donc connu Poupoule et ne l'évoquent pas sans nostalgie. Certains se souviennent d'une fusillade entre bandes rivales du milieu marseillais où, réfugiés dans le Jardin zoologique, enfermés par les gardiens, ils ne durent la vie sauve qu'à l'épaisseur et aux qualités pare-balles de la peau de Poupoule.

La « maison de Poupoule », dans le parc, avait été édifiée en 1854 en style hispano-mauresque très à la mode à Marseille pendant le Second Empire. Elle vient de faire l'objet d'une restauration.

Le parc Longchamp abrite aussi l'ancienne cage aux oiseaux ainsi que la « maison » de la girafe, aujourd'hui théâtre de marionnettes. Pendant la Seconde Guerre mondiale, le lieu servait de rendez-vous secret à la Résistance marseillaise ainsi que de cache d'armes. Certains ajoutent en parlant de la girafe : « Elle pouvait tout entendre, mais elle n'a jamais parlé ».

À VOIR AUX ALENTOURS :

LES DENTS DE LAIT DE POUPOULE

39

Musée d'Histoire naturelle de Marseille - Palais Longchamp (aile droite)
Rue Esperandieu 13004 Marseille
- Accès : Métro Cinq-Avenues Longchamp, Tramway arrêt Longchamp
- Ouvert tous les jours de 10 à 17 h sauf les lundis et jours fériés
- Gratuit le dimanche matin pour tous • 5 €, réduit 3 €

Il subsiste un autre souvenir de l'éléphant à deux pas de l'ancien Jardin zoologique : ses dents de lait, précieusement conservées par le Muséum attenant, sont visibles dans ses vitrines. Les dents exposées ont été perdues par Poupoule à partir de 1937, à l'âge d'un an. Poupoule est ensuite décédé prématurément, sans doute d'ennui et de ne pas avoir eu de compagne, en 1960, à l'âge de 23 ans, ce qui est très jeune pour un animal qui peut atteindre 80 ans en captivité.

CARTUSIA
MASSILIENSIS
Fundata Anno
1633

LA STATUE DE NOTRE-DAME-DU-ROSAIRE À L'ÉGLISE DES CHARTREUX

40

Église des Chartreux
Place Edmond Audran - 13004 Marseille
• Métro Chartreux

Quand Marie-Antoinette prend les traits de la Vierge...

La chapelle des fonts baptismaux de l'église des Chartreux abrite une étonnante statue de marbre blanc datant du XVIIIe siècle qui fut enfouie sous terre à la Révolution, afin de la protéger : le profil de la Vierge était en effet tout simplement copié sur celui de la reine Marie-Antoinette, qui n'était évidemment plus tellement en odeur de sainteté. Notons également que le visage de l'enfant Jésus n'est autre que le portrait du Dauphin... Dans la même église, une autre statue de la Vierge, plus récente, a été sculptée par Louis Botinelly (1883 - 1962). L'auteur s'est inspiré de la fille du sacristain pour représenter la Vierge. L'église était auparavant la chapelle d'un couvent des Chartreux, fondé au XVIIe siècle, dont les bâtiments et jardins s'étendaient de l'actuelle avenue des Chartreux (surnommée à l'époque par les Marseillais « rue des Paresseux ») jusqu'à la rivière Jarret, aujourd'hui souterraine. À la Révolution, la communauté des Chartreux fut dispersée et les moines retournèrent à l'état laïque sauf l'un d'entre eux : Dom Joseph de Martinet, qui faisait office de sacristain. Il vécut dans un premier temps caché dans les ruines du monastère et, d'août 1792 à juillet 1793, mena une vie errante. Il fut le seul prêtre non-jureur (voir encadré) à exercer un ministère à Marseille : il prêchait et distribuait les sacrements en toute clandestinité et au péril de sa vie. Il mourut le 12 juin 1795 et fut enterré discrètement dans un jardin de la rue d'Aix avant que son corps ne soit transféré solennellement dans l'église des Chartreux le 23 février 1856, en présence de l'évêque de Marseille Monseigneur Eugène de Mazenod. Son masque funéraire et son tombeau se trouvent sur et sous la première colonne de droite, à l'entrée de l'église.

LES PRÊTRES NON-JUREURS

Les prêtres non-jureurs sont ceux qui refusèrent de prêter serment en vertu de la loi sur la constitution civile du clergé, votée le 12 juillet 1790 par l'Assemblée nationale constituante. À l'inverse, les prêtres constitutionnels sont appelés prêtres-jureurs mais aussi « les intrus », par le peuple. Ceux-ci sont directement salariés de l'État et ne dépendent plus directement du Saint-Siège. Cette situation perdura jusqu'au Concordat du 15 juillet 1801 (26 messidor an IX) négocié entre Napoléon Bonaparte, Premier consul et le pape Pie VII. Il y est stipulé notamment que la religion catholique, apostolique et romaine, sera librement exercée en France.

LA PROMENADE DU CANAL DES JARDINIERS 41

• Départ du canal : entre les numéros 6 et 8 de la place Pierre-Brossolette
• Parcours dans le lit du canal : rue Jussieu qui relie en biais le boulevard de la Blancarde à la rue du Jardin-des-Plantes

« *Le lit de ce canal séculaire est aujourd'hui à sec* »

Aujourd'hui asséché, le canal des jardiniers est l'occasion d'une belle promenade méconnue. Le parcours débute entre les numéros 6 et 8 de la place Pierre-Brossolette. De cette place à la rue des Écoles, l'ancien canal court entre les jardins des immeubles de l'avenue des Chartreux d'un côté, et de la rue des Frères-Carasso* de l'autre. Il a été peu à peu englobé dans les propriétés des riverains ainsi que par le collège des Chartreux, là où l'élève Marcel Pagnol fit sa scolarité de collégien (il a en fait connu Cohen au lycée). En revanche, entre l'impasse du Jardin-des-Plantes (qui est, en fait, une rue et non une impasse) et le boulevard de la Blancarde, on retrouve le lit du canal dans son exacte configuration ancienne. La rue Jussieu, étroite et pittoresque, suit le cours de l'ancien canal.

Celui-ci trouve son origine au milieu du XIIIe siècle, date à laquelle la commune de Marseille décida d'utiliser l'eau du Jarret(aujourd'hui recouvert par la rocade du même nom), et fit construire une dérivation à hauteur du quartier des Chartreux. Le canal nouvellement créé avait pour fonction d'arroser les jardins potagers des alentours et les tanneries du quartier de la Blanquerie. Le canal des jardiniers fut prolongé jusqu'au Vieux-Port au XIVe siècle, à la faveur de la translation des ossements de saint Louis d'Anjou (voir page 19) : le 8 novembre 1319, la cérémonie eut lieu en présence d'une telle foule (le roi Robert le Sage, comte de Provence, le pape Jean XXII, le roi de France Philippe V le long, Jacques II, roi d'Aragon et Sanche, Ier roi de Majorque ainsi que leurs cours, pour un total de 2 257 chevaux) que la ville fut contrainte en urgence de prendre des mesures pour renforcer l'approvisionnement en eau du centre-ville.

Plus tard, les déviations de l'Huveaune rendirent le canal des jardiniers à sa destination première d'irrigation des plantations avant qu'une partie de celui-ci (entre l'ancien jardin des plantes, dont seule une impasse rappelle aujourd'hui l'emplacement, et le quartier de la Madeleine, aujourd'hui boulevard de la Libération) ne soit asséchée vers 1856 pour permettre le passage de la ligne de chemin de fer Marseille-Toulon. À cet effet, le jardin des plantes, irrigué par le canal des jardiniers, fut « transféré »» au parc Borely. L'histoire de la dernière partie du canal, du jardin des plantes à la prise sur le Jarret, se perd « au fur et à mesure de l'extension urbaine et de la suppression des terres agricoles» (*L'eau à Marseille, histoire, us et coutumes*).

* La rue des Trois-Frères-Carasso est la deuxième rue de Marseille rendant hommage à trois frères martyrs de la Résistance (voir rue des Trois-Frères-Barthélemy page 83). La famille Carasso originaire de Smyrne en Turquie s'est installée à Marseille en 1927 et habitait au numéro 7 de la rue anciennement rue du Jardin-des-Plantes. De leurs huit garçons, les trois qui ont péri sous les coups de l'occupant ont donné le nom à la rue.

ALLÉE
DE LA
COMPASSION

L'ALLÉE DE LA COMPASSION

42

Maison de retraite Notre-Dame-de-la-Compassion
36, rue du Docteur-Cauvin
• Accès : bus no 9, arrêt Compassion
• Tél. : 04 91 49 00 80

La campagne en ville

L'allée de la Compassion, petite avenue romantique parsemée d'immenses arbres, d'espaces verts et de superbes villas des XVIIIe et XIXe siècles, offre une agréable promenade atypique.

On y accède par la rue Cadolive, à partir du boulevard de la Blancarde, à l'endroit où d'immenses pilastres en pierre marquent l'entrée de cette petite artère privilégiée.

Les villas appartenaient à de riches commerçants du centre-ville et servaient de résidences d'été ou de domaines de chasse. Peu de choses ont changé depuis cette époque.

Anciennement chemin de la Blancarde, cette allée menait au XVe siècle au pavillon de chasse du château Blancard. Le domaine, aujourd'hui complètement morcelé, était alors immense. Ce château, entièrement détruit par le feu au XVIe siècle, a laissé son nom au quartier.

L'allée doit son nom à un ancien couvent, aujourd'hui maison de retraite, qui est situé au fond de l'impasse. Fondé par le père Barthes le 23 juin 1843, le couvent Notre-Dame-de-la-Compassion avait pour spécificité de recueillir les filles de mauvaise vie pour leur donner une éducation.

En téléphonant au préalable, il est possible de demander aux sœurs l'autorisation de visiter les jardins et les cours intérieures.

À VOIR AUX ALENTOURS :

UNE UNIVERSITÉ POUR RETRAITÉS

43

L'université du temps libre - 110, boulevard de la Libération
13004 Marseille • Tél. : 04 91 47 74 73 • www.utd.univ-cezanne.fr

Derrière un imposant porche d'entrée, un large escalier de pierre dégoulinant de bruyères et de vigne vierge s'ouvre devant vous. C'est là que se cache l'université du temps libre, un lieu où aucune condition d'âge ni de niveau d'études n'est requise pour apprendre et où la majorité des étudiants est constituée de retraités ! Ouvert à tous, cet organisme privé propose, à tous ceux qui le désirent, la possibilité de venir s'instruire moyennant un droit d'inscription. Créée en 1974, l'université propose un très large choix de cours et d'activités sur l'année : cours de généalogie, de pratique de la bourse, de droit privé ou de golf ! La centaine de professeurs dispense également des cours plus classiques.

LA MAISON CASTEL

44

2, impasse Croix-de-Regnier
• Accès : métro Réformés • Informations et visites : 04 91 16 78 00

Visiter la maison d'un architecte de renom

Construction atypique conçue en 1924 par Gaston Castel, l'architecte du département, la maison Castel, avec ses 700m² habitables, est spectaculaire : la taille des pièces, les volumes, les voûtes, les boiseries et les quelques vestiges muraux impressionnent l'hôte de passage. Le toit-terrasse offre également une vue exceptionnelle sur la ville.

Cet immeuble Art déco doit son salut aux propriétaires actuels, M. et Mme Gerardin, qui se battent depuis plus dix ans pour réhabiliter sans aucun soutien financier extérieur ce superbe édifice pourtant classé depuis plus de trente ans. Aussi complexe et coûteuse que soit une telle restauration, la famille Gerardin met un point d'honneur à respecter le travail de l'artiste et à rénover tout à l'identique, d'après des photos d'époque prêtées par la famille Castel. Après des problèmes d'héritage au moment du décès de l'architecte, la maison, laissée à l'abandon, a été pillée et squattée pendant plus de vingt ans. Une grande partie des fresques et des boiseries réalisées par l'artiste lui-même aurait servi de bois de chauffage aux occupants ! Aujourd'hui, des parquets aux plafonds, rien n'est laissé au hasard. Toutes les boiseries sont étudiées dans les moindres détails et réalisées par des ébénistes et des artisans parqueteurs. Une partie de la maison est d'ailleurs toujours en restauration. Gaston Castel avait conçu jusqu'au mobilier de cette maison qui était à la fois sa maison, son atelier et son cabinet d'architecture.

Les Gerardin, propriétaires des lieux et passionnés d'architecture, proposent des visites de cette somptueuse villa sur rendez-vous. Depuis qu'ils ont repris l'hôtel de la Cité Radieuse, ils ne font plus chambres d'hôtes mais organisent des expositions thématiques sur Gaston Gastel dans les salons du rez-de-chaussée.

GASTON CASTEL

Né à Pertuis le 1er août 1886 d'une famille de maçons (un arrière grand-père maçon à Lourmarin, son père entrepreneur de maçonnerie à Pertuis), Gaston Castel fut lauréat de l'école d'architecture de Marseille. Grand prix de Rome en 1913, Gaston participe activement et brillamment à la Première Guerre mondiale pendant laquelle il est blessé au visage. Après une tentative de greffe d'un os qui échoua, il perdit un œil et devint borgne. Il réalisa en 1919 le monument de l'Indépendance du Brésil avec son ami le sculpteur Antoine Sartorio, et en 1922 revint à Marseille où il reconstruisit l'Opéra municipal, qu'un incendie avait détruit le 13 mars 1919. Mort le 9 février 1971 à Marseille, il est enterré au cimetière du Pertuis. Une rue du 14e arrondissement dans la ZAC de Saumaty de Marseille porte son nom.

MARSEILLE EN 2 CV

- www.marseille-en-2cv.fr • contact@marseille-en-2cv.fr
- Tél. 06 65 05 71 15
- Tarifs à partir de 30 € les 30 minutes

Visiter Marseille autrement

Pour tous ceux qui ont connu une 2 CV de près, la nostalgie refait surface dès le démarrage du moteur dont le bruit est reconnaissable entre tous. Pour les plus jeunes, cela équivaut à une plongée dans l'histoire industrielle de la France de la deuxième moitié du XXe siècle.

Guillaume Besson, un Bourguignon séduit par Marseille, a voulu partager cette passion avec les visiteurs de la métropole phocéenne. « Quoi de mieux qu'une 2 CV, voiture française par excellence, pour visiter une ville qui a mis du temps à se sentir française ! » Désormais, plusieurs trajets sont disponibles avec arrêts et commentaires du chauffeur, même s'il est aussi possible de « privatiser » la « deuche » pour la journée.

LE CAHIER DES CHARGES DE LA 2 CV : TRAVERSER UN CHAMP LABOURÉ AVEC UN PANIER D'ŒUFS SANS EN CASSER UN SEUL !

De 1948 à 1990 plus de 5 millions de 2 CV sortiront des usines Citroën. Le projet de TPV [très petite voiture] était né en 1935 mais fut enterré pour cause de guerre mondiale. Le cahier des charges de cette voiture conçue comme le premier véhicule populaire était le suivant : 4 places, 50 kg de bagages, 2 CV fiscaux, traction avant, une vitesse de 60 km/h pour une consommation de 3 litres aux 100 kilomètres, avec une suspension permettant de traverser un champ labouré avec un panier d'œufs sans en casser un seul !

Devenue la voiture emblématique populaire mais aussi de tous ceux qui ne voulaient pas succomber au culte de la « bagnole », la 2 CV a su se créer un incroyable capital de sympathie qui l'a propulsée dans une carrière de vedette de cinéma des *Gendarmes de Saint-Tropez* à *James Bond* en passant par *Le Grand Blond avec une chaussure noire*.

MARSEILLE EN TUK-TUK

Tuk Tuk Marseille
• www.tuk-tuk-marseille.com • Tél. 06 25 35 47 21
• Tarifs à partir de 24 € l'heure

> *Visiter Marseille vraiment autrement*

Importé d'Asie, ce concept appelé tuk-tuk en Thaïlande (prononcer touk-touk) est un taxi minimaliste basé sur un châssis de tricycle avec un avant de scooter à guidon et une « carriole » à l'arrière pouvant transporter jusqu'à 3 personnes.

Le tuk-tuk du très sympathique Nicolas Reybaud est une version luxueuse du concept, fabriquée spécialement pour lui en Italie par la fameuse marque Piaggio et avec les couleurs des hors-bord Riva : crème et bordeaux. Même si le bruit discret et le confort cossu de cet engin permettent une agréable promenade, il ne faudra pas croire pouvoir traverser la ville incognito.

Dépôt Tramway
ST-PIERRE
Cimetière Saint - Pierre
St Pierre
ALLÉE DE LA COMPASSION
Couvent de la Compassion
Gare de la Blancarde
AV. D'HAÏTI
BLANCARDE
BOULEVARD LOUIS BOTINELLY
BOULEVARD BOISSON
R. BOSCARY
LA BLANCARDE
Stade Vallier
St Calixte
Piscine
BD E. BOURGES
AV. L. FRANGIN
CHEMIN DE ST-JEAN DU DÉSERT
JEANNE D'ARC
SAINT-PIERRE
CHEMIN DE L'ARMÉE D'AFRIQUE
LA TIMONE
BD H. BŒUF
BD F. DUPARC
MARÉCHAL FOCH
R. AUDIBERT
4e
RUE ÉMILE DUCLAUX
CHAVE
RUE JEAN MARTIN
RUE DU JURAMY
R. DU BOSQUET
AVENUE
BD G. CLÉMENCEAU
RUE R. DORIA
L'ÉPÉE
SAKAKINI
BD
L.T. M.Curie
Hôpital de la Timone
CHU
LA TIMONE
Faculté de Médecine
BOULEVARD JEAN MOULIN
R. MAX DORMOY
LES 5 AVENUES
CRISTO
RUE E. DANTE
RUE GEORGE
BERTIN
17
DU CAMAS
PL. IMBERT
BAILLE
STE-BAUME
AV. DE LA TIMONE
RUE DU C. GALINAT
BD DE LA LIBÉRATION
RUE CHAPE
R. CROIX DE RÉGNIER
MONTE
JAUBERT
RUE DE CAMAS
RUE DU ABBÉ
St.Michel
RUE BRIFFAUT
L. LOCARN
ASTRUC
R. DE GILBERT
GOUDARD
RUE CRILLON
Hôpital de la Conception
STE-CÉCILE
ST-ETIENNE
Caserne Beauvau
31
32
27
30
RUE DU PROGRÈS
TROUSSE
D'HORACE
BOULEVARD
L'OLIVIER
MALON
FERRARI
5e
CONCEPTION
BAILLE
RUE DU BERCEAU
RUE BRANDIS
R. TIVOLI
ROOSEVELT
EUG. PIERRE
28
29
26
RUE DE BRUYS
BENOÎT
Couvent du Refuge
VERTUS
RUE R. FR. ARAGO
DES
R. ANTOINE MAILLE
AV. DE TOULON
R. ST-ÉLOI
RUE ST-SAVOURNIN
R. BARTHÉLÉMY
Ch. du Sacré-Cœur
THIERS
RUE A. THIERS
RUE CURIOL
PL. J. JAURÈS
SAINT-PIERRE
BLANQUI
Ecole de Médecine
RUE CHÂTEAU PAYAN
LOUBIÈRE
D'ALGER
M BAILLE
R. ROGER BRUN
R. MENPENTI
AL. L. GAMBETTA
RUE SÉNAC
SIBIÉ
3 MAGES
R. DES 3 ROIS
R. DES 3 FR. BARTHÉLÉMY
25
24
R. AUGUSTE
RUE DES BONS ENFANTS
TILSIT
NAVARIN
R. MELCHION
LODI
BOULEVARD
R. FRIEDLAND
GOUFFÉ
TOULON
AV. DE CORINTHE
V. DELPUECH
LA
23
R. DU T. FRANÇAIS
R. MAZAGRAN
Lycée Thiers
R. VIAN
8
22
N. D. DU MONT
ND du Mont
PL. NOTRE-DAME DU MONT
RUE DE LODI
Hôpital A. SOLLIERS
RUE PERRIN
COURS JULIEN
COURS GOUFFÉ
AVENUE DE DELPHES
AV. DE DELPHES
CANTIN
NOAILLES
BD GARIBALDI
R. J. ROQUE
R. DE L'ACADÉMIE
21
8
D'AUBAGNE
N.-D. DU MONT
COURS LIEUTAUD
CRS JULIEN
RUE DE MARENGO
BD DU ROUET
JULES
19
CASTELLANE
R. DE GÊNES
Sacré-Cœur
R. DU TAPIS VERT
RUE THUBANEAU
CANEBIÈRE
R. FONGATE
Ste. Trinité
DIEUDÉ
PRÉFECTURE
D'ITALIE
PL. CASTELLANE
AV. DU PRADO
R. MÉOLAN
20
VACON
RUE DE LA PALUD
RUE DE ROME
ST. SUFFREN
CASTELLANE
8e
P. DUPRÉ
R. PAVILLON
RUE ST-FERRÉOL
Préfecture Police
St. Nicolas
17
FIOLLE
FALQUE
ST-SÉBASTIEN
R. HAXO
FRANCIS DAVSO
PL. DE LA PRÉFECTURE
Dominicains
EDMOND ROSTAND
Bourse
C. ST-LOUIS
Musée
ESTRANGIN PRÉFECTURE
18
DRAGON
ESCAT
RUE ED. ROSTAND
St. Ferréol
VIEUX-PORT HÔTEL DE VILLE
RUE MONTGRAND
St. Joseph
PARADIS
DOCTEUR
R. DR PARADIS
QUAI DES BELGES
2
1
SAINTE
PUGET
ST-JACQUES
ST. TORRENTS
16
15
14
R. BOSSUET
4
La Grande Synagogue
Lycée Périer
QUAI DU PORT
NEUVE
1er
GRIGNAN
P.de Justice
5-7
PIERRE
6e
ED. DELANGLADE
BRETEUIL
SYLVABELLE
I. MONTEVIDEO
R. DU DR F. MORUCCI
VAUBAN
RUE BRETEUIL
3
R. F. NOTRE-DAME
ND de Lourdes
R. MONTEVIDEO
R. LACÉDÉMONE
STE-CATHERINE
BOULEVARD NOTRE - DAME
R. JULES MOULET
RUE DE LA MARTINIQUE
R. C. COLOMB
13
COURS
BOULEVARD DE LA CORDERIE
BD ANDRÉ AUNE
Théâtre la Criée
QUAI DE RIVE NEUVE
8
Inst. des Sourds Muets Aveugles
St.Fr. d'Assise
9
12
R. VAUVENARGUES
7e
Stade Tullène
Basilique N.D. de la Garde
N
E
O
S
33

1er / 5e / 6e ARRONDISSEMENTS

LE FANTÔME DE L'OPÉRA

1

Place Ernest Reyer
13001 Marseille
• Tél : 04 91 55 11 10 • http://opera.marseille.fr/

Le mystérieux promeneur de l'Opéra de Marseille

Au promenoir du deuxième balcon de l'Opéra, un tableau provoque toujours la même question de la part des spectateurs à l'entracte : « mais qui est donc cet homme ? ». Le tableau, qui dépeint un homme se promenant dans la lande, sous un ciel orageux, vêtu d'un grand manteau noir, portant un large chapeau de même couleur et tenant en laisse un lévrier, est en effet assez mystérieux. Peint par Jean Roque (1880-1925), il représente Lucien Muratore (1876-1954), un ténor qui eut ses heures de gloire à la fin du XIXe siècle.

Né à Marseille le 29 août 1876, Lucien Pierre Muratore, fils d'immigrants piémontais, sort du conservatoire de Marseille avec les prix de solfège, saxophone, basson, diction et de tragédie et comédie. Il fait des débuts fulgurants comme acteur et à 20 ans, il joue à Paris avec Réjane et Sarah Bernhardt. Il s'oriente alors vers une carrière lyrique et crée avec Emma Calvé La Carmélite de Reynaldo Hahn à l'Opéra-Comique. Pendant 10 ans, il fut ensuite l'ambassadeur du chant français aux Etats-Unis et, en 1917, participa à une campagne pour financer la défense de la France. Il sillonna ainsi les USA en chantant la Marseillaise pour récolter des fonds. Vedette du cinéma muet, il tourna également plusieurs films parlants et se lança dans la peinture. Il est enterré au cimetière Saint-Pierre dans une tombe sculptée par Sartorio.

LA TRADITION PERDUE DU COLLIER MARSEILLAIS

D'une longueur de 45 cm, le collier marseillais est composé de boules d'or creuses de 5 à 10 mm de diamètre, reliées entre elles par des mailles également en or. La plus grosse boule est positionnée au centre du collier et les plus petites à l'arrière. Si cet article élégant et incontournable se vend toujours, la tradition qui lui était attachée a en revanche été abandonnée.

L'idée d'acheter des boules d'or est née au XVIIIe siècle dans la corporation des « partisanes* » (revendeuses sur les marchés). Selon leur pouvoir d'achat, celles-ci achetaient des boules plus ou moins grosses (et donc plus ou moins chères), les enfilaient sur un simple fil noir et les gardaient sur elles en permanence, l'or - qui servait à cette époque de monnaie - étant pratiquement la seule valeur transportable sûre (les pièces et les billets étant plus volumineux et pouvant aussi se dévaluer). Mais, le fil étant fragile, les partisanes prirent l'habitude de relier les boules par un maillage d'or...

Au XIXe siècle, la coutume se répandit dans la bourgeoisie d'une façon telle que les Marseillaises se rencontrant hors de Marseille se reconnaissaient au port du collier. Curieusement, en effet, ce collier n'a jamais connu de succès commercial hors des murs de la cité phocéenne.

Lorsque naissait une jeune fille « de bonne famille », ses parents lui ouvraient chez un bijoutier une « liste » de collier marseillais. Ainsi, à chaque occasion, les parents ou amis pouvaient commander une nouvelle boule d'or qui venait s'ajouter aux autres.

Lorsque toutes les boules nécessaires à la confection du collier étaient réunies, le bijoutier les assemblait et la jeune fille pouvait alors l'arborer, la plupart du temps au moment de l'anniversaire de ses seize ans.

Le prix de l'or baissant peu à peu et le coût de la main d'œuvre augmentant sans cesse, le maillage des boules devint presque aussi cher que l'acquisition des boules. À partir des années 60, la tradition fut peu à peu abandonnée et remplacée par l'achat des colliers tout faits.

Aujourd'hui encore, la maison Pellegrin et fils, qui fabrique dans ses ateliers le collier marseillais depuis 1840 et en revendique la paternité, en vend régulièrement une centaine par an. Les prix varient de 1 000 à 3 000 € selon qu'il s'agisse de chutes ou de chokers (quand toutes les boules sont de même grosseur : le mot est un anglicisme qui signifie parure pour femme et qui vient du verbe anglais « to choke » : étrangler).

Pellegrin et fils Joailliers Horlogers. 19, rue Francis Davso.13001 Marseille. Tél : 04 91 54 18 40 www.pellegrin.fr.
Horaires : de 10h à 19h du lundi au samedi.

* Partisanes : bien que toujours prêtes à organiser des collectes pour les blessées de guerre et mettre la main à la poche pour les causes patriotiques, les partisanes doivent leur appellation à leur métier et non à leur patriotisme. Leur nom vient du verbe « répartir » qui signifie distribuer, revendre. « Les partisanes, du reste, tout comme les vraies Marseillaises, ont bon cœur » (Horace Bertin dans *Marseille et les Marseillais*, Frezet 1979)

STATUES DE FEMMES EN FAÇADE

2

75, rue Francis-Davso
• Accès : métro Vieux-Port

Le secret des cariatides

En plein centre-ville, au 75 rue Francis-Davso, rares sont ceux qui lèvent la tête pour remarquer de très belles cariatides. Ce style de façade était relativement répandu en Provence au XVIIe siècle. Aujourd'hui, il n'en reste malheureusement qu'un très petit nombre à Marseille notamment, rue de la République.

Il a fallu une lutte d'arrache-pied à l'Atelier du patrimoine pour sauver ces sculptures de la destruction de l'immeuble qu'elles décoraient. Il ne reste d'ailleurs aujourd'hui que le premier des trois étages de l'édifice qui soit d'époque. Avec un rez-de-chaussée moderne, des sculptures Empire au premier, et une architecture d'après-guerre au deuxième, cette façade reflète à merveille la mixité architecturale de la ville. Ces cariatides semblent être posées là, salies par les années, comme ultimes témoins d'une époque révolue.

Si la rue tient son nom d'un héros de la Résistance, il s'agit vraisemblablement de l'une des plus anciennes rues de la ville dont les traces les plus lointaines remontent au XIVe siècle. À cette époque, le quartier, appelé village Sainte-Catherine, n'était encore qu'une campagne puisque l'essentiel de la ville était concentré dans ce qui est aujourd'hui le quartier du Panier. Il tenait son nom d'une chapelle située probablement au niveau de l'actuel numéro 75 de la rue, un haut lieu de pèlerinage pour les marins.

Quelques siècles plus tard, désormais située en plein cœur des arsenaux de Louis XIV, la rue, devenue rue de la Darse, est réputée pour son auberge installée dans une ancienne chapelle. L'auberge de la Rose reçoit fréquemment la visite de grands personnages. En 1822, elle est transformée en salle de divertissement et de danse. Le Wauxhall est alors le premier cabaret de la ville. Autour des années 1850, il devient l'Alhambra lyrique et mimique, un haut lieu de la chanson et de la pantomime. C'est à cette époque que la façade s'orne de ces somptueuses cariatides réalisées par Victor Vié. Salle de variétés jusqu'en 1878, cet espace s'ouvre aux politiques pendant la Commune. Il est récupéré par le journal La Jeune République juste après la Révolution, qui deviendra par la suite Le Petit Provençal et enfin Le Provençal.

D'OÙ VIENT LE MOT CARIATIDE ?

Issu du grec ancien Karuatides, le mot cariatide désigne ces statues décoratives de femmes qui, faisant office de colonne, portent balcons ou corniches sur leur nuque ou leur tête. Selon la légende, les femmes de la ville de Karue avaient été amenées comme captives à la destruction de celle-ci. Elles servirent de modèles à certaines statues.

À VOIR AUX ALENTOURS :

LE PLUS VIEIL ESCALIER DE MARSEILLE

3

38, rue du Fort-Notre-Dame

À quelques mètres de l'atelier Chine-Japon, au fond de la cour du 38 rue du Fort-Notre-Dame se trouve le plus vieil escalier de Marseille. Conservé par miracle depuis le XVIIe siècle, il n'est plus constitué que de quelques marches. On découvre également dans la cour une cheminée en brique rouge qui provient d'une ancienne savonnerie. Cette cheminée désuète ressemble étrangement à celle du quartier de Belsunce.

LES STATUES EN CARTON-PIERRE DE L'ÉGLISE SAINT-CHARLES IM (INTRA-MUROS)

4

64, rue Grignan - 13001 Marseille
• Visite virtuelle à 360° disponible sur le site http://sancarlo.over-blog.fr
• Ouvert du mardi au samedi de 10 h à 12 h et de 15 h à 18 h
• Messe le dimanche à 9 h et 10 h 30
• Les messes, ainsi que les sacrements, sont célébrées en latin selon le rite extraordinaire (voir encadré)

« Des statues en carton-pierre ! »

L'église Saint-Charles intra-muros (Saint-Charles extra-muros étant l'église du quartier de la Belle-de-Mai) a été édifiée entre 1826 et 1834 comme succursale* de l'abbaye de Saint-Victor. Elle est en forme de croix grecque (le transept et la nef possèdent la même longueur), de style dit « néo-Renaissance » inspiré de l'église du couvent de Picpus (qui se trouvait à l'emplacement de l'actuelle annexe du Palais de Justice, rue Émile-Pollak) dont les fidèles regrettaient la destruction volontaire sous la Terreur.

La principale curiosité de cet édifice est d'abriter trois splendides statues en carton-pierre d'Honoré Coder (1784-1845), une de la Vierge à l'Enfant appelée Notre-Dame-des-Malades, une de saint Joseph et la dernière de saint Charles Borromée à qui l'église est dédiée.

Cette technique du carton-pierre a été utilisée à partir de 1817 par souci d'économie, à un moment où l'on devait remplacer les milliers de statues détruites à la Révolution.

Le carton-pierre est fabriqué à partir de colle obtenue par traitement de peaux d'animaux et de craie, auxquelles on ajoute éventuellement de la pâte à papier. Il a comme avantage d'avoir un aspect qui imite parfaitement le bois sculpté, d'être très léger et solide mais également de demander un long temps de séchage et une grande habileté de la part de l'exécutant.

À partir des années 1850, le carton-pierre sera remplacé par le staff et aujourd'hui par la résine polyuréthane.

Marcel Pagnol fut baptisé dans cette église et, comme l'indique un texte à proximité des fonts baptismaux : « il reçut le baptême le 12 avril 1896 à l'âge de 13 mois en présence de sa mère Augustine, son père Joseph, étant absent... ». Le père de l'académicien était en effet connu pour son anticléricalisme radical.

* Succursale pour la religion catholique : église adjointe à une église paroissiale devenue insuffisante pour accueillir tous les fidèles. En l'occurrence plutôt parce que l'abbaye était trop éloignée du centre-ville pour que les fidèles effectuent le trajet.

LE RITE EXTRAORDINAIRE

On parle à présent de « forme extraordinaire du rite romain » depuis le motu proprio (lettre du pape émise de son « propre » chef) Summorum Pontificum (la sollicitude des souverains pontifes) publié en juillet 2007 par le pape Benoît XVI. Le terme « extraordinaire » signifie simplement qu'il ne s'agit pas de la forme habituellement employée de la liturgie eucharistique, c'est-à-dire la forme « ordinaire » qui est celle reprise du Missel publié par Paul VI et qui fut réédité ensuite à deux reprises par Jean-Paul II. La forme extraordinaire du rite romain est appelée aussi « messe traditionnelle » ou rite tridentin (du concile de Trente au XVIe siècle). Les prêtres peuvent choisir de dire la messe selon ce rite sans avoir besoin d'autorisation de leur hiérarchie.

LES RICHESSES ARTISTIQUES MÉCONNUES DU TRIBUNAL DE COMMERCE ❺

Tribunal de commerce
2, rue Emile Pollak
13006 Marseille
• Tél : 04 91 15 50 00
• Outre l'accès public décrit ci-dessous, l'office de tourisme de Marseille organise des visites commentées. Se renseigner au 4, la Canebière, 1er arr.
• Tél : 0826 500 500. Tarif : 7 €

> **Un véritable petit musée**

Très peu de Marseillais connaissent l'intérieur du superbe tribunal de commerce. La justice étant publique, chacun peut entrer et visiter librement les halls et couloirs d'accès ainsi que les salles d'audience (sauf exception comme par exemple lors d'un huis-clos), à condition de ne pas perturber les débats en cours. Seuls les bureaux, particulièrement celui du président, ne sont pas accessibles sans autorisation ou sans participation à une visite guidée.

Le tribunal de commerce (ainsi que l'annexe du tribunal civil qui lui est mitoyen – voir plus bas) a été construit sur les plans de l'architecte Gaston Castel (voir page 85) et inauguré en 1933. Le péristyle est couronné par une frise de Sartorio représentant la Justice protégeant le Commerce et l'Industrie.

Dans le hall central, de l'escalier monumental aux détails de la décoration ou des luminaires, tout a été conçu et dessiné par Castel. Au fond du hall, une grande statue de la Justice a été sculptée par Henri Raybaud.

Le décor le plus spectaculaire du tribunal est la grande salle d'audience, située au premier étage et dont la hauteur correspond à deux étages. Eclairée par un mur de vitraux géométriques, elle est décorée de la spectaculaire fresque d'Henri Brémond *À la gloire de Marseille capitale de la Méditerranée*, qui emplit tout le mur du fond.

Au dernier étage, dans le hall, un joli panneau décoratif de Louis Lombardon a pour thème *Le comte de Provence Raimond Bérenger V donnant les Lois à la Provence*. Dans le salon d'honneur se trouve également l'une des sculptures phares de Louis Botinelly *La Loi et la Justice protégeant le Droit*.

Enfin, la belle peinture Marseille antique de David Dellepiane (1866-1925), située dans le bureau du président, aurait été la dernière œuvre exécutée par l'artiste alors que sa première avait été, elle aussi, placée au dessus d'une porte… Elle ne peut se voir sans autorisation, à moins de participer à une visite guidée.

LES FRISES DU TRIBUNAL DE COMMERCE 6

2, rue Emile Pollak

Des croix gammées sur la frise du tribunal ?

La façade du bâtiment qui abrite le tribunal de commerce et le tribunal de grande instance de Marseille, possède une étonnante frise qui évoque assez fortement la croix gammée (svastika). Plus qu'un symbole nazi, cette frise est probablement un motif ornemental du nom de « méandre » que l'on retrouve fréquemment dans l'art grec, et dont la présence à Marseille semble relativement compréhensible au vu de son passé grec. Empruntant ses formes à la svastika, le motif en épouse probablement aussi les symboles de vie et de régénération, de façon cohérente avec l'idéal d'une justice qui pourrait remettre les fautifs dans le droit chemin, pour un nouveau départ.

LA SVASTIKA : UN SYMBOLE DE VIE ET DE RÉGÉNÉRATION

Le svastika ou swastika est un mot issu du sanscrit qui signifie « de bon augure » selon le Larousse ou « qui conduit au bien être » selon l'*Encyclopedia Universalis*. Ce symbole est l'un des plus répandus et des plus anciens au monde. On le retrouve sur les monnaies mésopotamiennes, dans les arts chrétiens et byzantins où il prend le nom de croix gammée, ses branches rappelant la lettre « gamma » grecque. Sans prétendre être exhaustif, citons la présence de ce motif chez les Celtes, les Etrusques, l'Europe du Nord, l'Amérique centrale [les Mayas] et du Nord [les Indiens Navajos], en Chine et en Inde. Pour certains, enfin, c'est au Tibet que se trouverait la véritable origine [naturelle] du symbole : la croix serait tout simplement « dessinée » sur les flancs du mythique mont Kailas, au Tibet occidental, mont sacré pour les hindous et les bouddhistes, et centre énergétique supposé du monde.
La symbolique de ce motif concerne le plus souvent une idée de rotation autour d'un point fixe, le centre de la croix. En ce sens, certains évoquent le moi, le pôle, la roue ou le soleil, en insistant aussi sur le caractère dynamique de cette forme qui suggère la rotation, le mouvement, et par delà l'action, la régénération et les cycles de la vie et de la nature.
L'autre caractéristique majeure de ce symbole repose dans sa bivalence selon l'orientation de ses branches. Lorsque les branches de la croix sont orientées à gauche, la rotation se fera de gauche à droite, d'Est en Ouest et le sens sera dit « dextrogyre ». Inversement, la croix sera dite « sénestrogyre » [ou « lévogyre »]. Dans le premier cas, le svastika accompagne les divinités bénéfiques et les phénomènes « positifs » comme le jour ou la création. Lorsqu'il est sénestrogyre, le symbole devient plutôt maléfique, suit la déesse Kali dans la religion hindouiste, et annonce la nuit.

LE CHOIX DE LA SVASTIKA COMME EMBLÈME NAZI

Le théoricien du parti nazi Alfred Rosenberg (1893-1946), en faisant descendre les Germains des Aryens (un groupe linguistique qui vivait en Asie centrale autour du IIIe millénaire av. J.-C.), contribua au choix de la svastika comme symbole nazi. Pour l'orientaliste Émile Burnouf, la svastika était en effet le symbole des Aryens qu'il décrivait comme une « race » supérieure à tendance panthéiste par opposition à la « race » des Sémites monothéistes. Hitler y voyait ainsi le « symbole du combat pour la victoire de l'Aryen ».

LE SUPPLICE DE LA ROUE DANS L'ESCALIER DU TRIBUNAL DE GRANDE INSTANCE 7

Tribunal de grande instance
Annexe
4, rue Emile Pollak 13006 Marseille

Les prévenus sont prévenus...

Dans l'escalier qui conduit aux chambres correctionnelles du tribunal de grande instance de Marseille, une immense fresque de Jean Lair (voir encadré) est intitulée *L'abolition des peines corporelles sous la Révolution française*. Si la partie située sur la droite en rentrant montre les révolutionnaires prêtant serment sur la Constitution, devant la Bastille prise par le peuple, la partie centrale (derrière soi en montant) et la partie de gauche présentent en détail les supplices raffinés auxquels avaient droit les condamnés de l'Ancien Régime…

On voit ainsi une scène de supplice épouvantable dans laquelle un homme est hissé par son bras, puis suspendu et torturé par deux bourreaux au moyen de poids et de braises. À côté, une scène d'écartèlement représente des chevaux fouettés par les bourreaux qui, en l'écartelant, déchirent le corps du condamné… tandis qu'une autre scène montre une décapitation imminente…

La fresque la plus spectaculaire est probablement celle où l'on voit le bourreau qui va rompre les membres de l'homme attaché sur la roue tandis qu'en toile fond, derrière la foule, ont lieu quelques pendaisons et une mise au bûcher.

Pour les personnes qui sont convoquées pour être entendu par le tribunal correctionnel, le message est assez limpide…

JEAN LAIR (1890-1964)

Né à Rennes, Jean Lair étudie l'art à Paris et s'installe à Marseille dans les années 20. Son atelier est situé sur le cours d'Estienne d'Orves, lieu où travaillent de nombreux d'artistes. Pendant sa carrière, Lair reçoit des commandes officielles importantes encore visibles aujourd'hui : outre le palais de justice il peint des fresques au palais du parc Chanot et à l'Opéra de Marseille. On lui doit aussi la décoration de l'église de Cassis réalisée pendant la guerre de 39-40, où il peindra une fresque avec deux soldats en uniforme (voir *Provence insolite et secrète* chez le même éditeur).

LES COLONNES DU PRÉFET DELACROIX

8

Jardin de la Colline Puget. Cours Pierre Puget. 13006 Marseille
Jardin de la Bibliothèque. Rue de la Bibliothèque. 13001 Marseille
Angle rue d'Aubagne. Rue Moustier. 13001 Marseille

Quand le marbre 'tremble' devant Pierre Puget..

Le préfet Delacroix* n'eut de cesse pendant sa mandature à Marseille d'embellir la ville selon son goût de l'Antique. Trois colonnes de réemploi, placées par le haut fonctionnaire, sont encore aujourd'hui visibles.

En 1801, une colonne trouvée près de l'hôpital Saint-Jacques à Aix, fut transportée à Marseille à sa demande et placée en haut du cours Bonaparte (aujourd'hui cours Pierre Puget), surmontée du buste du Premier Consul. Un bas-relief de marbre portait cette inscription : « À Bonaparte, Vainqueur et pacificateur, Marseille reconnaissante ». Derrière la colonne, une cascade et le jardin que le préfet avait fait nommer « jardin de la colline Bonaparte ». Le 14 mai 1814, à la chute de l'Empire, la foule envahit le cours Bonaparte, abattit la colonne et traîna le buste de l'empereur dans les rues, au bout d'une corde. À cet emplacement se trouve aujourd'hui une sculpture représentant Pierre Puget par Lombard sur laquelle une plaque rappelle que le « marbre tremblait » devant le prestigieux sculpteur marseillais, qui fut aussi architecte, peintre, dessinateur et urbaniste visionnaire. Le buste en pierre blanche du même Puget (par Foucou, 1816) a d'ailleurs remplacé Bonaparte sur la colonne du préfet Delacroix depuis 1878. Entre temps la colonne s'était mise au diapason des changements de régime. Tandis que le cours Bonaparte devenait cours Bourbon, une fleur de lis dorée vint remplacer l'empereur. Puis, en 1818, la colonne fut hissée en haut du jardin afin qu'elle soit vue des bateaux entrant dans le port. En 1833 la milice citoyenne de la ville obtint que le buste de Napoléon y reprenne sa place jusqu'en 1878.

En 1802 le préfet Delacroix fit enlever quelques-unes des colonnes de la basilique de Saint-Victor. L'une d'entre elles supporte le buste d'Homère à l'angle de la rue d'Aubagne et de la rue Moustier pendant qu'une autre soutient le « Génie de l'immortalité » de Chardigny (c'est une copie, l'original est au musée des Beaux-Arts) dans le jardin de l'ancienne Bibliothèque, place Carli (entrée par la rue de la Bibilothèque). Il s'agit d'un monument dédié aux « hommes courageux » qui s'étaient dévoués lors de la peste de 1720 et qui se trouvait à l'origine à l'angle de la rue Paradis et du cours Pierre Puget. Deux autres colonnes ont été envoyées au musée.

* Charles-François Delacroix fut secrétaire de Turgot puis député à la Convention et membre du Conseil des Anciens, préfet des Bouches-du-Rhône (an VIII-an XI – 1800-1803) et préfet de la Gironde (1803-1805). Il fut le père du peintre Eugène Delacroix, même si, selon certains historiens, Eugène Delacroix aurait eu pour père biologique Talleyrand : le père légitime, prédécesseur de Talleyrand comme ministre des relations extérieures, était affecté d'une excroissance qui l'empêchait de procréer avec les moyens de l'époque. Talleyrand fréquentait assidûment son épouse pendant cette période…
Premier préfet des Bouches-du-Rhône (il fut nommé le 3 mars 1800), Charles Delacroix prit ses fonctions à Aix-en-Provence qui était alors le siège de la préfecture. Ayant voté la mort du Roi, il fut fraîchement accueilli par les Aixois. Il le leur rendit bien : il surnomma la ville "le village orgueilleux" et fit transférer la Préfecture à Marseille, prétendant y voir un meilleur avenir commercial. Il semble en réalité qu'il ait surtout bien relu la Loi du 28 Pluviose an VIII (17 février 1800) qui fixait les émoluments du Préfet selon le nombre d'habitants du chef-lieu… Les Marseillais l'ont depuis remercié en donnant son nom à la halle aux poissons (aujourd'hui disparue, seule reste la rue qui porte son nom) …

LA MARQUE DE FRANÇOIS IER SUR NOTRE-DAME-DE-LA-GARDE

9

Basilique Notre-Dame-de-la-Garde
13281 Marseille Cedex 06
• Tél : 04 91 13 40 80
• E-Mail : contact@notredamedelagarde.com
• www.notredamedelagarde.com

La salamandre du « roi chevalier »

François Ier arriva à Marseille le 3 janvier 1516 pour visiter la ville et renforcer sa défense contre les assauts prévisibles (et qui se réaliseront) de l'ambitieux Charles Quint. Il trouva sur la colline de la Garde une vigie qui avait donné son nom au lieu, et la chapelle Notre-Dame de-la-Garde, édifiée au XIIIe siècle. Trouvant la ville mal défendue, il décida qu'un fort serait érigé à cet endroit. Au-dessus de la grande porte de la poterne de ce fort, dont la basilique Notre-Dame-de-la-Garde a emprunté les fondations et quelques murailles, on peut encore voir, bien que très abîmés par le temps, le blason du roi chevalier « d'azur aux trois fleurs de lys d'or » et son emblème, la salamandre.

Pour la petite histoire, le lendemain de son arrivée, le récent vainqueur de la bataille de Marignan prit le bateau (la galère royale *la Réale*) et alla voir un curieux pensionnaire au château d'If : depuis quelque temps, un rhinocéros, envoyé en cadeau par le roi du Portugal Manuel Ier, était en attente de transfert vers les terres du pape Léon X !

Au retour, le roi fut témoin d'une coutume marseillaise insolite : la bataille d'oranges, dans laquelle deux équipes s'affrontent à coup d'orange impropres à la consommation et fraîchement débarquées des navires en provenance d'Espagne. Selon la légende, le roi, que l'on savait fougueux, ne pût s'empêcher de prendre part à cette bataille, qui laissa quelques marques sur ses beaux habits.

POURQUOI LA SALAMANDRE EST-ELLE L'EMBLÈME DE FRANÇOIS IER ?

Animal mythique, la salamandre est réputée être totalement insensible aux effets du feu. On lui prêtait le pouvoir de traverser un brasier ou d'être jetée dans les flammes sans subir aucun dommage. Certains affirmaient même que son sang était tellement froid qu'elle pouvait éteindre le feu. D'ailleurs, chez les anciens Égyptiens, le hiéroglyphe « salamandre » signifiait «homme mort de froid». Selon la légende, elle ne peut mourir que lorsque les flammes qui l'ont vu naître s'éteignent...

Elle a mauvaise réputation, son venin étant considéré comme pouvant tuer un grand nombre d'individus en empoisonnant l'eau d'un puits,les fruits d'un arbre,et sa morsure pouvant soi-disant rendre un homme chauve, ou pire, le tuer. On pensait s'éviter cent jours de purgatoire en tuant cet amphibien...

Le département du Loir-et-Cher (où est notamment situé le château de Chambord de François Ier) et plusieurs villes portent une salamandre sur leurs armoiries : Sarlat-la-Canéda (Dordogne), Le Havre (Seine-Maritime), Gennes (Maine-et-Loire), Vitry-le-François (Marne). Cette dernière ville doit son nom à la reconstruction ordonnée par François Ier, après avoir été entièrement détruite par le feu, en 1544, par les armées impériales de Charles Quint. Elle ne fut cependant pas reconstruite exactement au même endroit, et sur son ancien emplacement (au nord-est de la ville) se trouve de nos jours le village de Vitry-en-Perthois, qui s'appela autrefois Vitry-le-Brûlé.

Le Havre a été créé en 1517 par François Ier le plus loin possible des côtes anglaises pour se prévenir d'éventuels débarquements et afin de développer les traversées transatlantiques naissantes.

Selon certains, c'est son précepteur Artus de Boisy qui aurait attribué la salamandre à François Ier, après avoir observé le tempérament « de feu » de son élève.

Une autre version romancée attribue ce choix à Léonard de Vinci qui fut un proche du roi, pour lequel il travailla en France. Dans ses écrits, Léonard vanta les qualités uniques de cet animal en ces termes : « elle n'a pas de système digestif, elle ne se nourrit que de feu, dont elle se sert aussi pour renouveler sa peau d'écailles. »

Mais l'explication la plus plausible est que la salamandre était déjà utilisée comme emblème par certains des membres de sa famille. On trouve déjà une salamandre dans l'emblème de son grand-père le comte Jean d'Angoulême, frère cadet de Charles d'Orléans, et un manuscrit exécuté pour Louise de Savoie en 1504, porte lui aussi une salamandre.

La salamandre de François Ier est accompagnée de la devise : « Nutrisco et extinguo » (Je m'en nourris et j'éteins), qui peut s'interpréter comme « je nourris le bon feu et j'éteins le mauvais (celui des mauvaises passions). »

On trouve au château de Chambord construit pour François Ier de nombreuses représentations de la salamandre.

LES EX-VOTO DE NOTRE-DAME-DE-LA-GARDE ⑩

Basilique Notre-Dame-de-la-Garde
13281 Marseille Cedex 06
• Tél. 04 91 13 40 80
• E-mail : contact@notredamedelagarde.com
• www.notredamedelagarde.com

Le fanion des libérateurs de Marseille « C'est elle qui a tout fait ! »

Sans compter les innombrables plaques de marbre qui tapissent les murs de la crypte, Notre-Dame-de-la-Garde possède plus de 2 500 ex-voto, dont une petite partie seulement, faute de place, est exposée dans l'église haute et sur les terrasses. On compte ainsi des centaines de marines, tableaux dont le sujet est principalement lié à un naufrage évité.

Suspendues au plafond ou placées dans des vitrines dans les escaliers, des maquettes de navires et même d'avions complètent la collection. On trouve aussi quelques « inclassables », comme le casque de ce militaire allemand portant la trace de la balle qui l'a perforé, la sculpture d'un motard (car la basilique est souvent le point de concentration des pèlerins en deux-roues) ou le maillot de l'ancien joueur de l'Olympique de Marseille, Didier Drogba.

Pour les Marseillais, l'un des ex-voto les plus émouvants est probablement le fanion de couleur rouge et blanche qui arbore en son centre trois croissants de lune bleu ciel, blanc et rouge, qui fut offert par le général de Monsabert (1887-1981), libérateur de Marseille en 1944 avec ses « Tirailleurs» et ses « Spahis » de la 2e division d'infanterie algérienne. Le fanion porte les noms des combats victorieux de la campagne de Tunisie et d'Italie ainsi que quelques impacts de balles qui témoignent de son authenticité. Le 25 août 1944, les troupes du général de Monsabert (qui avait interdit à ses troupes de canonner la basilique) contraignirent l'ennemi à se rendre. On peut d'ailleurs encore voir aujourd'hui le char d'assaut Jeanne-d'Arc à l'endroit où il a été frappé d'un obus de 88 mm, tiré depuis le sanctuaire.

Les impacts des balles et des obus ayant frappé la basilique pendant les combats, pieusement conservés, sont signalés et visibles depuis les terrasses.

Lorsque l'aspirant Ripoll déploya le drapeau français par une des ouvertures du clocher pour signaler aux habitants de Marseille que la bataille était terminée, les soldats entendirent une immense clameur montant de la ville. Les Marseillais, comprenant que la Bonne Mère leur était rendue, laissaient éclater leur joie, tandis que le général de Monsabert, coutumier des phrases cultes, désigna la statue de la Vierge au sommet de la basilique en déclarant : « c'est elle qui a tout fait ! »

L'EX-VOTO, UNE LONGUE TRADITION AUJOURD'HUI ENCORE VIVACE

On rapporte que le premier ex-voto apporté au sanctuaire de la Garde, au XIVe siècle, n'était autre que quelques peaux de mouton, offertes par un pêcheur, afin qu'elles contribuent à l'entretien de la chapelle. Pendant des décennies, les fidèles apportèrent principalement des ex-voto en cire qui représentaient la partie du corps malade pour laquelle était demandée la guérison à la Vierge. Ce n'est qu'au XVIe siècle qu'on vit apparaître le premier tableau représentant les circonstances de la situation (un naufrage évité – tableau perdu) pour laquelle l'intercession miraculeuse de la Vierge avait été obtenue.

Jusqu'à la Révolution, les ex-voto affluèrent à la chapelle de la Garde dont les murs et même le plafond étaient couverts. Mais avec l'interdiction de la pratique de la religion, les biens de l'église furent saisis et les ex-voto furent dispersés, vendus, ou détruits si bien qu'actuellement (et cela est valable pour l'ensemble du territoire français) les pièces antérieures à 1789 sont extrêmement rares.

L'EX-VOTO D'UN PORTE-CONTENEURS

Aujourd'hui, alors même que les réserves de la basilique sont envahies, les fidèles continuent d'apporter des ex-voto. L'un des derniers en date est la maquette du Fidelio, un porte-conteneurs de la CMA-CGM, dans lequel une feuille de papier mentionne le nom de tous les bateaux de la flotte pour les mettre sous la protection de la « Bonne Mère ».

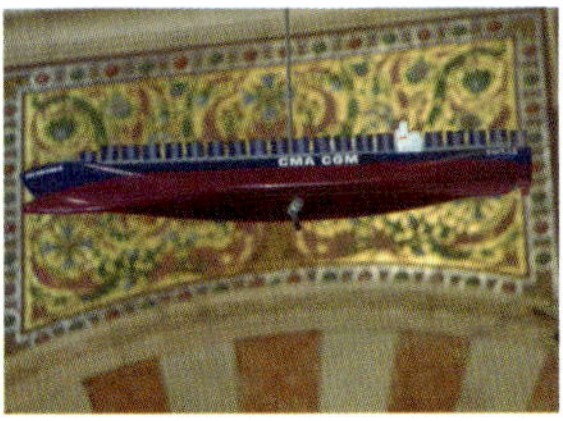

ALTARE·PRIVILEGIATUM

LA VIERGE AU BOUQUET DE LA BASILIQUE NOTRE-DAME-DE-LA-GARDE ⓫

13281 Marseille Cedex 06
• Tél. 04 91 13 40 80
• E-mail : contact@notredamedelagarde.com
• www.notredamedelagarde.com

Les deux ex-voto d'Escaramagne

Capitaine de navire devenu magasinier au quai de Rive-Neuve à Marseille, Joseph-Elie Escaramagne échappa de justesse à la guillotine pour avoir fourni fusils et canons aux fédérés marseillais. Il attribuait ce miracle à la Vierge du fort de la Garde à laquelle il avait confié son destin. Aussi, lorsque la chapelle fut menacée de destruction par les révolutionnaires, il décida de la prendre à sa charge en réglant à l'État, qui en était propriétaire, un loyer de 105 livres par an. Ceci fut acté le 6 floréal de l'an III (25 avril 1795) et constitua pour Escaramagne l'accomplissement de son premier vœu, son premier ex-voto, financier en l'occurrence.

Après la tourmente révolutionnaire, Escaramagne entreprit des démarches pour rendre le local à sa vocation religieuse mais, compte tenu de la guerre entre la France et l'Angleterre, cette demande fut repoussée par les autorités militaires jusqu'en 1807.

Il continua cependant à s'intéresser très activement au sanctuaire de la Garde. En 1800, il écrivit au ministre de la Guerre (car la chapelle était sur terrain militaire) pour lui demander d'autoriser sa réouverture au culte. S'il peut paraître curieux que ce soit un particulier qui ait fait cette démarche, le contexte historique était assez particulier : les autorités ecclésiastiques qui commençaient à rouvrir au culte les églises paroissiales ne semblaient pas s'intéresser aux bâtiments non paroissiaux. En outre, il n'y avait à l'époque plus de siège épiscopal à Marseille et l'archevêque d'Aix, dont dépendait la cité phocéenne, ne se souciait guère du sanctuaire de la Garde.

Lorsqu'enfin la chapelle fut rendue au culte, le 4 avril 1807, une immense procession se prépara alors qu'il n'y avait même plus de statue de la Vierge sur place. Escaramagne, et ce fut son deuxième ex-voto, acheta pour 15 francs chez un fripier marseillais une vierge en bois provenant du couvent de Picpus qui avait été détruit à la Révolution (le couvent se trouvait à l'emplacement de l'annexe du Palais de Justice, rue Émile-Pollak). Le sceptre qu'elle tenait de la main droite ayant disparu, on prit l'habitude de le remplacer par un bouquet de fleurs d'où l'appellation de « Vierge au bouquet », aujourd'hui encore visible derrière l'autel de la crypte.

PRANZINI ET TAXIL SUR LE PANNEAU DE SAINTE THÉRÈSE DE LISIEUX

12

Basilique Notre-Dame-de-la-Garde- Église haute
13281 Marseille Cedex 06
• Tél. 04 91 13 40 80
• E-Mail : contact@notredamedelagarde.com
• www.notredamedelagarde.com

« *Une conversion sur l'échafaud et un canular*

Dans la deuxième chapelle à gauche de l'église haute de la basilique est accroché au mur un panneau de bois peint, portant entre autres la photo de sainte Thérèse de Lisieux, la date de 1887 et en en-tête cette phrase : « Thérèse de Lisieux, patronne des missions, est venue prier ici, Notre-Dame-de-la-Garde ». Thérèse de Lisieux s'arrêta à Marseille au retour du pèlerinage à Rome qu'elle avait effectué à l'occasion du jubilé de Léon XIII. Deux noms de missionnaires partis de Marseille, l'un en Chine en 1896 et l'autre en Afrique en 1897, figurent également sur le panneau : ils étaient tous deux frères spirituels de la carmélite. De façon beaucoup plus surprenante, deux autres noms sont inscrits sur le panneau : Henri Pranzini, un criminel notoire et Léo Taxil, un provocateur scandaleux.

Pour Henri Pranzini (Alexandrie, 1857 - Paris, 1887), le panneau porte la mention suivante : « criminel arrêté à Marseille, à la prière de Thérèse se convertit sur l'échafaud ». Surnommé « le chéri magnifique », Henri Pranzini était un escroc gigolo accusé du meurtre de Marie Régnault dite Régine de Montille, de sa fille et de sa domestique. « Le tueur de courtisanes » fut confondu et arrêté à Marseille pendant une représentation au Grand-Théâtre. Cette affaire, qui fit grand bruit, parvint aux oreilles de Thérèse, âgée à l'époque de 14 ans, alors qu'elle était en pleine prière pour obtenir la conversion des pécheurs. Condamné à la guillotine, Pranzini demanda au dernier moment à l'aumônier de la prison de lui présenter un crucifix qu'il baisa trois fois. Après sa mort, Thérèse continua à prier pour lui et à faire dire des messes à sa mémoire.

Le docteur Varot qui avait procédé à l'autopsie du corps de Pranzini rapporta que des lambeaux de la peau du supplicié furent dérobés et qu'ils servirent à confectionner deux porte-cartes -souvenirs offerts aux deux chefs de la Sûreté à la préfecture de police.

Pour Léo Taxil, on lit: « Léo Taxil, journaliste marseillais, ridiculise l'Église, dernière épreuve de Thérèse ». Marie Joseph Gabriel Antoine Jogand-Pagès, dit Léo Taxil (Marseille, 1854 - Sceaux, 1907) était un écrivain surtout connu pour avoir été l'auteur d'un canular célèbre dont furent victimes le pape, les évêques de France et Thérèse de Lisieux. Son engagement d'anticlérical militant l'amena devant la cour d'assises de la Seine qui lui reprocha d'avoir écrit un livre intitulé *À bas la Calotte*, insulté une religion reconnue par l'État et outragé la morale publique, même s'il fut acquitté.

En 1885, il se convertit subitement au catholicisme, fit un pèlerinage à Rome et reçut l'absolution de Léon XIII, le même pape qui refusera deux ans plus tard à Thérèse une dérogation pour entrer au carmel avant l'âge requis. Toute l'énergie qu'il avait mise au service de l'anticléricalisme, Léo Taxil la mit alors dans une campagne de haine et de dénigrement de la franc-maçonnerie dont il avait été exclu dès le 1er degré pour fraude littéraire.

Il accusa les loges maçonniques d'adorer le démon et fit paraître en 1895 avec un certain Carl Hacks, sous le pseudonyme du docteur Bataille, *Le Diable au XIXe siècle*, un ouvrage dans lequel il reprenait les confessions d'une certaine Diana Vaughan qui décrivait le culte satanique appelé « palladisme », pratiqué par les francs-maçons et auquel elle avait su se soustraire. Ce livre eut un grand succès auprès des catholiques et Thérèse, frappée par ces révélations, envoya une lettre à Diana Vaughan. S'inspirant des textes de la convertie, Thérèse écrivit une pièce de théâtre intitulée *Le Triomphe de l'humilité*.

Lorsque des doutes furent émis sur la réalité du personnage de Diana Vaughan, Léo Taxil organisa une conférence le 19 avril 1897 dans la grande salle de la Société de géographie de Paris. Il révéla que Diana Vaughan était une simple dactylo et que tout cela était un canular, ce qui provoqua un tollé. Il ne dut son salut qu'à une protection policière et fut forcé de quitter Paris.

ANCIENNE TOUR D'OBSERVATION ASTRONOMIQUE

13

26, rue Pythagore
13006 Marseille
• Accès bus 57 arrêt Martinique Pythagore
• La tour est dans une propriété privée et ne se visite pas mais on la voit depuis la rue car elle est accolée au mur d'enceinte.

> *Où l'astronome prussien Wilhelm Tempel découvrait comètes et astéroïdes*

La tour aujourd'hui recouverte de végétation au 26, rue Pythagore fut utilisée comme observatoire par l'astronome prussien Wilhelm Tempel de 1860 à 1870. Comment ce personnage étonnant, né en Haute-Lusace en 1821, en vint à pratiquer l'astronomie à Marseille ?

Né dans une famille pauvre, il réussit à quitter son village et se fit remarquer pour ses talents artistiques. À Meissen en Saxe, il étudia la lithographie. Ses voyages l'amenèrent en Norvège puis à Venise, où il découvrit l'astronomie. Il correspondit alors avec le directeur de l'observatoire de Marseille, Benjamin Vals, qui le convainquit de venir travailler avec lui, bien qu'il n'ait aucun diplôme.

Dès octobre 1860, Tempel, très peu rémunéré, travailla comme lithographe la journée dans un atelier au 2, rue de la Darse (aujourd'hui rue Francis-Davso) pour gagner sa vie. À l'observatoire de la montée des Accoules, où il occupait une petite chambre, il découvrit sa deuxième comète (1860-IV) puis, en 1861, l'astéroïde Angelina, nommé ainsi en mémoire des travaux du baron de Zach à N.D. des Anges à côté de Marseille. Ses découvertes lui vaudront de recevoir en 1861 le prix Lalande de l'Académie des Sciences.

Le départ de Benjamin Vals et le déménagement de l'observatoire sur le plateau de Longchamp obligèrent Tempel à continuer ses observations depuis son domicile, situé sur les hauteurs du quartier Vauban où il se servira du pigeonnier existant pour y installer sa lunette.

Curieusement, le directeur de l'observatoire de Paris, Urbain Le Verrier (1811-1877), qui avait favorisé l'installation de Tempel à Marseille, tenta de l'écarter de toute activité en utilisant des mots blessants à son encontre : « il ne faut pas que nos aides soient considérés par le public comme des astronomes émérites… Ne nous constituons pas de Tempel indice 1, indice 3… ».

La guerre de 1870 obligea finalement Tempel à quitter la France. Il devint astronome à Milan puis directeur de l'un des observatoires de Florence (Arcetri).

Tempel a découvert 5 astéroïdes et 21 comètes dont la 9P/Tempel, cible de la sonde Deep Impact de la NASA en 2005.

LES CURIOSITÉS DE LA FORGE CARRERA (14)

Atelier Carrera
155, rue Breteuil
13006 Marseille
• Tél. : 04 91 37 07 05
• Visites sur rendez-vous uniquement

> *Le musée privé de la serrurerie marseillaise*

Entreprise familiale fondée en 1847, l'atelier Carrera est la seule survivante des entreprises ayant travaillé à la réalisation des ferronneries de l'escalier de la gare Saint-Charles, inaugurée officiellement le 24 avril 1927.

Également auteur de la marquise du mythique Alcazar, aujourd'hui restaurée par ses soins, pour orner le porche de la récente bibliothèque municipale à vocation régionale de Marseille, l'atelier Carrera est un acteur majeur du paysage marseillais depuis 150 ans.

Toujours en activité, l'atelier se visite (sur réservation uniquement). Il est ponctué de plusieurs vitrines d'exposition qui en font un véritable musée de la serrurerie.

Pour les Marseillais, la vitrine des anciens systèmes de sonnettes d'immeuble ne laissera pas indifférent. Celles-ci fonctionnaient avec des tirettes ou des poignées de tirage qui actionnaient un battant qui allait frapper une cloche. Il suffisait de sonner une fois pour le premier étage, deux fois pour le second et ainsi de suite, sauf lorsqu'il y avait deux habitants sur le même palier, ce qui était rare dans le plan courant marseillais dit « trois fenêtres* ».

L'une des vitrines exhibe une étonnante entrave de fer qui était fixée à la cheville du forçat, à l'époque des galères, pour l'enchaîner à l'un de ses compagnons d'infortune ou bien à son banc de souffrance. Même si le galérien n'était jamais censé quitter son banc (il dormait sur une planche disposée au sol, sous le banc), il arrivait que pour diverses raisons, comme l'entretien des navires, la chiourme soit à terre. Dans ce cas, les galériens étaient enchaînés par trois dont un « Turc » afin que le trio soit bien identifiable...

Henri Carrera, aujourd'hui à la retraite, a la passion des serrures. Il a ainsi rassemblé dans son atelier des serrures anciennes provenant de tous les pays, comme cette extraordinaire serrure afghane. Serrures de précision, loquets de porte ou serrures de prison sont présentés et commentés avec la compétence d'un spécialiste.

* Le « trois fenêtres marseillais » est le type d'immeuble le plus répandu de la ville. Construit entre 1850 et la Deuxième Guerre mondiale, il devait la largeur invariable de sa façade à la longueur des mâts de bateaux descendus des Alpes par flottage sur la Durance, utilisés pour les charpentes.

LA GRANDE SYNAGOGUE DE MARSEILLE 15

117, rue de Breteuil
• Accès : métro Estrangin-Préfecture
• Horaire des offices : 04 91 37 49 64

« À la découverte du judaïsme

Construite en 1864 par l'architecte Salomon Nathan, la plus ancienne synagogue de la ville s'inscrit parmi les plus beaux édifices de Marseille. Classée à l'Inventaire du patrimoine, elle abrite également le consistoire israélite, établi par Napoléon Ier. Toujours très bien entretenue depuis son inauguration, fréquemment restaurée, cette synagogue de style romano-byzantin ressemble fortement à la grande synagogue de Florence.

L'intérieur est de toute beauté : les vitraux, les vases, les chandeliers en argent ou l'orgue monumental, tout est d'époque. La synagogue se visite en téléphonant à la très docte Mme Tordjman, ancienne secrétaire du grand rabbin de Marseille. Les visites guidées offrent une description détaillée du lieu et du déroulement des différentes fêtes juives ou des Mitzvoth, les commandements. Evelyne Tordjman évoque aussi de façon passionnante l'histoire des juifs du Comtat Venaissin, ces juifs provençaux dont une grande partie avait été expulsée d'Espagne en 1492, et qui avait été recueillie et protégée par le pape résidant en Avignon. Cette forte communauté a contribué à l'édification de cette synagogue où se pratique toujours un rite judéo-contadin, de culture provençale.

Outre les visites, des cours sur la Torah s'adressent à tous, juifs et non-juifs. Programme et horaires sont disponibles sur place. Il est aussi possible d'assister à un office mais sachez que les horaires, étant déterminés en fonction du lever et du coucher du soleil, changent toutes les semaines. Quotidiennement, deux offices sont proposés ; très tôt le matin et en fin d'après midi. Enfin, il est également possible d'assister à une fête ou à un mariage. Ces cérémonies, ponctuées de bénédictions, d'orgue, de danses et de chants sont toujours hautes en couleur.

MONTÉVIDÉO

16

3, impasse Montevideo • Accès : métro Estrangin-Préfecture
• Créations contemporaines, écriture, théâtre, musique
• Studio théâtre : 04 91 04 65 61 • diphtong.cie@free.fr
• Studio musique : 04 91 04 69 59 • info@grim-marseille.com
• www.grim-marseille.com • www.montevideo-marseille.com

Expérimental

Installé dans un superbe atelier, Montévidéo est un vaste espace dédié au travail théâtral, à l'écriture contemporaine et à la musique improvisée. Voici l'un des seuls endroits en France, voire en Europe, où les artistes en résidence ont carte blanche dans leurs recherches avec la possibilité de présenter au public ce travail en friche. L'association est constituée de deux entités distinctes. Le GRIM (Groupe de recherches et d'improvisation musicale), dirigé par Jean-Marc Montera, défend la musique d'improvisation. L'autre, Diphtongue, une compagnie théâtrale montée par Hubert Colas, reçoit des auteurs et des metteurs en scène pour l'élaboration de différents projets. Les artistes ont ici l'opportunité d'effectuer des partenariats inattendus : en mélangeant plusieurs disciplines, ils testent différentes approches d'un même sujet. Ces expériences, confrontées au public, permettraient à l'artiste d'en tirer la meilleure substance. La démarche, osée, s'adresse à des spectateurs relativement avertis, bien que tout le monde puisse assister à ces séances de travail parfois très surprenantes. Depuis peu, Montévidéo propose également un programme d'art contemporain essentiellement basé sur des vidéos d'artistes et sur la photographie. Un centre de ressources très complet en matière d'œuvres théâtrales contemporaines ou de revues spécialisées tant sur le spectacle vivant que sur la musique d'improvisation est à la disposition des curieux. L'espace gravite autour d'un bar très convivial, ouvert lors des différents événements.

DES PROJECTIONS GRATUITES DANS UN VIDÉO-CLUB

VIDÉOCLUB LE VIDÉODROME 8, rue Vian • Accès : métro Notre-Dame-du-Mont / cours Julien • Tél. : 04 91 42 99 14 • videodrome@wanadoo.fr
• Ouvert du lundi au dimanche de 15 heures à 22 heures

Fondé en 2001 par deux passionnés, David Gauthier et Emmanuel Vigne, le vidéoclub Le Vidéodrome est spécialisé dans le cinéma d'auteur et le cinéma expérimental. Au-delà des traditionnelles ventes et locations de DVD et magazines spécialisés, les deux propriétaires organisent régulièrement des projections gratuites sur grand écran au sein même de leur boutique, dans le but de faire découvrir des chefs-d'œuvre méconnus ou décalés. Leur plus grand souhait serait à terme de fonctionner comme une véritable télévision de quartier. Il suffit d'envoyer un mail à l'adresse ci-dessus pour faire partie du fichier d'invités et être au courant des différentes manifestations auxquelles ils participent.

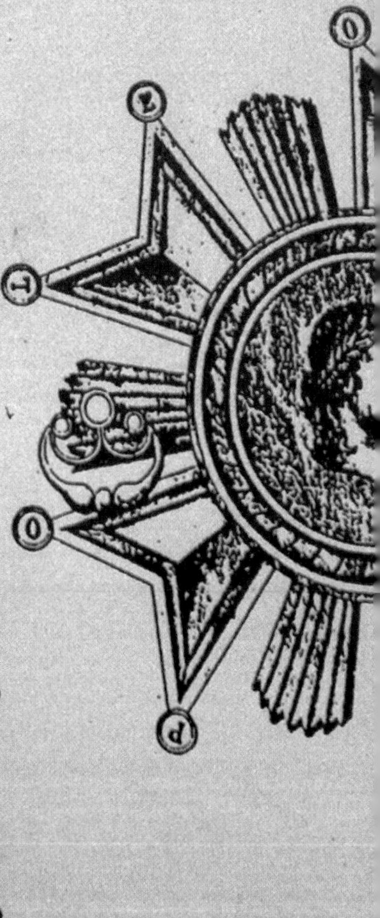

LA SERRURE DE MARSEILLE

En 1804, une crise secoue le compagnonnage et entraîne une scission dans leurs rangs. Deux sociétés compagnonniques vont coexister : d'un côté, les Compagnons du Devoir, plus attachés à la religion, et de l'autre, les Compagnons du Devoir de Liberté, prônant la liberté religieuse. En 1807, la ville de Marseille fut l'enjeu d'un défi : la société qui réaliserait la plus belle serrure remporterait l'exclusivité du travail dans la ville pour 100 ans.
Les Compagnons du Devoir désignèrent Ange le Dauphiné tandis que ceux du Devoir de Liberté choisirent Provençal le Cœur Content. Emmurés dans deux ateliers identiques (on leur faisait passer la nourriture par un passe-plat), les deux compagnons se mirent à l'ouvrage. Ils disposaient chacun d'une forge, d'une enclume, d'un étau, de marteaux et d'une quantité de métal destinée non seulement à la serrure mais aussi à la fabrication, de leurs mains, de l'outillage nécessaire. Au bout de 18 mois, Ange le Dauphiné présenta son chef d'œuvre : une serrure en forme de croix de la Légion d'Honneur et trois clefs. Celles-ci, au pêne en forme de « N » pour Napoléon Ier,étaient si finement ajustées que l'on entendait un sifflement causé par l'air comprimé lorsqu'elles y étaient introduites et un bruit de bouchon de champagne quand on les retirait. Le mécanisme d'une complexité inimaginable cachait également une alarme qui sonnait si on tentait de forcer la serrure. Il avait même fondu les outils qu'il avait conçus pour qu'on ne puisse pas retracer son ouvrage... Présentée à l'Exposition Universelle de Paris en 1900, la serrure victorieuse de la compétition fut ensuite confiée au musée Borely. Elle disparut en 1943 dans des circonstances mystérieuses...

L'ARSENAL DES GALÈRES

Si Marseille construit des galères depuis le XIIIe siècle, l'activité se développe vraiment à partir des XVIe et XVIIe siècles : la capacité du port passe de 6 galères en 1494, à 13 au début du XVIIe et à 21 en 1627. En 1660, après avoir remis de l'ordre dans la ville rebelle, Louis XIV charge Colbert de veiller à son développement économique. Ainsi naîtra l'arsenal des galères dont les travaux s'étaleront de 1665 à 1707, et qui feront de l'arsenal de Marseille le plus important de France (jusqu'à 40 galères en service s'y côtoieront). C'est une ville dans la ville dans laquelle se presse une immense population : 5 000 matelots et soldats, 1 000 sous-officiers, 400 officiers, 2 500 ouvriers et compagnons ainsi que 12 000 galériens composés de condamnés de droit commun, de « Turcs » capturés en mer, de volontaires (qui préféraient ce triste sort à la misère absolue, car ils y étaient nourris) et enfin les « R.P.R. » (Religion Prétendument Réformée), protestants enrôlés de force qui portaient ces initiales inscrites au fer rouge en lieu et place du classique « G.A.L. » (pour galérien).
En 1748, les galères, devenues largement obsolètes, sont remplacées par les bâtiments de haut-bord et les 1 646 derniers galériens de Marseille sont transférés à Toulon pour y creuser la Darse neuve, destinée à accueillir le nouvel arsenal qui remplacera définitivement celui de Marseille.
Le dernier vestige visible est à l'Etap Hôtel, au 23, cours d'Estienne-d'Orves (entrée 46, rue Sainte), siège de l'ancienne capitainerie des galères : son portail en fer forgé orne l'entrée d'une propriété du quartier de la Pomme.

LES BOULONS DU 15 BIS, RUE LOUIS-MAUREL

17

13006 Marseille

Un dispositif anti SDF

Le pas de porte du numéro 15 bis de la rue Louis-Maurel possède de très étonnants boulons qui sont fixés sur les marches qui mènent à la porte d'entrée de l'immeuble. Loin de renvoyer à une légende sympathique ou à une histoire croustillante, ils ont été installés ici même dans les années 2000 par le syndic (bénévole) de l'immeuble afin que les SDF ne puissent s'allonger devant la porte de cet immeuble bourgeois.

À VOIR AUX ALENTOURS :

UN INTERPHONE ACOUSTIQUE

18

39, rue Saint-Jacques

Vers 1930, deux médecins ouvrirent un cabinet médical au 39, rue Saint-Jacques. Afin de savoir qui sonnait à leur porte, ils eurent l'idée de faire installer un interphone du type de ceux que l'on trouvait à bord des navires. L'appareil et sa tubulure de cuivre sont toujours là mais sont inutilisables aujourd'hui.

LA FONTAINE CANTINI

19

Place Castellane 13006 Marseille

Un hommage à l'histoire de la sculpture

En 1908, le marbrier Jules Cantini proposa à la ville de Marseille d'ériger à ses frais, une fontaine monumentale. Le conseil municipal accepta l'offre généreuse et mit à sa disposition le centre de la place Castellane, alors occupée par un obélisque érigé sous le Premier Empire pour saluer la naissance du roi de Rome (l'un des quatre axes qui se croisent sur cette place n'est autre justement que la rue de Rome). L'obélisque sera transféré en 1909 au rond-point de Mazargues où il est aujourd'hui encore visible.

Jules Cantini choisit le sculpteur marseillais André Allar (1845-1926) pour réaliser les modèles en plâtre du programme qu'il avait concocté lui-même. Les travaux de sculpture seront quant à eux réalisés à Carrare, en Italie, au lieu d'extraction du marbre blanc bien connu. 1 616 tonnes seront ainsi sculptées et acheminées par voie maritime jusqu'a Marseille – sans exonération des taxes portuaires, promise par la municipalité mais refusée par l'État !

Au sommet de la colonne (30 mètres de hauteur) trône Marseille tandis que les quatre faces à la base du monument représentent l'Huveaune, le Rhône, la Durance et la Méditerranée. De façon remarquable, les sculptures sont en fait des copies de sculptures représentant différentes étapes majeures de la sculpture :

La Source ou l'Huveaune est fortement inspirée du style de *La Danse* de Jean-Baptiste Carpeaux, sculpture située sur la façade de l'Opéra Garnier à Paris.

Le Torrent ou la Durance descend directement de la statue de David du Bernin à la Villa Borghese à Rome. À sa gauche, se tient la réplique fidèle du *Jeune pêcheur napolitain jouant avec une tortue* de François Rude.

La Mer ou Amphitrite (allégorie de la Méditerranée) est une copie d'une statue du sculpteur Art nouveau Raoul Larche.

Le Fleuve ou le Rhône est une copie de l'Océan de la fontaine de Trevi à Rome.

Jules Cantini (Marseille, 4 février 1826 – Marseille, 2 février 1916), marbrier, mécène et sculpteur, était le fils d'un maçon italien immigré et fut orphelin à 5 ans. Doué pour le commerce, il acquit des carrières tout autour de la Méditerranée (Carrare, Algérie) et devint l'incontournable entrepreneur pour tout ce qui se faisait en marbre. Outre la fontaine Cantini, il offrit à la ville une copie du *David* de Michel-Ange (au bout de l'avenue du Prado devant la mer) et une du *Milon de Crotone* de Pierre Puget (cours d'Estienne-d'Orves). Il légua aussi à la ville et aux hôpitaux de Marseille une trentaine d'immeubles dont l'hôtel particulier de la rue Grignan où se trouve le musée Cantini.

À VOIR AUX ALENTOURS :

LA MAISON PERSONNELLE DE PIERRE PUGET 20

à l'angle de la rue de la Palud et de la rue de Rome

Ce véritable chef d'oeuvre architectural que Pierre Puget a édifié en 1681 à l'âge de 61 ans, a été sa dernière demeure en ville, aujourd'hui laissée à l'abandon. Conçue comme un navire portant aujourd'hui en proue le buste de l'artiste au sommet d'une colonne, la maison rassemble des caractéristiques jamais observées auparavant comme la façade à pans coupés d'une seule travée. L'inscription gravée par le propriétaire « nul travail sans peine » a disparu !

PIERRE PUGET (MARSEILLE, 1620 - MARSEILLE, 1694)

Pierre Puget est né le 16 octobre 1620 de la rue du Petit-Puits dans le quartier du Panier. On trouve sur place, une plaque commémorative. À 14 ans, il entre en formation chez le maître Jean Roman à Marseille. Menuisier et sculpteur sur bois, cet artisan travaille pour l'Arsenal sur les navires du roi.

Passionné par le travail des grands maîtres italiens, Pierre Puget, alors âgé de 18 ans, décide d'aller parfaire ses connaissances dans les ateliers de la marine toscane. C'est à cette époque, en rencontrant des maîtres tels que Pierre de Cortone, qu'il recevra ses premières leçons de peinture, réalisant de somptueuses fresques pour divers palais italiens. À l'exemple de son modèle qu'est Michel-Ange, il sera à la fois peintre, architecte et sculpteur. Il mène, loin de Paris et principalement entre Toulon, Marseille et diverses villes italiennes, une vie de labeur, de recherches et de passion.

Il s'installera à Gênes entre 1664 et 1667. De retour en France, il prend la tête des arsenaux royaux de Toulon et consacre l'essentiel de son activité à concevoir des proues de navire spectaculaires. Très vite, ces projets trop coûteux exaspèrent Colbert qui le rayera définitivement de l'Arsenal en 1778. Parallèlement, il enchaîne les commandes de peintures et de sculptures. Il sera également à la même époque, architecte officiel de la Ville de Marseille.

En 1678, il achète un terrain à bâtir entre la rue de Rome et la rue de la Palud où il construira sa maison avec son fils. C'est à cette époque également qu'il pose la première pierre de la chapelle de la Vieille-Charité. Pour ses sculptures, il privilégie le marbre blanc de Carrare, en Italie, où il se rendit plusieurs fois afin de choisir lui-même les blocs pour lesquels il avait des sculptures en commande. C'est dans cette pierre qu'il réalise pour le roi le plus grand relief de l'histoire de la sculpture française (3,20 mètres de hauteur sur 2,96 mètres de largeur), Alexandre et Diogène, actuellement au musée du Louvre.

Il décède en 1694 à l'âge de 74 ans.

LES ŒUVRES DE PIERRE PUGET VISIBLES À MARSEILLE

• **Le médaillon de l'hôtel de Ville. Quai du Port. 2e ardt.**

Une légende tenace tend à laisser croire que l'hôtel de ville aurait été conçu par l'artiste marseillais alors que c'est son frère, Gaspard, qui en fut l'un des architectes.

Pierre Puget n'est en fait intervenu que pour créer le médaillon orné aux armes de France au-dessus du balcon d'honneur.

En 1792, les fleurs de lis furent détruites et l'on tenta de remplacer la couronne par un bonnet phrygien. Comme si les symboles de la royauté avaient du mal à s'adapter au climat marseillais, le médaillon tomba au sol en 1882 après sa restauration effectuée sous Louis XVIII.

Conservé aujourd'hui au musée des Beaux-Arts, il a été remplacé par un moulage en 1913.

• **La Halle Puget. Rue Puvis de Chavanne.1er ardt.**

Souvent attribuée à Pierre Puget ses plans auraient été dessinés par son frère Jean et réalisés par un maître maçon portant le nom homonyme de... Pierre Puget. Une incertitude demeure.

• **La chapelle de la Vieille Charité. Rue de la Charité. 2e ardt.**

Chef d'œuvre d'un architecte capable de créer des formes ne se rattachant à aucune école mais à une vision inspirée par l'étude, l'observation et une imagination débordante.

La construction fut confiée à Puget en 1679 puis interrompue pour des raisons budgétaires en 1682, date à laquelle on demanda à l'architecte de revoir ses plans.

Le plan remanié, la construction fut prise en main par les architectes Bruan et Vallon en 1700 et achevée en 1707.

Puget, mort depuis 13 ans, n'a jamais voulu que soit placé devant la coupole le porche à colonnade néocorinthienne (réalisé entre 1861 et 1863) qui défigure le projet original.

On dit que c'est un dignitaire ecclésiastique qui, choqué par la forme phallique de la coupole, demanda à ce qu'on l'on gomme le plus possible cet aspect.

• **Église des Grands-Carmes. Rue des Grands-Carmes. 2e ardt.**

La chaire de l'église, d'une grande pureté de lignes, rappelle tant le style de Pierre Puget qu'elle lui a souvent été attribuée sans qu'on puisse en avoir la certitude.

• **Le musée des Beaux-Arts. Place Henri Dunant. 4e ardt.**

En travaux jusqu'en 2009

Importante collection de sculptures, tableaux et dessins de Pierre Puget.

• **Musée Grobet-Labadié. 140, boulevard Longchamp.1er ardt.**

Ouvert tous les jours sauf lundi et jours fériés d'octobre à mai de 10h à 17h ; de juin à septembre de 11h à 18h. Tél : 04 91 62 21 82. Entrée : 2 €

Dessins de Pierre Puget

• **Les atlantes de l'hôtel Pesciolini.**

Attribués plutôt à François Portal, ils l'ont été parfois au maître marseillais Puget. Voir page 40 la façade de l'hôtel Pesciolini

NB : On a attribué à Pierre Puget le pâté de maison, sur la Canebière, entre le cours Saint-Louis et la rue Saint-Férréol. Il a été construit 50 ans après sa mort.

LES MONUMENTS MARSEILLAIS EN HOMMAGE À PIERRE PUGET

Jardin de la Colline Puget. Cours Pierre Puget 6e arrondissement

Outre la colonne décrite double page précédente, Pierre Puget est présent dès l'entrée du jardin de la Colline Puget. Il s'agit d'une sculpture d'Henri Lombard exécutée en 1906. L'artiste est en train de sculpter le Milon de Crotone *. Une plaque porte le texte suivant : « À Pierre Puget, 1620-1694, sculpteur, architecte et peintre, enfant de Marseille, il a porté au loin les marques de son génie et le nom de sa ville. Les Marseillais sont reconnaissants à celui 'devant qui le marbre tremblait' ». Ce texte en a remplacé un autre, plus court et plus sobre : « Pierre Puget, 1620-1694, ses concitoyens, ses admirateurs. 1906 ». Le groupe sculptural qui se trouvait auparavant à l'angle de la rue Paradis et du cours Pierre Puget se révélant trop important pour son nouvel emplacement, et difficilement déplaçable d'un seul bloc, fut démantelé. Les compléments de ce groupe ont été stockés dans les réserves puis utilisés pour orner le jardin de l'Espérance (à ne pas confondre avec l'Arbre de l'Espérance).

Une évocation de Pierre Puget totalement méconnue. Le jardin de l'Espérance. Boulevard Charles Moretti. Le Canet. 14e arrondissement. Le jardin se trouve juste après le pont sous l'autoroute et juste avant le cimetière du Canet. Cet agréable parc connu des seuls habitants du quartier du Canet a le seul inconvénient d'être bordé par la section surélevée de l'autoroute A7. Éparpillés dans cet espace vert, on découvre les compléments de la sculpture de Pierre Puget par Lombard, même si rien n'indique qu'il s'agisse là des « pièces détachées » d'un groupe sculptural homogène. On peut ainsi admirer un homme vêtu d'une peau de lion, un boulet au pied, deux femmes (sans tête) symbolisant Marseille, les bras chargés de fleurs et de galions. Et surtout, à l'entrée du jardin, deux enfants soutenant une cartouche où s'inscrivent les œuvres principales de l'artiste.

Pierre Puget au château Borély. Château Borély. 134, avenue Clot-Bey. 8e arrondissement

La somptueuse statue se trouve à droite du château, dans le parc d'attractions pour les tout petits. Il s'agit d'une œuvre en pierre blanche exécutée en 1855 par Marius Ramus. Sur le socle, la phrase que Puget aurait prononcé devant Louvois « le marbre tremble devant moi »... Donnée par Jules Isaac Mirès, patron de presse et homme d'affaires, la statue fut installée d'abord à la place de la Bourse, actuelle place Général de Gaulle.

Pierre Puget à Longchamp. Place Leverrier. 4e arrondissement. Ce « monument à Puget » signé du sculpteur François-Léon Sicard en 1910, se trouvait auparavant à quelques mètres de là, dans le square Edouard Stephan. Il trône aujourd'hui sur le terre-plein central du rond-point de la place Leverrier.

(*) Milon de Crotone a été sculpté par Pierre Puget en 1682. La statue se trouve au musée du Louvre. Une copie a été placée au début du cours d'Estienne d'Orves, côté cours jean Ballard.

ATELIER D'ART DAKI-LING

21

45 a, rue d'Aubagne
• Accès : métro Noailles
• Renseignements : 04 91 33 45 14
• www.dakiling.com

Un monastère oublié

Coincé entre boutiques africaines et épiceries orientales, un petit immeuble délabré sans prétention recèle dans son arrière-cour une merveille oubliée. Enfouis au milieu d'un îlot d'habitations, se trouvent les vestiges d'un monastère bâti en 1248 par des moines augustins.

De ce monastère, il reste principalement une immense salle voûtée en arcs brisés se dressant sur une enfilade de sept piliers. Miraculeusement conservée, cette ancienne chapelle s'étend sur 300 m^2 et a été entièrement réalisée en pierres sèches. Une extension de la chapelle initiale a été rachetée par un particulier qui en a fait un superbe loft visible de la cour intérieure.

Partiellement détruit dès le XIVe siècle, le lieu ne suffisait plus aux

Augustins et ceux-ci récupérèrent la commanderie des Templiers située à l'entrée de la rue de la République pour y établir leur église. Il est encore possible d'apercevoir, au dos de l'église des Augustins, les restes d'une tour octogonale, vestige de l'architecture templière de cette époque.

Au XVe siècle, une famille de riches négociants suisses transformèrent en habitation ces vestiges dont il ne restait déjà plus qu'une grande salle. Sans toucher à sa structure, ils y vécurent jusqu'à la Révolution.

Récupéré par la commune au XVIIIe siècle, l'endroit sera transformé en mairie du centre de la ville avant de devenir une école communale, puis un conservatoire de musique avant qu'elle ne soit finalement rachetée par une famille de commissaires-priseurs au début du XIXe siècle. L'endroit deviendra alors la salle des ventes de Marseille jusqu'en 1981, avant de servir pendant plusieurs années de salle de répétition au théâtre des Bernardines.

Aujourd'hui, le Daki Ling est un espace culturel qui fonde sa programmation sur la multiplicité des propositions artistiques. Il est porté par une association : le City Zen Café dont le credo est avant tout le spectacle vivant : danse, théâtre, arts du cirque, marionnettes, même si on y vient aussi pour ses projections audiovisuelles, ses expositions, ses cabarets, shows case, performances et autres formes de création, sans se douter de son histoire.

La salle est également disponible à la location pour des ateliers, stages, répétitions, réunions, conférences ou événements.

L'ÉTONNANTE HISTOIRE DU THÉÂTRE DU GYMNASE

22

4, rue du Théâtre-Français
• Accès : métro Noailles
• Tél. : 0820 000 422

L'ami américain du théâtre du Gymnase

Tout le monde connaît à Marseille le théâtre du Gymnase mais bien peu connaissent son histoire étonnante. Inauguré en 1804 sous le nom de Théâtre Français, il connaît de nombreuses heures de gloire (Édith Piaf, Pauline Carton, Louis Jouvet ou Jacques Brel s'y succèdent) avant de connaître un déclin dans les années 70 et de se retrouver totalement à l'abandon. Fermé au public, squatté pendant plus d'une vingtaine d'années, la Ville décide de le raser et d'y construire un grand centre commercial.

Au début des années 80, de passage à Marseille pour affaires, Armand Hamer, un milliardaire américain, insiste lourdement auprès du maire pour faire ouvrir les lieux. Au grand étonnement de chacun, il veut absolument visiter ces bâtiments avant de quitter la ville. En voyant son état de vétusté, Armand Hamer prend la surprenante décision de financer la réhabilitation de l'édifice et d'en faire cadeau à la Ville, à condition que ce théâtre retrouve son activité initiale.

Une quarantaine d'années auparavant, ses parents d'origine juive avaient fui par bateau la Russie pour les États-Unis. Lors de ce voyage, une panne les avait amenés à faire escale à Marseille, seule ville durant leur parcours à les avoir accueillis dignement. Invités un soir au Théâtre Français, ils avaient eu la chance de voir une représentation de La Dame aux camélias d'Alexandre Dumas fils. Sur le bateau qui les emmena ensuite vers le Nouveau Monde, ils conçurent un enfant auquel ils donnèrent le nom d'Armand, du nom du héros de la pièce qu'ils venaient de voir…

À VOIR AUX ALENTOURS :

CLUB LIBERTIN LES THERMES 23

22, rue Mazagran - 13001 Marseille - Tél. : 04 91 92 69 41
• Le week-end entrée gratuite pour les dames. Tarif Messieurs et couple variable selon la soirée, se renseigner au club
• Ouvert tous les jours 7/7 jusqu'à 4 h du matin
• http://www.lesthermes-marseille.com

Remarquable initiative que celle du patron des Thermes : en installant un club libertin dans un superbe lieu d'architecture Art déco, il offre l'occasion rêvée aux esthètes de convaincre leur partenaire de s'initier à des plaisirs nouveaux ! Attention, l'endroit n'est accessible qu'aux nudistes. Si l'attrait architectural principal reste la piscine en mosaïque, le lieu offre également un hammam, un sauna et un jacuzzi ainsi que des «coins câlins» et des salles de vidéos X, plus en retrait.

LA TRACE DE LA BALLE DU 53A, RUE DES TROIS-FRÈRES-BARTHÉLEMY

24

53a, rue des Trois Frères Barthélemy
13006 Marseille

Balle tragique à la Plaine

La porte en bois de l'immeuble du 53a, rue des Trois-Frères-Barthélemy garde encore la marque de l'impact de la balle tirée par Dunker-Delage (voir ci-dessous) pour tuer le résistant Louis Barthélemy, alors qu'il gisait déjà sur le trottoir.

Les trois frères Barthélemy, qui ont donné leur nom à la rue (qui s'appelait auparavant rue des Minimes), sont entrés ensemble en résistance dès 1941. L'aîné, Lucien, né en 1903, est chargé au sein du réseau Brutus de recueillir des renseignements qu'il va transmettre à la France Libre. Sa conduite lui valut les félicitations de Londres. Il échappe de peu à la Gestapo en janvier 1944 mais est arrêté en juillet suivant et sera fusillé à Signes le 18 du même mois. La terre trouvée dans ses poumons attestera du fait qu'il n'était pas mort quand il fut enterré…

Son frère Georges, lieutenant des FFI (Forces Françaises de l'Intérieur), fit partie des 29 patriotes exécutés par les nazis ce même 18 juillet 1944. Ce qu'on a appelé plus tard « le charnier de Signes » est aujourd'hui une nécropole nationale.

Louis, le cadet, alias Berty, né en 1912, fut adjoint de son frère Lucien dans le combat clandestin. Il trouva la mort le 11 juillet 1944 : alors qu'il rentrait au domicile familial, 53a, rue des Minimes (aujourd'hui rue des Trois-Frères-Barthélemy), il vit ses parents tenus en respect par des soldats allemands. Prenant la fuite, il fut rejoint par Dunker-Delage qui tira sur lui plusieurs balles de revolver dans le couloir de l'immeuble. Il fut achevé sur le trottoir.

Trois autres frères martyrs de la Résistance, les frères Carasso, ont leur rue dans le 4e arrondissement.

« VIVE L'ALLEMAGNE ! À MORT LA FRANCE ! »

Delage est le surnom d'Ernst Dunker, ancien truand berlinois cassé de son grade puis réintégré dans les SS où il deviendra Obersturmführer (l'équivalent de lieutenant). En 1943, il est nommé à Marseille avec pour mission de réprimer la Résistance « par tous les moyens ». Recrutant les pires voyous marseillais et employant les méthodes les plus brutales et les plus cruelles, il obtient des résultats dévastateurs pour les réseaux clandestins.

Homologue à Marseille de Klaus Barbie, il sera arrêté à la Libération et fusillé le 24 janvier 1947 en criant : « Vive l'Allemagne ! À mort la France ! ».

LES 3 MAGES DU 33, RUE DES 3-MAGES

25

33, rue des 3-Mages
13001 Marseille

Étaient-ils trois ? Étaient-ils rois ? Étaient-ils mages ?

La réaction des Marseillais est toujours la même lorsqu'on leur montre les trois têtes de mages au 2e étage de cet immeuble situé précisément au 33, rue des 3-Mages : « Je suis passé ici cent fois et je ne les avais jamais remarquées » ! Si la rue doit son nom à l'enseigne d'une auberge aujourd'hui disparue, il a fallu attendre le début du XXe siècle pour qu'un propriétaire marseillais ait l'idée de faire sculpter sur sa façade ces trois mages dont l'absence figurative rendait incohérent le nom de la rue.

SYMBOLIQUE OUBLIÉE DES ROIS MAGES

Les Rois mages sont mentionnés dans la Bible dans l'*Évangile selon saint Matthieu* (2, 1-12), mais sans leurs noms, leur nombre et le fait qu'ils étaient rois. C'est l'évangile arménien de l'Enfance (un évangile apocryphe du Ve ou VIe siècle apr. J.-C.) qui cite leurs noms : Melchior ou Belchior, Balthazar et Gaspard, présentés respectivement comme rois des Perses, roi des Hindous et roi des Arabes.

Les cadeaux qu'ils offrirent, l'or, l'encens et la myrrhe, symbolisent la reconnaissance du Christ né Roi (l'or), Prêtre (l'encens) et Prophète (la myrrhe) de Dieu.

L'Église leur rend hommage le 6 janvier, jour de l'*Épiphanie*, une fête qui était à l'origine l'unique fête chrétienne de la manifestation du Christ dans le monde : ce n'est qu'en 354 que le pape Libère, pour lutter contre les cultes païens et surtout le mithraïsme (voir chez le même éditeur le guide *Rome insolite et secrète*), fixa la naissance du Christ au 25 décembre (date de naissance du dieu oriental Mithra, en liaison avec le solstice d'hiver et le début du renouveau du jour et de la Lumière) afin d'absorber le culte mithraïque et de mieux se faire accepter par ses adorateurs. Le 6 janvier était aussi le jour de la fête des Dieux grecs épiphanes (un mot grec signifiant manifestation ou révélation) qui célébrait le jour de l'apparition des divinités (grecques) aux hommes, 12 jours après le 25 décembre, jour du début du renouveau solaire.

Selon la tradition, Melchior représentait la race blanche (européenne) et serait le descendant de Japhet, de la famille de Noé. Balthazar représentait la race noire (africaine) et serait le descendant de Ham ou Cham, de la famille de Noé et enfin Gaspard représentait la race jaune (asiatique) et serait le descendant de Sem, également de la lignée du patriarche Noé. Notons que les initiales JHS (Japhet, Ham, Sem) des fils de Noé rappellent évidemment le Christ (souvent nommé par la même abréviation JHS « JESUS, HOMINUM SALVATOR » – Jésus sauveur des hommes).

D'après certaines sources, pour parvenir à l'endroit de la naissance grâce à l'« étoile de Bethléem », les Rois mages auraient suivi une conjonction astrale des planètes Jupiter, Mercure (ou Hermes) et Saturne, qui formèrent un triangle avec le soleil au centre, indiquant que la Lumière de JHS (J pour Jupiter, H pour Mercure ou Hermes et S pour Saturne) avait pris une forme corporelle sur Terre.

Selon la tradition, les cadeaux des Rois mages seraient actuellement conservés au monastère Saint-Paul du Mont Athos (Grèce).

L'ATELIER-MAISON DE FRANCK DE GARAM

26

30, boulevard de la Libération
• Accès : métro Réformés
• Tél. : 04 91 42 86 94
• www.frankgaram.blogspot.com

“

Déjanté

Derrière un immense porche à calèches, au centre d'une cour pavée, se cache un atelier d'artiste extraordinaire. Dans son unique pièce avec mezzanine, Franck a fait de sa maison un atelier où toutes ses créations sont réalisées à partir d'objets de récupération transformés. L'endroit n'est pas grand mais il regorge d'objets ahurissants et vaut le détour si vous arrivez à y rentrer ! Franck n'est en effet pas souvent chez lui, et la porte sur rue est presque toujours fermée. Mieux vaut donc appeler avant de passer.

Au fond de la cour, d'immenses portes d'écuries sont restées intactes. Sur la droite, une sorte de totem surmonté d'un gant de boxe se dresse seul, à côté d'une porte en verre teintée. En vous approchant, vous découvrez une sonnette imitant des chants d'oiseaux.

Franck est un ancien restaurateur de lustres et a travaillé pendant des années au musée Grobet-Labadié. Rien d'étonnant, donc, de découvrir, dès qu'il ouvre la porte, un immense lustre en boutons qui dégouline du plafond. Fauteuils taillés dans des caddies de supermarché, miroirs en chaussures ou en sous-bocks, on trouve de tout chez Franck, mais toujours de l'original voire de l'excentrique ! Brocanteur, bidouilleur et inventeur, Franck est à l'origine de créations toutes plus délirantes les unes que les autres. Il n'a jamais exposé son travail alors forcement, il accumule, et dans son petit intérieur, pas un millimètre carré ne reste vierge.

Il arrive parfois qu'il accepte de vous vendre une pièce. «C'est selon…», dit-il. Sachez toutefois qu'il s'agit de pièces uniques qui représentent chacune des dizaines d'heures de travail.

LES PLAQUES DE FONTE DES EAUX DE LA ROSE

27

4, rue Rougier, 13005 Marseille
7, rue Terrusse, 13005 Marseille

« La première eau courante de Marseille »

Aux 4, rue Rougier et 7, rue Terrusse, deux plaques en fonte rappellent le souvenir du premier réseau marseillais privé d'eau courante. Réalisé en 1842 par une prise qui détournait l'eau de la rivière Jarret* lors de sa traversée du quartier de la Rose, le réseau prit naturellement le nom de la compagnie qui le gérait : « Les Eaux de la Rose». Le but était d'alimenter en eau le quartier Chave qui était en train de se créer à l'initiative d'André et Nicolas Chave, à qui le conseil municipal avait refusé la création d'un boulevard reliant leurs terrains à la ville.

Tenaces, les deux frères s'entendirent avec leurs voisins et percèrent le boulevard à leur compte tout en créant un réseau de rues adjacentes qui portent encore aujourd'hui le nom des propriétaires d'alors : Terrusse, Mérentié ou Rougier... La compagnie des Eaux de la Rose garda son caractère privé jusqu'en 1890, date à laquelle la ville fit valoir son monopole municipal. Le réseau avait alimenté en eau 650 abonnés pendant près de 50 ans.

L'HISTOIRE DE L'EAU À MARSEILLE

Pendant l'Antiquité, l'eau était abondante à Marseille et, à la fin de la période antique, elle parvenait même jusque dans les habitations grâce à un réseau élaboré de canalisations. Au Moyen Âge, en raison du manque d'entretien des installations, la ville haute connut de graves pénuries d'approvisionnement en eau et l'on construisit un aqueduc qui amenait l'eau jusqu'à la porte d'Aix (dont on peut voir encore une arche devant le conseil régional). Au début du XIVe siècle, le cours du Jarret fut raccordé à l'aqueduc existant mais les égouts construits sous l'Antiquité furent abandonnés. Avec l'augmentation de la population (15 000 habitants au XVIe siècle et près de 90 000 à la fin du XVIIIe), l'absence de réseau d'eaux usés et un approvisionnement déficient provoquèrent des épidémies. Deux épidémies de choléra firent respectivement en deux ans 865, puis 2 576 morts. Le maire Consolat décida alors de faire venir l'eau de la Durance à Marseille « quoi qu'il advienne et quoi qu'il en coûte ». La construction du canal de Marseille débuta en 1838 et fut confiée à l'ingénieur Franz-Mayor de Montricher. En 1854, l'eau de la Durance arriva à Marseille au palais Longchamp (construit à cette occasion) tandis que l'aqueduc de Roquefavour devint le plus grand aqueduc en pierre du monde avec ses 84 m de haut et ses 375 m de long.

* Le Jarret est une rivière provenant du massif de l'Étoile, prenant sa source près de Pichauris et qui, après avoir traversé Marseille, se jette dans l'Huveaune, dans le quartier de Sainte-Marguerite.

LES BAS-RELIEFS DU GARAGE DEVOULX

28

21, rue Terrusse
13005 Marseille

Le dernier garage d'avant-guerre de Marseille

Le garage Devoulx, aujourd'hui devenu une entreprise de nettoyage, est le dernier témoin marseillais des multiples temples dédiés à l'automobile qui sont nés de la démocratisation de la voiture individuelle entre les deux guerres du XXe siècle. Concession Peugeot dans les années 1930, il fut décoré par Félix Guis (Tunis, 1887 – Marseille, 1972), peintre, caricaturiste, designer Art déco, excellent animalier, céramiste, santonnier et sculpteur monumental.

Guis signa ainsi les deux grands bas-reliefs d'inspiration Art déco de la façade, à la gloire d'une automobile fumante (on ne parlait pas à l'époque de pollution) encore aujourd'hui visibles.

Félix Guis réalisera tout au long de sa vie et jusqu'à ses derniers jours des caricatures et des dessins grivois extrêmement jubilatoires. Pour les voir rendez-vous sur le site Internet « Marseille sculptée » puis, choisissez dans la liste à gauche le nom de Félix Guis. Ce blog (mais le mot est réducteur) est le fantastique travail que Laurent Noet tient à jour sur l'ornementation de Marseille :
http://marseillesculptee.blogspot.com

IMMEUBLE DU 69, BOULEVARD CHAVE

29

13005 Marseille

> ***Les très rares références marseillaises à l'Art nouveau***

L'immeuble du 69 du boulevard Chave est l'un des rares immeubles marseillais à s'inspirer de l'Art nouveau à Marseille. Construit en 1908 sa porte est une référence directe au style d'Hector Guimard (1867-1942) connu pour sa contribution remarquable au métro parisien. On observera particulièrement les soupiraux en ailes de papillon et les belles ferronneries.

D'AUTRES EXEMPLES ART NOUVEAU À MARSEILLE

Le cinéma Le Prado au 36, avenue du Prado dans le 6e arrondissement, s'ouvre au rez-de-chaussée d'un immeuble d'angle à la façade massive mais nettement inspirée de l'Art nouveau.

Au 44, rue Marx-Dormoy, dans le 4e arrondissement, un intéressant immeuble présente un décor de dessus de porte intitulé *Le Génie de l'agriculture*. Malheureusement le sculpteur de cet intéressant exemple de style de transition entre l'Art nouveau et l'Art déco est resté anonyme.

Au 26, cours Lieutaud, l'immeuble Art nouveau est dans un grand état de saleté et une concession de scooter occupe le rez-de-chaussée. La porte est de style Art nouveau même si le numéro 26 semble avoir été rajouté plus tard pour bien marquer la référence artistique.

LE ZOUAVE DE LA RUE GOUDARD

30

3, rue Goudard 13005 Marseille

« Arrête de faire le zouave »

À l'angle de la rue Goudard et de la rue Briffaut, sur l'arrondi de l'angle, au-dessus du bar, se trouve un curieux buste qui représente un zouave dont l'identité n'est pas formellement établie.

Selon Adrien Blès dans son *Dictionnaire historique des rues de Marseille* (éditions Jeanne Laffitte), il s'agirait du buste du zouave Auguste Bourdier édifié par sa veuve.

Si l'on s'en tient cependant à l'inscription sur le buste, il s'agirait plutôt du sous-officier Bordarier, du 3e régiment de zouaves, qui aurait été placé là par monsieur Peyremorte, propriétaire du bar et unique occupant de l'immeuble en 1896. Il aurait ainsi souhaité commémorer un camarade de régiment, peut-être originaire du même quartier.

Le buste coiffé de la chéchia* est signé d'un certain Di Ciolo.

QUI ÉTAIENT LES ZOUAVES ?

À l'origine, les zouaves sont des volontaires kabyles de la région de Zouawa (prononcer : zouava) recrutés par l'armée française à partir de 1830. En 1852, ils furent répartis en trois régiments, chacun étant rattaché à une province d'Algérie (Alger, Oran, Constantine). Peu après, les volontaires de toute origine, y compris les métropolitains, seront autorisés pour postuler à ce corps d'élite. C'est en hommage à la victoire de l'Alma pendant la guerre de Crimée (1853-56) que fut réalisé le zouave du pont de l'Alma, sur la Seine, à Paris.

L'expression « arrête de faire le zouave » serait due à un camelot parisien habillé en uniforme de zouave faisant le pitre pour attirer le chaland.

* Chéchia : couvre-chef masculin rouge, cylindrique ou tronconique, porté par des populations d'Afrique, notamment du Nord.

ABRI

LES DERNIERS « ABRIS » DE MARSEILLE

31

8, rue Braille
12, rue des Trois-Frères-Carasso (4e arr.)
39 et 43, boulevard d'Arras

Les traces des refuges précaires pendant la seconde Guerre Mondiale

Le long des portes de certains immeubles construits avant la guerre, on lit parfois encore aujourd'hui le mot « ABRI », inscrit en noir sur un rectangle blanc bordé d'un liseré noir. Ils indiquaient évidemment la présence d'abris pour la population pendant la Seconde Guerre mondiale.

En nombre insuffisant, les abris étaient de moins en moins utilisés au fur et à mesure que les fausses alertes se multipliaient, ce qui explique le nombre dramatique de victimes du bombardement du 27 mai 1944, (plus de 2 000) qui ne crurent pas à la réalité de l'alerte. Le souffle des explosions tua autant de personnes mal abritées que l'effondrement des bâtiments.

Au mois d'août 1944, alors que se préparait le débarquement de Provence, les alertes se firent quotidiennes et la population passa de plus en plus de temps dans les abris tandis que les bombardements alliés continuaient cependant à faire des victimes. Il fallut attendre la capitulation des troupes allemandes, le 28 août 1944, pour sortir définitivement des abris.

À VOIR AUX ALENTOURS :

L'IMMEUBLE DU « TIPE »

32

Angle Boulevard Eugène-Pierre et rue Devilliers

A l'angle du boulevard Eugène-Pierre et de la rue Devilliers, l'immeuble de l'entrepreneur Dominique Turcan (artisan de Cucuron) présente une étonnante faute d'orthographe : « Tipe d'architecte sachant tout faire même sans diplôme ». On trouve plus bas son portrait sculpté de ses mains, si l'on en croit le texte voisin : « Artiste statuaire ayant rêvé de l'être ».
Le grand balcon du premier étage présente une frise composée de chérubins s'employant à semer la panique dans l'atelier de l'artiste, attestant ainsi de l'humour général du propriétaire d'alors.

LE MONT CANIGOU VU DE MARSEILLE 33

Basilique Notre-Dame-de-la-Garde
13281 Marseille Cedex 06
• Tél : 04 91 13 40 80 • E-Mail : contact@notredamedelagarde.com
• www.notredamedelagarde.com
• Informations sur le phénomène et calendrier des prochaines observations (site créé et mis à jour par Michel Apério) :
• www.canigou.univ-mrs.fr

« Un phénomène visuel exceptionnel

À priori, l'observation du massif du Canigou, à 253 km de Marseille semble impossible en raison de la courbure de la terre : une ligne droite reliant la cité phocéenne à la montagne pyrénéenne devrait s'enfoncer dans la mer de 120 m pour y parvenir… Deux fois par an, pourtant, en février et en octobre, grâce à un phénomène de réfraction atmosphérique*, quelques amateurs et photographes se retrouvent sur la terrasse de la basilique Notre-Dame-de-la-Garde à Marseille, ainsi qu'au cap Canaille à Cassis et au château d'Allauch.

Au coucher du soleil, si les conditions atmosphériques le permettent, apparaît alors devant le disque rougeoyant la silhouette caractéristique du mont Canigou ou du Roc Nègre, sommet voisin. Les chanceux aperçoivent parfois également le mythique rayon vert**. Il s'agit d'un spectacle évidemment hors du commun et dont l'authenticité a été longtemps mise en doute.

Le premier à avoir décrit le phénomène est le baron Zach (voir encadré, page suivante) qui, dans son ouvrage l'Attraction des Montagnes soutenait qu'il avait assisté au phénomène le 8 février 1808 depuis Marseille. Le monde scientifique se divisa alors en deux camps : ceux qui y croyaient et ceux qui n'y croyaient pas. Même si certains d'entre eux seront témoins du phénomène, ils seront dans l'impossibilité d'en apporter la preuve et il faudra attendre 1898, soit 90 ans après l'observation du baron Zach, pour qu'un groupe d'une centaine de membres des « Excursionnistes Marseillais », réunis pour la circonstance sur la montagne Marseilleveyere, constatent le phénomène et en rapportent des photographies irréfutables.

Sur le site de Michel Apério (voir adresse plus haut) se trouvent les plus belles photos du phénomène, dont celles qui ont obtenu le prix de la photographie scientifique au 13e Festival international du scoop et du journalisme à Angers le 28 novembre 1998.

> ATTENTION : l'observation directe du soleil ou avec des verres ou matériels optiques peut provoquer des brûlures irrémédiables (risque de cécité). Pour en savoir plus sur les précautions à prendre et les matériels conseillés ou déconseillés, voir le site de l'institut de mécanique céleste : http://www.imcce.fr/page.php?nav=fr/ephemerides/phenomenes/eclipses/soleil/chap04.php

*La réfraction atmosphérique est le changement de direction d'une onde lumineuse, causé par les différences de densité de l'atmosphère.
** Le rayon vert est un phénomène atmosphérique qui peut s'observer au lever ou au coucher du soleil. Il est provoqué par l'atmosphère qui joue le rôle d'un prisme décomposant la lumière du soleil.

LE BARON VON ZACH

Astronome autrichien, le baron Franz Xaver von Zach [1754-1832] fut directeur de l'observatoire de Seeberg, près de Berne en Suisse. Il séjourna également en Angleterre où il devint membre de la Royal Society.

Au cours d'un voyage à Hyères, station climatique appréciée des touristes anglais à l'époque, il vint jusqu'à Marseille où il procéda à des calculs géodésiques inédits.

Pour son ouvrage *L'attraction des montagnes et ses effets sur le fil à plomb*, il mesura avec deux méthodes différentes [observations astronomiques, puis triangulation] la distance entre Notre-Dame des Anges à Mimet et le phare du Planier. Il trouva une petite différence de 2 secondes d'arc et en conclut que c'était la déviation produite sur le fil à plomb par la montagne de Mimet.

Il situa également précisément le lieu et l'année où Pythéas avait calculé la latitude de Marseille en indiquant formellement le temple de Diane, où s'élève aujourd'hui la cathédrale, en l'an 350 av. J. C. Rappelons que Pythéas avait établi avec seulement un peu plus d'une minute d'erreur la latitude de Marseille [Massalia]. La mesure de Pythéas était : 43°16'15» au lieu de 43°17'56».

XVIII. - LE CANIGOU (2785 m.), à 253 kil. dans les Pyrénées
Visible de N.-D. de la Garde, Marseille, au Coucher du Soleil, le 11 Février et le 31 Octobre

Mer Méditerranée
QUAI DU PORT
BELSUNCE
Bourse
VIEUX-PORT HÔTEL DE VILLE
LA CANEBIÈR
Jardin du Pharo
Club Nautique
BD CH. LIVON
LE PHARO
Bas Fort St.Nicolas
Théatre la Criée
Fort St.Nicolas
Fort d'Entrecasteaux
Caserne Audéoud
AV. PASTEUR
AV. DE
KENNEDY
JOHN
PRÉSIDENT
St. Victor
RUE SAINTE
LA CORSE
BD DE LA CORDERIE
R. DES LICES
CRS P. PUGET
Palais de Justice
R. FORT NOTRE-DAME
RUE PARADIS
Opéra
COURS
N.-D. DU M
CRS JULIE
Anse de Malmousque
St. Eugène
Batterie de Malmousque
Aquarium
CORNICHE
ENDOUME
Théatre Sylvain
GRANIER
BD M. THOMAS
BOMPARD
R. J. RECHER
7e
CH. DU ROUCAS
ST.VICTOR
BD A. AUNE
R. J. MOULET
NOTRE-DAME
BD
N.-D.de Lourdes
BRETEUIL
ESTRANGIN PRÉFECTURE
Préfecture
DE ROME
LIEUTAUD
N.D. MO
LAMBERT
Stade Tullène
Anse de la Fausse Monnaie
FR.
R. DU DR
L'ORIOL
VALLON DE
BD A. AUTRAN
Basilique N.D. de la Garde
BD VAUBAN
RUE
ROSTANG
CASTELLANE
BD BAI
Marégraphe
CORNICHE
BOMPARD
BOULEVARD
AV. DES ROCHES
St.Antoine de Padoue
St.Fr. d'Assise
VAUBAN
6e
AVENUE
AV. J. CANTIN
St.Cassien
Rade d'Endoume
DU
CH. DU
BLANC
BD GEORGES
Couvent
Lycée Périer
BD G. CRÉMIEUX
PARADIS
RUE
ED.
CASTELLANE
Sacré-Cœ
PRÉSIDENT
ROUCAS BLANC
ESTRANGIN
BD PÉRIER
R. DE LA TURBINE
R. DAUMIER
PÉRIER
CHEMIN DU ROUCAS
JOHN KENNEDY
R. DES COLONIES
PÉRIER
Couvent
RUE ROLLAND
8e
COMMANDANT
RUE JEAN MERMOZ
DU PRADO
LE ROUET
Ecole de Voile
St.Giniez
ROND-POINT DU PRADO
BD RABATE
RUE DU ROLLAND
RUE DU CDT
G. POMPIDOU
Palais des Congrès
Pa Cha
LA PLAGE
AVENUE DU PRADO
Église Arménienne
Plage du Prado
PROMENADE
BD DE GABÈS
ST.GINIEZ
BD
Stade Vélodron
Pisc
R. R. PONSON
AVENUE
AV. DU PARC BORÉLY
Parc H. Fabre
l'Huveaune
Stade de l'Huveaune
Stade Olympique Bouisson
CES et Lycée H.Daumier
BD BARRAL
MICHELET
Stade Gan
FRANCE
Parc Borély
BEY
CLOS
DE
Orphelinat
MENDÈS
Chapelle Russe
AVENUE
Champ de Courses
Musée Borély
Stade Jean Bouin
RUE CALLELONGUE
Collège F.Mistral
MAZARGUES
Immeuble "Le Corbusier"
PIERRE
Indianna
BD
Plage Bonneveine
AV. DE BONNEVEINE
O N S E
AVENUE
TRAVERSE PAUL
Anse de Vieille Chapelle
AV. JOSEPH VIDAL
BD DU SABLIER
La Sérane
ISAAC
ND des Neiges
AVENUE
La Roseraie
AVENUE D'HAÏFA
AVENUE
BD DE LA FABRIQUE
MICHELET
Anse de la Pointe Rouge
AV. DE LA P. ROUGE
BD MOLINARI
AV. DES
BD DES NEIGES
BD B. CAYOL
Police
DE
9e
Port de Plaisance de la Pointe-Rouge
GOUMIERS
BD BERNEX
Centre Commercial Bonneveine
HAMBOURG
SAINTE-ANNE
MAZARGUES
AV. L. LÈGRE
RUE JULES
MAZARGU
AV. D'ODESSA
AV. DE MONTREDON
TRAV.
DE TIBOULIN
VIEILLE CHAPELLE
TRAV. PARANGON
BD DES AMIS
AVENUE ANDRÉ ZENATTI
Jardin Bortoli
Terrain de Sports
RUE E. ZOLA
BD DE LA CONCORDE
RD-PT DE MAZARGUE
TRAV. POURRIÈRE
CH. DU L'ANCIER
AV. DE LA MARTHELINE
R. E. ROUVIER
POINTE ROUGE
LP
L.P. Hôtelier
Cimetière Mazarg
1 2 3 4 5 6 7 8 9 10 11 12 13 14 15 16 17 18 19 20 21 22 23 24 25 26 27 28 29 30 31

7e / 8e ARRONDISSEMENTS

LE DERNIER VESTIGE DES REMPARTS DE LOUIS XIV

1

Rue des Lices
• Accès : bus n° 54, arrêt Saint-Victor

Des murs « lices »

À la fin du XVIIe siècle, après un traité de paix conclu avec Alger, un délégué fut envoyé sur place pour faire l'inventaire des Français retenus en esclavage et en état d'être délivrés. Comme l'un d'entre eux restait dans son coin, le délégué s'adressa à lui :

- Et toi ? tu es français ?
- Non !
- Tu es d'où alors ?
- De Marseille…

Cette anecdote met en valeur le gouffre existant encore au XVIIe siècle entre Marseille et le royaume de France, le port phocéen rêvant encore de son indépendance qu'il avait maintenue tant bien que mal depuis sa création. Aussi, après plusieurs rébellions contre le pouvoir central, il fut décidé en haut lieu d'appliquer à Marseille la méthode de la carotte et du bâton. Les rebelles marseillais furent mis hors d'état de nuire par 8 000 hommes et les institutions municipales soumises aux volontés royales. En contrepartie, Louis XIV ordonna l'extension de la ville dont la superficie fut multipliée par deux, l'érection de nouveaux remparts, l'ouverture de grandes avenues, l'extension de l'arsenal des galères et, pour le port, le monopole du commerce avec le Levant.

Autour de la passe d'entrée du port, fermée par une chaîne (voir page 61), deux fortifications majeures bouclèrent l'enceinte marseillaise. Au Nord, le fort Saint-Jean remaniant la tour de la commanderie des Hospitaliers de Saint-Jean de Jérusalem. Au Sud, le fort Saint-Nicolas qui valut un bon mot de la part du Roi-Soleil : « Nous avons remarqué que les Marseillais prisaient fort les jolies bastides. Nous aussi nous avons voulu avoir la nôtre, les pieds dans l'eau, à l'embouchure de ce grand port ».

Le dernier vestige de ce rempart construit entre 1669 et 1694 se trouve rue des Lices (les lices étaient à l'origine des palissades en bois entourant une fortification). Le mur est conservé dans son intégralité verticale sur 40 mètres de long. Plutôt méconnu de la plupart des Marseillais, ce mur a accueilli en 1987, à l'initiative du Comité du Vieux Marseille, une plaque commémorative mentionnant l'origine de ces pierres.

LE TRACÉ DES REMPARTS DU XVIIe SIÈCLE

Il est amusant d'essayer de reconstituer le tracé de ces remparts en prenant une carte du centre-ville. Remarquez les quelques rues qui sont en arc de cercle. Surlignez au crayon sur votre plan la rue Abbé-d'Assy au nord du jardin Pierre-Puget, puis la rue Roux-de-Brignoles, suivie des boulevards Paul-Peytral, Salvator et Théodore-Thurner. Continuez par le cours Julien, suivi du boulevard Dugommier, d'une partie de la rue d'Athènes, puis à gauche la rue Marcel-Sembat, à droite le boulevard Bourdet, suivi du boulevard Nedelec et enfin du boulevard des Dames. Vous avez soudain l'esquisse des remparts, tels qu'ils existaient au XVIIe siècle.

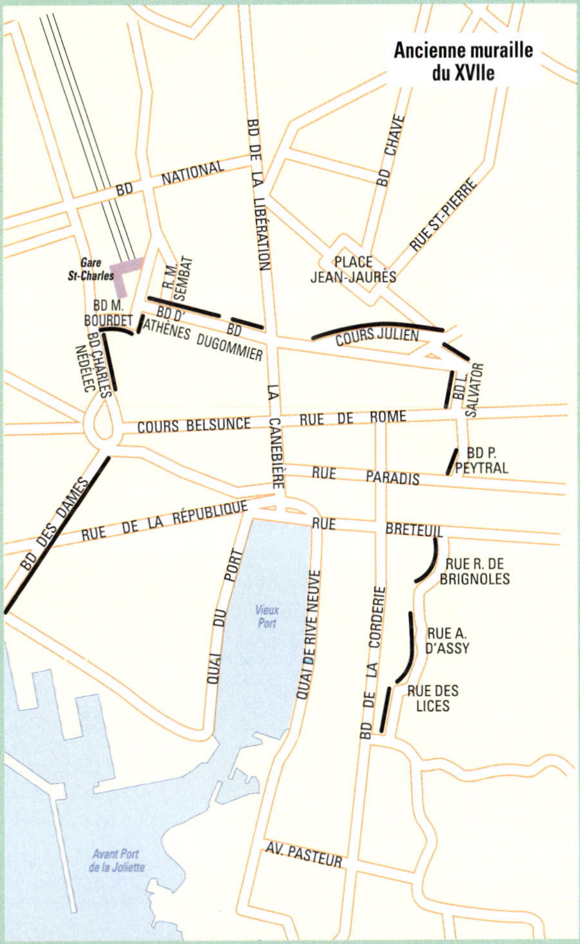

LES SECRETS DE L'ABBAYE SAINT-VICTOR ❷

3, rue de l'Abbaye
• Accès : bus n° 54, arrêt Saint-Victor
• Renseignements : 04 96 11 22 60

« *Les portes du Paradis*

Si l'abbaye de Saint-Victor est l'une des attractions touristiques majeures de Marseille, elle garde toujours aujourd'hui quelques secrets.

Juste au-dessus de la porte d'entrée de l'église, se trouve un curieux petit médaillon très souvent ignoré : on y voit la représentation d'une légende selon laquelle saint Victor, qui donna son nom à l'abbaye, aurait terrassé un dragon qui hantait les eaux des calanques.

D'autres éléments concernant l'abbaye et sa fondation restent également méconnus. Dès la chute de l'empire romain, au Ve siècle, Jean Cassien, un moine copte venu d'Égypte, fonde le monastère de Saint-Victor à Marseille. On dit qu'il aurait voulu le bâtir sur la nécropole romaine qui abritait le tombeau de saint Lazare et de saint Victor. Jean Cassien aurait reçu son enseignement d'éminents sages et scientifiques. Il pratiquait un christianisme très pur, très proche de l'enseignement du Christ, bien avant la vision manichéenne du bien et du mal. Il passera sept années dans le désert du Skété au sud du delta du Nil, pour suivre l'enseignement des pères du désert. C'est à lui que fit appel le pape Castor, évêque d'Apt, pour ce premier monument dédié à Dieu qui se devait d'être «intemporel et incorruptible, éternel et inexpugnable». Un temple, comme le dira Cassien, « fondu d'âmes saintes.»

À cette époque, la vie monastique imposée par Cassien à près de 5 000 moines, était calquée sur la manière de vivre des orientaux, selon des traditions observées dans les monastères d'égypte et de Palestine. On attribuait à ces moines un tel niveau de perfection que l'abbaye avait été rebaptisée «Les Portes du paradis» au Ve siècle.

On perd toute trace d'une quelconque activité de l'abbaye entre le VIIe et le XIe siècle. Dans cet intervalle, Marseille subit plusieurs grandes invasions. C'est un certain Isarn, un moine catalan, qui, vers le XIe siècle, sera le véritable fondateur de la puissance de l'abbaye. À cette époque, celle-ci, devenue bénédictine, est un immense empire monastique qui contrôle une grande partie de la Méditerranée.

Bien plus tard, aux environs du XIVe siècle, le monastère voit soudain ses mœurs se relâcher, des textes relatant notamment un excès de jeu et de boisson. C'est à cette époque que furent interdites les cartes et notamment le tarot, événement qui serait à l'origine des liens unissant l'abbaye au tarot de Marseille.

L'abbaye deviendra église paroissiale en 1804 et sera classée une première fois au XIXe siècle par Prosper Mérimée. Le 20 septembre 1934, le pape Pie XI élève l'église au rang de basilique.

LA PLAQUE DE L'AMITIÉ ENTRE PISE ET MARSEILLE

3

Abbaye de Saint-Victor
3, rue de l'Abbaye
• Accès : bus n°54, arrêt Saint-Victor

Le penchant des Pisans pour Marseille

À l'entrée de l'église Saint-Victor, dans la tour d'Isarn, à droite au-dessus d'un sarcophage, une discrète plaque au mur* évoque l'épisode tout à fait insolite et méconnu qui est à l'origine de la longue amitié liant Marseille et Pise. Cette pierre tombale recouvrait la sépulture aujourd'hui disparue des soldats pisans morts au combat pendant la reconquête des Baléares.

Au début du XIIe siècle, quinze ans après la première croisade (1096-1099) et alors que se prépare la deuxième (1147-1149), la marine pisane s'occupe de ses intérêts commerciaux en Méditerranée occidentale et entreprend de libérer les Baléares de l'emprise musulmane. Au retour de la bataille victorieuse, en 1114, il est urgent d'inhumer les victimes au nombre d'un millier dans les rangs pisans.

La demande d'un lieu de sépulture sera déposée auprès des moines de l'abbaye de Saint-Victor à Marseille qui accédèrent à cette demande en offrant un terrain vierge. Au XIIe siècle, l'abbaye était en effet l'une des plus puissantes d'Occident et exerçait « son autorité sur plus de cinq mille moines » (*Histoire universelle de Marseille*, p. 23, Alèssi Dell'Umbria, éditions. Agone) de l'Aquitaine à la Sardaigne en passant par la Ligurie, la Toscane et le Languedoc. En reconnaissance, Pise offrira en 1116 une église aux bénédictins marseillais, l'église San Andrea in Chinzica dans laquelle une autre pierre rappelle cet épisode.

Pour plus d'informations se référer au site Internet (en italien) www.stilepisano.it/Pisa_curiosita.htm

* La traduction du texte grâce à l'amabilité du père Armagier :
« L'an du verbe incarné de la Vierge mille cent quatorze, les Pisans entreprirent d'aller délivrer Majorque du joug des Mahométans. Au combat, ils tombèrent en nombre mais leur mort les associe aux angéliques phalanges et leur ménage une place dans la cité (céleste). Après avoir ravagé cette terre, la flotte pisane rendue victorieuse par la puissance divine, reprit la mer pour le retour. Ô piété des vainqueurs : ayant pris leurs défunts à bord de leurs navires, ils cherchèrent à rejoindre Pise. Afin que la vue de leur deuil ne trouble point la joie (de la victoire), ils ensevelirent ces morts pour le Christ dans ce tombeau ».

LE BOULODROME PHARO-CATALANS

4

Fort Saint-Nicolas
• Groupe bouliste Pharo-Catalans
• Accès : bus n° 83, arrêt fort Saint-Nicolas

Un boulodrome fortifié

Dissimulé à l'intérieur du fort Saint-Nicolas, le boulodrome Pharo-Catalans est constitué de trois grands terrains de pétanque en surplomb. Son emplacement privilégié et la vue superbe qu'il offre sur le vieux port en font un endroit très apprécié d'une poignée de connaisseurs. La zone fait partie d'un terrain militaire régie par la mairie de secteur.

Encaissé dans la nature au-dessus du vieux port, isolé du brouhaha de la ville grâce aux remparts du fort, ce boulodrome existe d'après les anciens, tous membres du club, depuis l'an pèbre, c'est-à-dire, plus prosaïquement, depuis toujours !

L'association du groupe bouliste Pharo-Catalans, installée sur les lieux dans un cabanon, n'existe, elle, que depuis une quinzaine d'années. Elle y organise des tournois amicaux toute la semaine et des concours tous les jeudis. La cotisation pour devenir membre est de 30 euros par an et permet d'obtenir une carte du club et une licence de bouliste. Décence oblige, c'est en tout cas l'argument donné, l'association est interdite aux femmes, le site ne possédant pas de toilettes !

Ouvert jour et nuit grâce à un éclairage bienvenu, le boulodrome est officiellement gratuit et ouvert à tous… si vous trouvez de la place. En temps normal, en effet, l'association occupe très souvent tous les terrains et on comprend mieux l'intérêt d'en devenir membre. Aux mois de juillet et août, l'association étant en vacances, il est beaucoup plus facile de trouver des terrains disponibles.

À consommer sans modération.

MAISON « LA ROSE DU CIEL » 5

140, rue Sainte

Paul Valéry, hébergé « entre la crypte et l'onde »

En face de l'église de l'abbaye de Saint-Victor, une charmante maison entourée de quelques palmiers attire l'attention du passant. Une plaque placée sur le portillon nous indique que Paul Valéry y a été hébergé « entre la crypte et l'onde » (entre la crypte de l'abbaye de Saint-Victor et la mer toute proche) lors de ses séjours à Marseille. Il avait rencontré par hasard dans un train la copropriétaire de la maison, Marguerite Fournier, qui tenait salon littéraire dans la villa. Les séjours de l'écrivain, qui faisait étape sur le chemin de la Côte d'Azur, devinrent pendant la dernière guerre des séjours refuges pour fuir l'occupant alors que le Sud de la France était encore zone libre.

Le nom de « Rose du Ciel » a sans doute été donné à cette maison par le beau-frère de Marguerite Fournier, Hippolyte Ébrard, membre de la secte des Rose-Croix, qui aurait hébergé l'alchimiste Fulcanelli pendant la Première Guerre mondiale : dans *Le Mystère des Cathédrales*, de Fulcanelli, le premier visuel (une planche exécutée par le peintre Julien Champagne) n'est autre que la Vierge noire de l'abbaye de Saint-Victor.

La statue disposée dans le pignon de la villa a été voulue par le précédent propriétaire, monsieur Rouit, qui avait une dévotion particulière pour saint Joseph. À ses côtés, l'Enfant Jésus porte le lys fleuri qui fait référence à la légende selon laquelle la Vierge distingua son époux parmi ses soupirants grâce au bâton que portait Joseph et qui se transforma en lys.

DU VIN À MARSEILLE

Les vignes du Seigneur

Square Berthie-Albrecht - 13007 Marseille

Le square est fermé à clé mais on peut voir les ceps de vigne à travers les ouvertures protégées par des barreaux de fer.

En face de l'église de l'abbaye Saint-Victor poussent, sur 250 m^2, 150 pieds de vigne (grenache noir) qui ont été plantés en 2011 à l'initiative de la Fédération des Vignerons Indépendants Provence 13, la ville et l'office de tourisme et des congrès de Marseille. Le lieu a été choisi afin de perpétuer la tradition des moines de l'abbaye de Saint-Victor qui cultivaient la vigne autour du monastère.

Les coteaux de Victor

À deux pas des vignes « publiques » de la ville, un minuscule vignoble privé d'une centaine de pieds a été planté sur les pentes du fort Saint-Nicolas à l'initiative du propriétaire du New Hôtel de Marseille qui jouxte le vignoble. L'appellation « Victor » a été choisie en raison de la proximité de l'abbaye de Saint-Victor.

Le vin du Mussuguet

Entre Marseille et Cassis, sur le plateau de Carpiagne, après le col de la Gineste, on peut voir en bord de route des vignes qui, alors que Cassis est tout proche, sont situées sur la commune de Marseille. Ces six hectares de vignes sont la propriété du domaine du château de Fontcreuse, plus connu pour son vin de Cassis.

LA BATTERIE DU PHARO

6

28, rue des Catalans
• Accès : bus n° 83, arrêt catalans
• Standard : 04 91 57 78 00

Un panorama inédit

Site exceptionnel inconnu des civils, la base militaire de la Marine, qui s'étend sur plus de quatre hectares derrière le Cercle des nageurs, recèle des vestiges militaires étonnants.

Installé sur les hauteurs de la rade à l'époque de la construction du palais du Pharo pour Napoléon III au XIXe siècle, le lieu offre également l'une des plus belles vues de la ville sur le port autonome. L'endroit est accessible au public sur rendez-vous ou en passant par les visites de l'office du tourisme.

À l'entrée de la base, un fortin du XIXe siècle, utilisé aujourd'hui comme caserne, servait de poste de garde au palais impérial. Bien que ce bâtiment en pierre de taille ait été entièrement réhabilité, on peut encore y voir les stigmates d'une artillerie casematée et quelques mousqueteries, de petites ouvertures d'où l'on tirait au fusil. Le toit du fortin, appelé plateau d'appel, est accessible par un petit escalier extérieur. Il offre une vue exceptionnelle sur le Port autonome.

Sur la zone ouest du terrain, en surplomb de la mer, trois bâtisses de forme pyramidale, appelées «soutes merlonées», sont les ancêtres des blockhaus. Edifiées au XIXe siècle par le génie français, elles ont été récupérées par l'armée allemande lors de l'occupation de la ville de 1942 à 1944.

Sous l'occupation, les Allemands construiront sur le site huit autres bunkers visibles en enfilade sur la ligne de crête. Ils sont toujours debout, face à la mer, ouverts au mistral. Chaque bunker contient en son centre un affût en acier qui servait à maintenir le canon dans la salle de tir. De part et d'autre du blockhaus, on distingue deux salles de munitions et d'énormes tubes latéraux en acier qui servaient à évacuer l'air et la pression, les salles de tir étant hermétiquement fermées.

Un peu plus loin dans l'alignement, vous découvrirez un tobrouk, bunker plus petit, plus encaissé dans le sol. Il correspond aux modèles expérimentés pendant la bataille de Tobrouk par l'Afrika Korps.

Sous la ligne de crête, le terrain qui dégringole jusqu'à la mer est aujourd'hui une réserve naturelle d'oiseaux, lieu de ponte de cormorans, puffins et de plus d'une trentaine de couples de gabians.

À VOIR AUX ALENTOURS :

UN ACCÈS MÉCONNU AU VALLON DES AUFFES

7

Au vallon des Auffes, sous le panneau du restaurant «chez Fonfon», une vieille porte en fer usée par le sel, marquée d'une ancre marine, dissimule l'entrée d'un escalier. Ces quelques marches tarabiscotées vous permettront de rejoindre la Corniche en quelques enjambées. Soyez respectueux du lieu puisque ce raccourci pittoresque passe au centre de quelques habitations privées.

TOUR DITE DES « VIEILLES INFIRMERIES » 8

Plage des Catalans
• Accès : bus 81, arrêt Catalans-Corse

> *Le dernier vestige du premier lazaret de Marseille établi là en 1560*

Tous les Marseillais connaissent cette tour qui fait partie du décor de la très fréquentée plage des Catalans (autrefois anse Saint-Lambert), mais rares sont ceux qui peuvent en expliquer la présence. Il s'agit en fait du dernier vestige du premier lazaret de Marseille établi là en 1560. On ne sait d'ailleurs pas trop pourquoi ne subsiste de cet ancien établissement que cette tour murée et inaccessible aujourd'hui. Le lazaret prit le nom d' « Infirmeries » puis, plus tard, lorsqu'un nouveau lazaret sera construit au quartier d'Arenc, de « Vieilles Infirmeries ».

Les lazarets furent implantés dans les principaux ports maritimes afin que la mise en quarantaine des équipages et des passagers se déroule sur la terre ferme plutôt qu'à bord de bateaux infestés : la mise en quarantaine des navires, inventée par la République de Raguse (Croatie actuelle) en 1377 pour se protéger de la peste, était une mesure certes très efficace, mais très cruelle dans la mesure où elle condamnait à une mort certaine tous les occupants des navires transportant des malades. Le premier lazaret connu est celui qui fut implanté sur un îlot de la lagune de Venise, dénommé Santa Maria di Nazareth, en 1423. Le nom d'origine de « lazzaretto » pourrait être une contamination linguistique du nom de Nazareth avec celui de Lazare (patron des lépreux et non des pestiférés). Cette pratique se développa au cours du XVe siècle et, à partir du XVIe siècle, se généralisa pour laisser la place à une quarantaine effectuée sur la terre ferme, ce qui permettait de séparer les passagers apparemment sains de ceux qui semblaient condamnés. Après sa mise en service en 1560, le lazaret de Marseille fut en service jusqu'en 1663. On y mettait en quarantaine à l'isolement les passagers et équipages des bateaux suspects ou de lointaine provenance qui voulaient accoster ainsi que les lépreux, les cholériques et les pestiférés.

POURQUOI LE QUARTIER S'APPELLE-T-IL « LES CATALANS » ?

Le 17 août 1761, le « pacte de famille », conclu par Choiseul pendant la guerre de Sept Ans, entre les Bourbons de France, d'Espagne, de Naples et de Parme, autorisa les marins catalans à s'installer sur les côtes provençales et à vendre leur poisson sur leurs marchés. Cette décision avait pour but de revitaliser l'activité de pêche, la corporation des pêcheurs marseillais ayant été décimée par la peste de 1720. Les Catalans prirent alors possession des bâtiments des « Vieilles Infirmeries » et de la crique de Saint-Lambert, ce qui engendrera près de 30 ans de conflits avec les pêcheurs marseillais. L'abolition des privilèges (y compris de pêche) à la Révolution de 1789 mettra fin à cette rivalité. En 1864, le percement d'un boulevard à travers le fort Saint-Nicolas (aujourd'hui boulevard Charles-Livon), permit de relier directement le Vieux-Port au quartier des Catalans. Simultanément s'ouvrit un établissement de bains de mer qui allait faire des Catalans la plage la plus populaire et la plus fréquentée de Marseille, grâce notamment à sa proximité du centre-ville.

PAVILLON HOCHE

9

Ile de Ratonneau
• Ne se visite pas

Un vestige du lazaret de l'archipel du Frioul

En 1660, un nouveau lazaret dans le quartier d'Arenc (prononcer arinc) prit progressivement le relais des « Vieilles Infirmeries » (voir p.161) sous le nom de « lazaret de Saint-Martin-d'Arenc ». Avec ses 34 hectares, le lazaret d'Arenc devint le plus vaste lazaret de la Méditerranée. On y pénétrait par la Porte Majeure qui portait sur son arche l'inscription suivante : « Ici la prévoyante médecine soigne la peste et préserve la santé de la contagion ». Le capitaine en charge de la direction du lazaret était administrateur, comptable, officier d'état civil, commissaire de police et médecin. Pour postuler, il ne devait pas avoir de famille et avoir vécu au Levant pour avoir connu la peste et ses symptômes.

Le règlement très strict donnait tous les pouvoirs à ce capitaine qui l'appliquait quel que soit le rang ou la qualité des mis en quarantaine. Ainsi, la duchesse d'Orléans en 1814 et le futur Louis-Philippe y séjournèrent 40 jours ni plus ni moins, sans bénéficier de faveurs particulières.

En 1849, le lazaret d'Arenc et tous les services de quarantaine furent transférés sur l'archipel du Frioul pour laisser la place à l'extension des ports de Marseille. Les deux îles formant ledit archipel avaient déjà été mises à contribution pour compléter la stratégie sanitaire du port phocéen : en 1821, l'État avait ordonné la construction de la digue Berry, reliant Pomègues à Ratonneau, afin d'inaugurer un nouveau bassin de quarantaine, le port Dieudonné*, capable d'accueillir annuellement plus de 500 navires. Lors de la guerre de Crimée (1854-1856), les bâtiments du lazaret de Pomègues et ceux de Ratonneau étaient déjà en mesure de loger plus de 1 200 personnes. Des nombreux bâtiments qui étaient éparpillés sur les deux îles ne subsistent que le pavillon Hoche (qui ne se visite pas) ainsi que la chapelle du lazaret dominant le port.

* Le nom de Dieudonné a été choisi également en hommage à la duchesse de Berry : celle-ci accoucha en effet sept mois et demi après l'assassinat de son mari, Henri Charles Ferdinand Marie Dieudonné d'Artois, duc de Bordeaux, que Lamartine avait surnommé « l'enfant du miracle ».

De récents travaux viennent de mettre au jour des vestiges du lazaret de Saint-Martin-d'Arenc et des fouilles sont en cours. Le chantier se situe à l'angle des rues Melchior-Guinot et Peyssonnel (2e arr.), sur un terrain où doivent voir le jour des immeubles d'habitations et de bureaux ainsi qu'une résidence étudiante et la future école d'infirmières.

L'HÔPITAL CAROLINE

10

Ile de Ratonneau

> **Un ancien hôpital pour les malades de la fièvre jaune**

Au début du XIXe siècle, une épidémie de fièvre jaune introduite par des navires venant d'Amérique se répandit dans les ports espagnols de la Méditerranée. Les autorités marseillaises décidèrent alors la construction d'un établissement spécifique pour mettre en quarantaine les voyageurs provenant de pays où cette maladie sévissait. Construit entre 1823 et 1828 par Michel-Robert Penchaud, l'établissement prit le nom d'hôpital Caroline, de l'un des prénoms de Marie-Caroline de Bourbon-Sicile, la duchesse de Berry. L'admirable chapelle en forme de temple grec, qui fut placée au centre de l'hôpital, et sa colonnade aérée, permettait aux occupants des dortoirs alentour d'assister à la messe.

LA PESTE

La peste (du latin *pestis atra*, la mort horrible) est une maladie causée par la bactérie Yersinia pestis. Elle est véhiculée par les rats qui la transmettent à l'homme par l'intermédiaire de puces. Le bacille responsable de la maladie est appelé Yersinia pestis car découvert par Alexandre Yersin en 1894.

La peste noire, après six siècles où la maladie ne s'était apparemment plus manifestée, frappa l'Europe en 1347, causant la mort d'un tiers de la population soit environ 25 millions de victimes. Venue de Chine, la pandémie (épidémie mondiale) durera jusqu'à 1352.

LES MYSTÈRES DU FORT DE RATONNEAU

11

Iles du Frioul
• Navettes au départ du Vieux-Port, de 7 h 45 à 20 h 40
• Frioul If Express - 1, quai de la Fraternité • Tél. 04 91 46 54 65
• www.frioul-if-express.com • 10 € aller-retour

L'étrange illusion d'un cimetière

Caché au centre d'un fort en ruine et constitué d'immenses croix toutes semblables, cet endroit étonnant qui ressemble étrangement à un cimetière apparaît au détour d'un muret. Il est très difficile aujourd'hui de connaître la vérité à son sujet. Construit au XVIe siècle et fortifié sous Napoléon, le fort de Ratonneau servait pendant la Seconde Guerre mondiale de lieu de stockage de munitions. Certains pensent que des militaires français avaient construit ces grandes croix de plusieurs mètres de haut pour tromper les avions ennemis et éviter le bombardement du site. Signifier la mort pour préserver la vie, l'histoire aurait été singulière.

De près, l'on s'aperçoit qu'il s'agit de piliers de béton qui ne sont autres que des poutrelles de soubassement. C'est de là qu'est née une autre théorie selon laquelle, sous l'occupation, les Allemands auraient récupéré le site et y auraient entrepris la construction d'un bâtiment de plusieurs étages. Massivement bombardé pendant plusieurs jours par les Alliés, le chantier fut abandonné, ne laissant à la fin des combats qu'un vaste champ de piliers en béton dont la partie supérieure, en forme de croix, donne l'étrange illusion d'un cimetière.

S'EMBRASSER À POMÈGUES

Pomègues, beaucoup plus sauvage, offre de splendides randonnées, agrémentées par une richesse écologique unique. Face au fortin de Pomègues, le Roucas Trouca, encore appelé le rocher troué, est un lieu apprécié des amoureux. On dit que quiconque s'embrasse ici scelle son union à jamais.

POMÈGUES LA ZONE LA PLUS ARIDE DE FRANCE

Le site est fragile et très protégé. Zone la plus aride de France, Pomègues possède une faune et une flore particulières qui ont dû s'adapter à ces conditions climatiques extrêmes. Certains végétaux exposés au vent ont, par exemple, pris des formes originales. En se dirigeant vers la pointe de l'île, on découvre d'étranges massifs. Surnommés «les arbres prostrés», des oliviers et d'immenses pins ont poussé à l'horizontale, le vent et les embruns ayant modifié la structure de leur tronc. Une halte au sémaphore de Pomègues vous permettra de récupérer des brochures explicatives sur cette flore particulière. Certaines espèces végétales visibles pendant la promenade, comme l'astragale de Marseille, encore appelée «le coussin de belle-mère», ont disparu depuis longtemps des côtes méditerranéennes.

Mentionnées une première fois lors du siège de Marseille par les Romains en 49 av. J.-C., ces deux îles sont restées domaine militaire jusqu'en 1970, date à laquelle la Ville a racheté les terrains à la Marine nationale. Cette situation particulière est à l'origine de la prolifération d'espèces végétales rares. A découvrir avec précaution.

LE MARÉGRAPHE

12

Corniche Kennedy
Face à la villa Valmer
• Accès : bus n° 83, arrêt Corniche J. Martin

Niveau zéro

Face à la villa Valmer, sur la Corniche, une étonnante petite maison en pierre attire l'attention. Construit en 1884, le marégraphe sert à mesurer en permanence les variations de la mer Méditerranée.

Inventé par M. Reitz de Hambourg, cet appareil enregistreur complexe, installé sur proposition du Comité de nivellement de la France, a permis d'établir entre 1885 et 1897 un niveau moyen de la Méditerranée. C'est à partir de ces mesures que sera fixé le niveau zéro pour l'ensemble de l'hexagone. Toujours en fonctionnement de nos jours, le marégraphe a permis de constater que le niveau de la mer s'était élevé de 10 cm environ en un siècle.

Si les données étaient à l'origine récoltées régulièrement par le gardien du marégraphe qui habitait la petite maison en pierre, elles ne le sont plus, depuis quelques années, que chaque semaine par un centre spécialisé d'Aix-en-Provence. Les données du marégraphe sont également très utiles à la délimitation du domaine public maritime, des eaux territoriales et à différentes recherches océanographiques.

La partie extérieure de l'appareil en lui-même, accolée au bâtiment, est constituée d'un flotteur situé au fond d'une cavité de roche qui communique avec la mer par une galerie. On peut l'apercevoir en passant le muret et en contournant la bâtisse. À l'intérieur, une machine bien plus sophistiquée permet d'enregistrer les variations de la marée. L'ensemble de ces pièces est conçu dans des matériaux qui résistent à la corrosion : bronze de cloche, agate et verre.

L'office du tourisme et le comité du vieux Marseille organisent régulièrement des visites du marégraphe.

LE BANC DE LA CORNICHE KENNEDY

13

Corniche Kennedy
entre le pont de la Fausse-Monnaie et l'hôtel Sofitel Palm-Beach
• Accès : bus n° 83

Le plus grand banc du monde

En 1965, Marseille entra dans *le livre des records*, non pour son cosmopolitisme forcené, ni pour l'exubérance de certaines de ses villas, ni pour l'originalité de l'aménagement des plages du Prado, mais pour son banc, en surplomb de la grande bleue. Avec plus de 2 km de long, du pont de la Fausse-Monnaie jusqu'à l'hôtel Sofitel Palm-Beach (voir ci-dessous), il est considéré, malgré quelques interruptions, comme le plus grand banc urbain du monde.

Si le banc ne semble plus être au Guiness de ces dernières années, il le fut en 1965, ainsi qu'apparemment dans certaines éditions anciennes.

D'AUTRES RECORDS MARSEILLAIS

La plus vieille ville de France : fondée il y a 2600 par les Grecs.
Le plus grand port de plaisance de France : 8600 anneaux d'amarrage dans les 24 ports de la Communauté urbaine
Les seuls silos à sucre de France : capacité de 26000 tonnes.
Le plus grand tunnel maritime d'Europe : le tunnel du Rove (7 km).
La plus grande station d'épuration enterrée d'Europe : derrière le Vélodrome). 90 millions de m^3/an d'effluents traités par an.
La plus grande cité d'Europe : la Super Rouvièreau Cabot. 1800 habitants sur 6 bâtiments de 18 étages.

À VOIR AUX ALENTOURS :

LA SOURCE DE L'HÔTEL SOFITEL PALM-BEACH

14

200, corniche Kennedy • Tél. : 04 91 16 19 00
• Bus n° 83, arrêt Endoume-Pêcheurs

Moins connu que le Sofitel Vieux-Port, le Sofitel Palm-Beach possède l'étonnante particularité d'être construit sur une source d'eau salée. Dans le hall de l'hôtel, un morceau de roche a été mis en évidence : une petite piscine naturelle y marque visuellement l'endroit où cette source, provenant de la faille d'Allauch, vient buter contre l'eau de mer. Un panneau explicatif renseigne sur ses origines et sur son degré de salinité. Le niveau de la source varie en fonction de la marée.

LE JARDIN DES ROCAILLES

15

327, corniche Kennedy
• Accès : bus n° 83, arrêt Le Prophète

Promenade sur les hauteurs de la corniche

En passant sur la Corniche à hauteur de la plage des Prophètes, on aperçoit un étrange rempart de château fort qui, malgré son allure factice et sa taille imposante, semble se fondre dans le rocher.

Cette œuvre est l'un des vestiges de rocailles les plus intéressants de la ville et la porte d'entrée d'une promenade dans un jardin hypothétique et fantastique.

Sous le second Empire, alors que l'art du jardin est à son apogée, les rocailles déferlent sur la ville. Réalisé à base de pierres recouvertes de ciment et parfois incrustées de coquillages, ce style décoratif fait merveille pour donner l'illusion de dompter l'espace et de se jouer du relief. Malheureusement, ces ouvrages fragiles, mal entretenus, tendent aujourd'hui à disparaître.

Commencez la balade en admirant l'immense rempart initial. Réalisé à la fin du XIXe siècle par J.B. Mora, il offre une somptueuse vue sur la plage des Prophètes ainsi que sur de superbes villas telles l'Africaine qui, dans toute son exubérance, témoigne du faste de l'époque. Selon la tradition des maîtres rocailleurs, Mora a laissé une plaque, aujourd'hui à peine visible, au pied de son œuvre à même le rocher.

Au n° 327 de la Corniche, la montée de la Napoule nous emmène, par traverses interposées, dans l'antre de ce qui fut le terrain d'expression de ces artisans rocailleurs. Dissimulées derrière un muret, visibles dans un jardin, accrochées à une façade, de nombreuses créations sont visibles, toujours teintées d'humour et de dérision, comme un pied de nez au luxe de quelques villas avoisinantes.

Les traverses Nicolas, des Bourguignons, Ismaël, mais aussi un peu plus loin, la traverse des Voyageurs, du Lion ou la montée du Plateau sont des ravissements pour les yeux. N'hésitez pas à pousser votre promenade jusqu'au vallon de la Beaudille, la vue y est magnifique et vous découvrirez l'incontournable villa Saint-Louis, chef-d'œuvre en la matière, dont les rocailles sont visibles de l'extérieur. Quelques vestiges restent également visibles au bas du vallon de l'Oriol.

La promenade est à faire par une fin d'après-midi ensoleillé. Vous aurez peut-être la chance d'apercevoir en fin de parcours, du haut de l'escalier de la Napoule, le soleil se coucher sur les flots. Un vrai bonheur !

En dehors de la Corniche, on trouve également de superbes rocailles bien conservées au cimetière Saint-Pierre.

LE SOLEIL DU ROUCAS-BLANC

16

341, chemin du Roucas-Blanc
• Accès : bus n° 55, arrêt Roucas-Blanc
• Tél. de la congrégation : 04 91 04 22 22

La ville à 360°

La colline du Roucas-Blanc offre à son sommet l'un des plus beaux et plus méconnus panoramas sur la ville.

Juste devant l'arrêt de bus du Roucas-Blanc, de grandes grilles s'ouvrent sur un chemin de terre, bordé d'herbes folles. Il conduit au sommet d'une colline entre un centre spirituel chrétien et une maison de retraite. Laissez sur la droite le centre spirituel, il sera toujours temps, au retour, d'y faire un crochet. Son petit jardin caché à flanc de colline peut offrir une halte agréable.

Arrivé tout en haut, faisant directement face à Notre-Dame-de-la-Garde, une maison de retraite isolée offre une vue splendide de la ville. L'entrée sur le site est tolérée tant qu'elle reste discrète et ne perturbe pas la vie des pensionnaires. Il est même possible d'y monter en voiture et d'en faire le tour.

Initialement propriété du gouvernement des États-Unis, cet emplacement privilégié fut ensuite récupéré par une congrégation de religieuses qui y édifièrent une maison d'accueil pour sœurs âgées. L'hospice aujourd'hui privé a été bâti en 1965 sur un domaine de 11000 m^2.

LES VITRAUX DE LA PESTE

17

Basilique du Sacré-Cœur
81, avenue du Prado
13008 Marseille
• Tél. 04 91 79 05 28
• http://sacrecoeurprado.over-blog.com/
• sacrecoeurprado@hotmail.com

« Le vœu des échevins est accompli chaque année depuis 1720

La basilique du Sacré-Cœur de Marseille a été construite entre 1920 et 1947 pour commémorer « le vœu des échevins » censé avoir mis fin à l'épidémie de peste qui frappa la ville en 1720*, et pour servir de mémorial de la Première Guerre mondiale.

Parmi les vitraux de la basilique, réalisés par les ateliers Champigneulle à Paris sur des dessins d'Henri Pinta (1856-1944), prix de Rome et originaire de Marseille, deux d'entre eux sont consacrés à la peste.

L'un représente monseigneur de Belsunce, évêque de Marseille, au milieu des pestiférés, consacrant Marseille au Sacré-Cœur le 7 novembre 1720 (à

noter que la première pierre de la basilique fut posée précisément 200 ans jour pour jour après cette date, c'est-à-dire le 7 novembre 1920).

Sur l'autre vitrail consacré à la peste, l'on peut voir les échevins de la ville lors du fameux « vœu des échevins » qui fut prononcé dans les circonstances suivantes : alors que l'épidémie (dont le bilan fut estimé à 50 000 morts pour la seule ville de Marseille, soit la moitié de sa population), semblait être éradiquée en 1721, de nouveaux cas créèrent la panique en ville en avril 1722. C'est alors que monseigneur de Belsunce, dont le dévouement infatigable avait fait l'admiration des survivants, demanda aux échevins de Marseille de faire eux-mêmes « incessamment et sans cérémonie un vœu stable au divin Cœur de notre Sauveur », vœu qui sera prononcé le 28 mai 1722.

Depuis cette date, malgré de courtes interruptions dues aux événements tels que la Révolution, le vœu est accompli chaque année par la municipalité, « avec le concours du Tribunal civil et de Commerce, des délégués des divers corps constitués et corporations qui représentent le commerce, l'industrie et les arts libéraux de la cité ». La messe, dite cérémonie du vœu, a lieu à 8 heures, le troisième vendredi après la Pentecôte en l'église du Sacré-Cœur. Le président de la chambre de commerce s'y présente portant un cierge de cire blanche de 4 livres (environ 2 kg) aux armes de Marseille. Il n'y a pas si longtemps, les principales banques et écoles catholiques étaient fermées ce jour-là.

* C'est le navire *Le Grand-Saint-Antoine*, un bateau en provenance du Levant (Syrie actuelle), qui accosta à Marseille le 25 mai 1720 qui fut à l'origine de la dernière épidémie de peste enregistrée en France : sa cargaison constituée d'étoffes et de balles de coton était contaminée par le bacille de Yersin responsable de la peste.

LE TAROT DE MARSEILLE

Informations : philippe@camoin.com

Site internet : www.camoin.com

Connu de tous, le tarot de Marseille reste néanmoins un sujet mystérieux qui alimente encore aujourd'hui de nombreux débats : d'où vient-il, de quand date-t-il, pourquoi Marseille ?

Philippe Camoin, héritier d'un maître cartier marseillais du XVIIe siècle, un certain Nicolas Conver, développe depuis peu une théorie intéressante mais controversée. Les planches d'impression en bois de poirier de Nicolas Conver, datant du XVIIe siècle, ont été offertes par la famille Camoin au musée du vieux-Marseille.

Epaulé par son ami Alexandro Jodorowsky, auteur, scénariste et cinéaste mystique chilien, Philippe Camoin affirme avoir découvert le véritable objet de ce jeu ancestral aux origines populaires en restaurant des symboles disparus à l'aide de calques informatiques. Aidé par des scientifiques, des historiens et des théologiens, ils auraient mis au jour un enseignement secret transmis depuis l'aube des temps par voie orale, d'initié en initié, jusqu'à ce qu'un maître cartier transpose ce message codé sur du papier.

Certains historiens pensent que l'apparition des cartes à jouer date du XIIIe siècle de notre ère et les plus anciennes mentions écrites faisant référence au tarot dateraient du XIVe siècle. Elles auraient été retrouvées à l'abbaye de Saint-Victor qui en interdit l'usage aux moines.

Pour Philippe Camoin, ce jeu sacré daterait du Ier siècle après J.-C. et aurait été remanié à différentes époques. Ses enseignements, portés sur le décryptage de ces cartes originelles et le message fort qu'elles véhiculent, sont diffusés à Marseille, ainsi que dans diverses grandes villes à travers le monde, par l'école internationale de tarot Philippe Camoin.

Une première approche consiste en un décryptage de l'écriture complexe et codifiée du tarot qui rassemblerait des symboles issus de civilisations et de cultures lointaines : hindouistes, shintoïstes, cabalistiques... Certaines clefs seraient directement issues de cultures antiques égyptiennes ou grecques. D'autres font référence à des connaissances astrologiques, numérologiques, voire alchimiques. Toutes les cartes auraient été réalisées en respectant la règle du nombre d'or. Par le biais de ce déchiffrage, on peut en effet y découvrir, cachés dans les dessins des 22 arcanes majeurs, des clefs et symboles connus dans toutes les confréries et tous les ordres, des Templiers aux bâtisseurs de cathédrales et jusqu'aux francs-maçons...

Toujours liés à l'art de la divination, d'autres cours sont axés sur la nouvelle lecture qu'imposent désormais les cartes. Les professeurs commencent toujours leur session par la description des liens qui unissent Marseille au jeu. On peut effectivement y voir le vieux port, le massif de l'étoile, et toute la légende marseillaise liée à Marie Madeleine, le culte de la barque, saint Lazare et l'abbaye de Saint-Victor. Selon certaines légendes, Marie Madeleine aurait en effet vécu un certain temps dans une grotte du côté de la Sainte-Baume. Quant à Lazare, premier évêque de Marseille, il aurait été enseveli sur une nécropole romaine située sur l'actuel emplacement de l'abbaye de Saint-Victor. D'après Camoin, Marie Madeleine et Lazare, arrivés au Ier siècle après J.-C. sur les rives camarguaises, auraient détenu un savoir initiatique à transmettre, tous deux ayant été confrontés à la résurrection du Christ. Le tarot de Marseille serait ainsi une mise en forme de ce message christique. Hautement codé, il détiendrait une révélation sur le mystère de la vie éternelle qui devrait éclater au grand jour au XXIe siècle. De l'an I à XXI nous avons effectivement, d'après Camoin, les 21 arcanes majeurs du jeu. Le «mat» ou le «fou», la 22e carte, n'a pas de chiffre propre, elle représenterait le pèlerin qui entre sur le chemin de la connaissance.

L'auteur du tarot de Marseille, bien qu'au demeurant inconnu, ne pouvait être qu'un grand maître, un grand initié porteur de ce secret ancestral. Pour certains, l'imagerie de l'actuel tarot correspondrait avec l'époque de la présence dans la région de Michel de Nostre-Dame, dit Nostradamus. Connu pour ses prophéties, il aurait fait également partie d'une confrérie secrète, et aurait été détenteur d'un secret venu de Marie Madeleine elle-même. Pour d'autres, Cassien, grand érudit éduqué par les anachorètes, aurait pu détenir un secret qu'il aurait apporté à Marseille. Pour Philippe Camoin enfin, ce jeu est l'œuvre du Christ lui-même !

Pour de plus amples renseignements sur les dates de cours et sur l'histoire précise des cartes, vous pouvez consulter le site Internet www.camoin.com, il est très complet.

CATHÉDRALE ARMÉNIENNE DES SAINTS-TRADUCTEURS

18

339, avenue du Prado
• Accès : métro Rond-Point-du-Prado
• Tél. : 04 91 77 84 70
• Culte par le révérend père Krikor Khachatryan : dimanches et jours de fêtes à 10 heures

L'Arménie à Marseille

Située sur la très passante avenue du Prado, la magnifique cathédrale arménienne de Marseille attise en général la curiosité des promeneurs. N'hésitez pas à vous rendre dans le petit centre culturel situé derrière l'église pour demander au père ou à l'agent d'entretien de vous en ouvrir l'accès. L'intérieur est de toute beauté, chargé d'étoffes, de dorures, de peintures, dans un style digne des plus belles églises orthodoxes.

Connue sous le nom de cathédrale apostolique Serpotz Tarkmantchatz (des Saints-Traducteurs), elle est dédiée à saint Mesrob-Machdotz et à ses disciples qui, entre 404 et 412, ont inventé l'alphabet arménien et traduit la Sainte Bible. La première pierre est posée le 22 février 1928 par monseigneur Krikoris Balakian, premier évêque de l'église arménienne apostolique du midi de la France. C'est lui qui consacrera l'église le 25 octobre 1931. Les travaux furent intégralement financés par Vahan Khorassandjian, un richissime Arménien de Bruxelles qui se fit mécène de l'opération. Construite sur les plans de l'architecte Tahtadjyan, lauréat de l'exposition universelle, la cathédrale s'inspire ici fortement des plans de la basilique-mère de Saint-Etchmiadzin, Saint-Siège de l'église arménienne dans la ville de Etchmiadzin en Arménie, à quelques kilomètres de la capitale Erevan.

Les premières familles arméniennes s'établissent à Marseille sous le second Empire aux environs des années 1860. Négociants pour la plupart, ils se sont installés dans ce port de Méditerranée pour faire du commerce avec les comptoirs du Levant. La première chapelle arménienne sera édifiée en 1881 rue de l'Ormeau, mais sera déplacée plusieurs fois pour finir rue Stanislas-Torrents à côté de l'école arménienne. Ce n'est qu'à partir des années 1920, avec l'arrivée massive de réfugiés fuyant un génocide sans précédent, que la communauté se voit dans l'obligation d'étendre ses lieux de culte. Plusieurs petites églises se dresseront autours des différents camps de la ville où s'entassent alors environ 60 000 réfugiés. Très vite la communauté doit s'organiser. Certains quartiers de la ville comme Sainte-Marthe, Saint-Antoine, la campagne Perrier, Saint-Loup ou Saint-Jérôme se développeront en conséquence et la communauté arménienne finit par acquérir un terrain sur le Prado. Aujourd'hui, la cathédrale est le lieu autour duquel s'articule toute la communauté arménienne de Marseille.

LA CHAPELLE VALBELLE

19

Parc Valbelle - 584, avenue du Prado
• Accès : bus n° 19, arrêt La Plage

Une mosquée reconvertie en chapelle

Peu de gens connaissent l'existence du parc Valbelle, un petit parc public qui n'est parfois même pas indiqué sur les plans de la ville tant ce jardin semble appartenir aux résidences alentour. En s'enfonçant sous les arbres, on aperçoit au fond un étrange édifice en pierre entouré d'un enclos de fil de fer. Avec ses allures gothiques, ses dentelles de pierre sphériques érodées par le temps et serties par les lianes, l'édifice semble avoir été oublié là par erreur. Depuis 1965, cette curieuse construction ouverte aux quatre vents semble attendre un avenir meilleur. Son histoire est pourtant loin d'être dénuée d'intérêt : la chapelle Valbelle est tout simplement une ancienne mosquée !

Édifiée pour les forçats turcs en 1670, sur le terrain du cimetière islamique situé à l'angle de la rue Sainte et de la rue de la Paix, la mosquée de l'arsenal des galères, telle qu'elle fut connue initialement, était une réponse de Louis XIV au gouvernement turc. Le roi avait en effet appris la construction d'une chapelle destinée aux galériens chrétiens en Turquie et décida de rendre la pareille aux Turcs.

Récupéré par la ville à la destruction de l'arsenal, l'édifice sera remonté en 1780 dans les jardins du cours Pierre Puget. Sous le premier Empire, le «kiosque Bonaparte» sera un café-restaurant à la mode. Un siècle plus tard, en 1888, le monument est vendu aux enchères. Il sera acquis par des particuliers qui l'installeront dans leur demeure, rue Paradis, pour faire office de pavillon romantique. En 1926, il change à nouveau de propriétaire et se voit transformé en chapelle catholique dans les jardins de la villa Valbelle, à son emplacement actuel. En 1965, la ville rachète la propriété, détruit la villa, les écuries et les serres, épargnant miraculeusement la chapelle posée dans un coin. Elle n'a pas bougé depuis cette époque.

Certains prétendent que cette chapelle serait hantée et que des bruits de chaînes entendus la nuit auraient amené les différents propriétaires à s'en séparer.

PROMENADE PÉDESTRE LE LONG DE L'HUVEAUNE

20

Boulevard Michelet
• Accès : métro Rond-Point-du-Prado

À pied ou à vélo

Il existe un charmant raccourci pour rejoindre le parc Borely à pied à partir du stade Vélodrome. Au centre du boulevard Michelet, derrière l'arrêt de bus Michelet-Vélodrome, un passage discret s'ouvre au milieu des arbres. Un long sentier, prisé par les coureurs du dimanche, longe le lit de la rivière. Le long d'une végétation agréable, il vous conduit au centre du parc Henry-Fabre puis au seuil du parc Borely. Dans ce dernier tronçon, juste à côté de l'école de canoë-kayak, on découvre quelques habitations devant lesquelles sont amarrés des bateaux. Au départ du stade Vélodrome la promenade part également dans l'autre sens, jusqu'à la station d'épuration d'eau, derrière l'immense bâtiment bleu du conseil régional. Une fois le stade Vélodrome dépassé, la promenade n'est plus officielle. Il faut escalader quelques barrières de protection à vos risques et périls !

À VOIR AUX ALENTOURS :

LES RÉPÉTITIONS DU CENTRE NATIONAL DE DANSE

21

20, boulevard de Gabès • Accès : bus n° 19 ou 83 • www.ballet-de-marseille.com • Les répétitions publiques ont lieu un mercredi par mois à 15 h 15, dans le grand studio du Ballet National de Marseille • Entrée libre sur réservation • Contactez Christophe Mély • Tél. 04 91 32 72 86

Planté au centre du parc Henry-Fabre, à quelques encablures du parc Borely, le centre national de danse présente une architecture étonnante. Un mercredi par mois, une journée portes ouvertes est proposée au public. Il est alors possible d'assister aux répétitions des spectacles en cours en s'inscrivant par téléphone. Ce jour-là, dès 14 heures, une visite explicative de l'établissement est également proposée au public.

Avec un budget global de près de 8 millions d'euros, ce bâtiment édifié par l'architecte Roland Simounet en 1992 accueille une école de formation professionnelle ouverte aux élèves dès huit ans et une compagnie : *Le Ballet national de Marseille* fondé en 1972 par Roland Petit. Cette compagnie dirigée pendant plusieurs années par Marie-Claude Pietragalla, parcourt le monde avec de très belles créations.

LES SECRETS DE LA CITÉ RADIEUSE

22

280, boulevard Michelet
• Accès : bus n° 21, arrêt Le Corbusier
• Hôtel de la Cité Radieuse :
• http://hotellecorbusier.com/ • contact@hotellecorbusier.com
• Tél. 04 91 16 78 00 • Chambres de 70 à 129 €

> ***Accédez au toit-terrasse de la Cité***

Archiconnue, presque aussi célèbre que le stade Vélodrome tout proche, la Cité Radieuse de Le Corbusier possède quelques aspects encore méconnus de la plupart des Marseillais.

En observant attentivement les façades extérieures, on remarque tout d'abord, sculpté sur l'édifice, un étrange personnage au bras levé. Il correspond à une unité mathématique complexe basée sur le nombre d'or dont Le Corbusier se serait servi pour réaliser entièrement ce fantasme de béton. Dans le jardin, une immense pierre de taille posée à même le sol ainsi qu'un totem, gradué en rouge et bleu , représentent la mise en volume de ce «Modulor».

L'hôtel, récupéré en 2003 par la famille Gerardin, (voir la Villa Castel) et récemment restauré par ces férus d'architecture, offre une bonne vision de ce patrimoine des années 50. Les gérants proposent gratuitement la visite d'un appartement témoin le vendredi, entièrement restauré dans le style de l'artiste. Les autres jours, il faut s'adresser à l'office du tourisme. Les Gerardin proposent également à leurs hôtes un accès libre à la salle de sport sur le toit terrasse et viennent d' ouvrir un restaurant gastronomique « Le ventre de l'Architecte » au sein même de l'hôtel.

Le toit terrasse est désormais en accès libre. Parsemé de structures insolites en béton, d'un écran de cinéma, d'un solarium, d'une piste de jogging et d'un bassin, la vue y est époustouflante. On y découvre également cet étonnant complexe sportif installé dans une salle voûtée de 500m2 initialement conçu pour être une chapelle.

Contrairement aux idées reçues sur ce chef-d'oeuvre architectural, et même s'il a révolutionné l'habitat urbain, l'édifice présente de nombreux défauts. C'est ce qui poussera le maître, en fin de réalisation, à opter pour la polychromie en façade. Apportant une touche flamboyante à l'ensemble, les couleurs étaient censées balayer visuellement toute imperfection.

SOCIÉTÉ D'HORTICULTURE ET D'ARBORICULTURE DES BOUCHES-DU-RHÔNE

23

Parc Bortoll - 2, chemin du Lancier
• Tél. : 04 91 40 62 66 • Accès : bus n° 45, arrêt jardin Bortoll
• Cotisation annuelle : 50 €,
couples : 75 €, étudiant, chômeur : 32 €

Végétalement vôtre

Installée depuis 1976 dans une grande bastide du XVIIIe siècle au sein du célèbre parc Bortoly, la société d'horticulture propose au public activités et visites qui restent largement méconnues ainsi qu'un très intéressant petit musée privé vivant. Cette association offre principalement la possibilité d'apprendre tout sur ce qui concerne le monde végétal. Des formations, des stages, des cours, des conférences et un centre de ressources très complet offrent aux jardiniers en herbe la possibilité de se perfectionner. Au premier étage, une immense bibliothèque rassemble des archives ainsi que tout un panel de revues spécialisées. Vous y découvrirez entre autres la revue Les Jardins de France éditée par l'association. Au fond du parc, un terrain clos de plus de 2 000 m², prêté par la mairie, renferme une collection composée de 35 espèces différentes d'oliviers. Quelques membres s'activent à y faire vivre ce musée privé qu'il vous sera possible de visiter sur demande. À l'extérieur, des arbres fruitiers anciens, comme le néflier ou certaines espèces de poiriers, poussent discrètement à l'abri des regards. Créée sous le second Empire, la société d'horticulture est à l'origine de la création du parc Bortoly en 1977. Le culte des plantes aurait été introduit à Marseille au XVe iècle par le bon roi René qui se rendit célèbre pour son goût pour l'horticulture. Marseille lui doit son premier vrai jardin, qui se situait approximativement entre la rue neuve Sainte-Catherine et le cours d'Estiennes-d'Orves. S'il s'étendait alors sur plus d'un hectare et demi, il n'aura laissé à la ville qu'un engouement certain pour les espèces rares, engouement qui s'est développé au fil des siècles. La création du jardin des Plantes aux Chartreux sous le second Empire encouragea notamment de riches particuliers à créer de très belles réalisations. En 1820, on comptait plus de 100 serres chaudes dans la région et l'idée de créer une société d'horticulture vint naturellement en 1846. Son siège était alors près du lycée Thiers, et sa vocation première de préserver et d'étendre les espèces végétales de Méditerranée et de former des apprentis jardiniers pour les entretenir. Lors de l'aménagement du parc Borely, il y eut fusion entre la société d'horticulture et la société de botanique jusque-là rivales.

À VOIR AUX ALENTOURS :

LYCÉE TECHNIQUE PROFESSIONNEL HÔTELIER 24

114, avenue André-Zénatti - 13008 Marseille • Tél. : 04 91 73 47 81
• Bus no 45, arrêt Lycée-Zénatti • Ouvert de mi-octobre à mi-juin du mardi au vendredi midi et du mardi au jeudi soir

Ouvert en 1983, le lycée des métiers de l'hôtellerie et de la restauration est un bon plan connu des seuls initiés. Ouvrant au public ses deux restaurants et son bar, il propose aux gastronomes à la bourse peu fournie la superbe possibilité de prendre un repas gastronomique à prix modique. Ce tour de force, qui est permis par le fait que les coûts ne prennent pas en compte les charges et les frais de personnel (serveurs et cuisiniers sont en effet étudiants), permet tout simplement à l'amateur de bonne chère, de se sustenter à peu de frais.

LA PYRAMIDE DU ROI D'ESPAGNE

25

Angle allée Emmanuel-Chabrier et allée Yvon-Morandat - 13008 Marseille
• Plus d'informations sur le site très complet de Thierry Garcia : www.titidegun.fr

Un tombeau de famille

La pyramide de 6 m de hauteur à l'angle de l'allée Emmanuel Chabrier et de l'allée Yvon Morandat est un tombeau érigé en 1809 par Dominique Bastide pour y inhumer le corps de son fils, mort à deux ans et demi et celui de sa femme, disparue peu après.

Riche négociant marseillais, celui-ci était le propriétaire du domaine dit aujourd'hui du « roi d'Espagne » : cent soixante hectares en pinède au pied du massif de Marseilleveyre, qu'il avait acquis en 1801. Il y fit construire un magnifique château dont la terrasse offrait une vue exceptionnelle sur la rade de Marseille.

En 1811, le château est acheté 200 000 francs par le roi d'Espagne en exil, Charles IV, d'où le nom actuel du quartier.

La pyramide, dont la porte est murée, a subi les assauts des vandales et des taggueurs. Elle ne contient plus de dépouilles, celles-ci ayant été transférées au cimetière de Marseille lorsque le château fut vendu par son fondateur. Depuis 1959, le parc du roi d'Espagne est une résidence prisée des Marseillais : elle bénéficie d'une vue remarquable et d'un environnement privilégié.

La pyramide du roi d'Espagne semble s'inspirer de la pyramide de Caius Cestius à Rome et l'époque de sa construction (1804-1809) coïncide avec le moment historique de l'« égyptomanie » qui envahit la France après l'expédition triomphale de Napoléon Bonaparte en Égypte (1798-1801). Cette « égyptomanie » correspondit également à la période d'implantation du rite copte de la maçonnerie égyptienne en Provence, ce qui semble indiquer un lien maçonnique possible entre Dominique Bastide et le monde de la Tradition Initiatique. La meilleure preuve d'une éventuelle affiliation de Dominique Bastide se trouverait peut-être dans le temple disparu qui était proche de cette pyramide dans l'ancien parc : il s'agissait d'une petite construction circulaire avec des colonnes tout autour et quatre ouvertures symétriques. Un portique de quatre colonnes soutenait un fronton triangulaire. Il s'élevait sur un rocher et on y accédait en montant un grand escalier et après avoir traversé une allée de cyprès. L'intérieur était de marbre, plusieurs mosaïques et fresques décorant les murs faits de mortier rougeâtre. Il n'en reste plus rien aujourd'hui. Une carte de 1820 le situe approximativement entre l'actuel Village SOS Enfants et l'école Granados.

Dans le parc royal également disparu, on trouvait quatre bassins, un très grand avec une cascade, des statues des trois Grâces, de Jupiter et du dieu Pan ornaient les allées bordées de cyprès et un grand tunnel se cachait derrière de superbes mélèzes. Une orangeraie et plusieurs serres complétaient la propriété.

SYMBOLISME DE LA PYRAMIDE

La pyramide appartient au symbolisme du monticule funéraire avec lequel on recouvrait les corps de défunts, puisqu'elle est un « monticule » de pierres, gigantesque et parfait qui étire au maximum sa proportion géométrique, de sorte à donner la garantie d'ascèse et d'élévation de l'âme dans l'éternité : c'est ce qu'indique la pointe de la pyramide destinée à pénétrer l'invisible. C'est pourquoi les cérémonies funéraires étaient toujours réalisées à l'intérieur de pyramides, des plus élaborées aux plus simples, comme celle de Marseille. Dans l'Égypte antique, le sens de l'ascension spirituelle était le symbolisme principal de la pyramide, car on croyait, quand le roi ou pharaon cessait de vivre, que son corps mort restait dans le carré de la matière, base de la pyramide, alors que son esprit immortel montait par le centre des côtés triangulaires pour atteindre l'apex et s'unir au dieu Soleil (Rê), dont Horus était le messager divin et représentait ainsi le monde céleste.

C'est pour cette raison que la pyramide représentait également la montagne de l'initiation et que sa pointe était l'image du développement spirituel maximum à atteindre : plus un être humain se spiritualise, plus sa vie s'accroît et se dilate au fur et à mesure qu'il s'élève en conscience. Il en est de même sur le plan collectif humain : plus une société se spiritualise, plus les êtres qui participent à la vie supérieure sont nombreux, cette supériorité numérique entraînant la collectivité sur la voie de la véritable évolution vers l'apex, la conquête du bonheur humain.

La pyramide a ainsi un double sens de convergence et d'intégration, aussi bien individuelle que collective. Convergence ascendante, conscience d'intégration, la pyramide est le lieu de rencontre entre deux mondes : un monde magique, lié aux rites funéraires de retenue indéfinie de la vie ou du passage vers une vie supratemporelle, et un monde rationnel qui évoque la géométrie et les formes de construction, un fait que les actuels amateurs de mystères urbains enclins à la pyramidologie ne se privent pas d'évoquer sans critère ni sobriété.

COMMUNAUTÉ DE MARSEILLE POINTE-ROUGE

26

110, traverse Parangon
• Tél : 04 91 73 31 51
• E-Mail : com.emmauspr@orange.fr

Le monument aux compagnons d'Emmaüs

Sculpté par Lionel Puddu, l'étonnant monument aux compagnons d'Emmaüs se trouve en plein air, à droite en rentrant, devant la bastide du domaine de la communauté Emmaüs de Marseille Pointe-Rouge. Pleine d'humour et de clins d'œil, la sculpture montre des compagnons, volontairement représentés de petite taille, dans leur tache quotidienne de manutention.

Lionel Puddu a suivi une solide formation de tailleur de pierre en alternance chez un artisan, puis chez les compagnons du Tour de France à Nîmes. Après un séjour au Chili, où il fut volontaire dans plusieurs groupes Emmaüs, il retourne à Marseille et décide de se consacrer à la pierre et au marbre. C'est donc tout naturellement que la communauté de Saint-Marcel (Marseille, 11e arr.) a commandé à Lionel cette statue, cadeau des noces d'or de celle de la Pointe-Rouge.

LES COMPAGNONS D'EMMAÜS. « JE NE PEUX RIEN FAIRE POUR T'AIDER, MAIS TOI, TU PEUX M'AIDER À AIDER LES AUTRES. »

En 1949, Henri Groues, dit l'abbé Pierre, député de Meurthe-et-Moselle, vit dans une maison délabrée qu'il restaure à Neuilly-Plaisance. Il y accueille des personnes en difficulté et baptise cette maison « Emmaüs » en référence à l'épisode des pèlerins d'Emmaüs*. Pendant le rude hiver 1954, l'abbé Pierre lance son fameux appel sur les ondes de Radio Luxembourg : « Mes amis, au secours ! Une femme vient de mourir gelée cette nuit à 3h, sur le trottoir du boulevard Sébastopol, serrant sur elle le papier par lequel, avant-hier, on l'avait expulsée ». Un immense élan de solidarité s'ensuit et des centaines d'associations et de communautés rejoignent le mouvement. Aujourd'hui, Emmaüs regroupe 95 associations dans 20 pays. En France, 115 communautés occupent 4 000 femmes et hommes.

Les compagnons d'Emmaüs sont les personnes accueillies dans ces communautés. Exclus de la société pour diverses raisons ils trouvent chez Emmaüs un travail, un toit, une « famille » et une dignité retrouvée. Ils sont animés par les paroles que l'abbé Pierre avait prononcées à Georges Legay, la première personne qu'il avait secourue. Celui-ci venait de tenter de se suicider : « Je ne peux rien faire pour t'aider, mais toi, tu peux m'aider à aider les autres ».

* Rapporté par l'Évangile selon Luc, l'épisode est le suivant : après sa résurrection, le Christ apparaît à deux de ses disciples qui quittaient Jérusalem, désespérés par sa mort, au lieu-dit Emmaüs. Ils lui offrent l'hospitalité sans le reconnaître. « Il prit le pain, prononça la bénédiction et le leur donna. Alors leurs yeux s'ouvrirent et ils reconnurent le Seigneur ». Les disciples retrouvèrent alors l'espoir et la joie de vivre.

LE COUTEAU DE LA STATUE DE SAINTE EUSÉBIE

27

Église Sainte-Eusébie (paroisse de Montredon)
6, place Engalière - 13008 Marseille
• Tél. 04 91 73 46 18
• Messe le dimanche à 10 h 30
• Église ouverte le mardi de 15 h à 17 h, le mercredi de 10 h à 12 h, le vendredi de 15 h à 17 h

Les « desnarados » de Marseille

À l'âge de 14 ans, Eusébie entra en religion et devint abbesse bénédictine du couvent de Saint-Sauveur à Marseille, au VIIIe siècle. Pour une raison inconnue, le couvent, qui était situé sur l'actuelle place de Lenche, déménagea pour s'installer à Saint-Cyr (l'actuelle Saint-Cyr-sur-Mer dans le Var). Eusébie en fut l'abbesse le reste de sa vie. À l'époque, les Sarrasins venaient régulièrement ravager le sud de la France, le Languedoc, le Roussillon et la Provence : les monastères étaient rasés et les églises pillées. Les îles de Lérins avaient d'ailleurs été la proie des Sarrasins et les moines massacrés (voir chez le même éditeur *Côte d'Azur insolite et secrète*).

Aussi, lorsqu'une horde d'entre eux se présenta devant leur monastère, sachant le sort qui les attendait, les 39 sœurs et leur abbesse se réunirent dans la chapelle et se mutilèrent le visage pour échapper au déshonneur d'un viol, se coupant lèvres et nez : « Mieux vaut entrer ainsi dans le royaume des cieux... ». Quand les Sarrasins envahirent le monastère, ils ne purent que constater les conséquences de l'automutilation des religieuses : ils reculèrent d'horreur et les tuèrent à coups de sabre sans attenter à leur honneur.

La statue de sainte Eusébie se trouve à l'intérieur de l'église éponyme dans le quartier de Montredon à Marseille. L'abbesse porte un couteau à la main pour évoquer son sacrifice ainsi que celui de ses 39 sœurs qui leur a valu le surnom de « desnarados » (littéralement : dépourvues de nez).

Plus tard, le couvent Saint-Jean-de-l'Almanarre, près de Hyères (Var), connaîtra un destin encore plus tragique. Alors que, contrairement aux Bénédictines de Saint-Cyr, les religieuses cisterciennes de l'Almanarre vivaient dans un couvent fortifié, l'abbesse voulut tester la réactivité des soldats chargés de les défendre. Elle fit sonner le tocsin en pleine nuit alors qu'aucun agresseur n'était en vue. Échaudés par la fausse alerte, les défenseurs ne se montrèrent pas le soir où les Sarrasins attaquèrent le monastère. Prenant exemple sur leurs voisines saint-cyriennes, les religieuses se coupèrent nez et lèvres. Mais ceci fut sans effet car les agresseurs avaient passé beaucoup trop de temps en mer...

Selon la légende, la nuit, les ruines du monastère aujourd'hui encore visibles dans l'enceinte du site archéologique d'Olbia recevraient la visite du spectre de l'abbesse.

LE SÉMAPHORE DE CAP CROISETTE

28

Calanque de Callelongue
• Accès : terminus du bus n° 20

“ *L'œil des calanques*

Sur les hauteurs de la magnifique calanque de Callelongue, on distingue une étrange maison en ruine. Le sémaphore de cap Croisette domine toute la côte marmoréenne. Accessible par un petit sentier escarpé situé devant le restaurant Les Grottes, cette installation de la Marine de Marseille servait depuis 1887 à surveiller la navigation de toute la rade sud en remplacement d'une ancienne vigie établie sur l'île de Riou. Les signaux émis par le sémaphore étaient transmis à d'autres vigies sur le massif de Marseilleveyre et de là, à la tour de Notre-Dame-de-la-Garde. Il a cessé son activité en 1977.

Caillasse, cailloux, rochers ; pour y accéder, il faut de bonnes chaussures. La pente est raide mais après quelques efforts, on arrive sur le plateau du sémaphore. Première vue en reprenant son souffle, la mer et les îles à perte de vue. Riou, la plus grande, au loin et puis Jarre et Jarron. On aperçoit très nettement les Farillons, deux petits rochers situés à l'extrême sud de l'île Maïre sur la droite.

On se sent soudain seul au monde, entre la roche et l'eau.

Le cap Croisette constitue avec les îles du Frioul les deux zones les plus sèches de France avec moins de 400 mm d'eau par an.

VESTIGES INDUSTRIELS LE LONG DE LA ROUTE DES GOUDES

29

• Accès : bus n° 20, arrêt Madrague-de-Montredon

Des calanques industrielles

Les calanques de Marseille furent dès le début du XIXe siècle un site industriel de première importance et aujourd'hui encore, toute la zone entre la Madrague de Montredon et la calanque de Callelongue est massivement polluée avec des scories de plomb visibles sur le bord des routes. Cette zone, initialement sauvage et très excentrée, subira trois grandes vagues d'industrialisation : du traitement de la soude à la fin du XVIIIe siècle au traitement du plomb pour terminer par le traitement du soufre vers la fin du XIXe siècle.

L'usine Legré-Mante est la dernière usine encore en fonctionnement de l'ensemble de la côte. Spécialisée dans l'acide tartrique, un acide organique extrait du tartre du vin dont on se sert pour les boissons gazeuses ou les cachets effervescents, elle est visible dans sa globalité en montant sur le mont Rose à la sortie du village de Montredon face à l'entrée du parc Adrienne Delavigne. Prenez le petit chemin sans tenir compte des panneaux «propriété privée» : le domaine appartenait initialement à la Marine, puis aux PTT et il est aujourd'hui partiellement abandonné. Arrivé en haut de la colline, vous avez une vue surprenante. Immense, composée de vieux bâtiments en pierre dont certains, comme le bâtiment en L derrière la grande cheminée, datent encore du XVIIIe siècle, l'usine s'étire jusqu'au pied des montagnes. Vous distinguerez aussi très nettement un étrange cylindre en briques escaladant la colline. Cette construction industrielle est un bel exemple de ce que l'on appelle les «cheminées rampantes». Conçus dans la région de Marseille dans les années 1825 lors de l'aménagement des usines de traitement de la soude, ces condensateurs, adaptés à un relief hostile, servaient à filtrer les vapeurs d'acide chlorhydrique.

Ce sont les usines de traitement du plomb qui ont fait le plus de dégâts sur cette côte. On peut parfois apercevoir sur le bord des routes, côté mer, de grosses mottes de terres noires, parsemées de quelques tâches jaunâtres qui rappellent sans erreur possible la présence du soufre. Vestiges de ce que l'on appelle des crassiers, ces décharges industrielles recevaient les rejets des industries du plomb aujourd'hui disparues. Certaines traces de ces usines sont encore visibles, notamment sur la route des Goudes : le restaurant de l'Escalette occupe l'ancien bâtiment d'une usine. On y distingue encore, sur les hauteurs, les squelettes de quelques cheminées rampantes en ruine.

Plus loin, enfin, on arrive sur Callelongue. Enclavée entre les montagnes, isolée des regards, appréciée des randonneurs, cette calanque n'était au XIXe siècle qu'une vaste usine de traitement de produits chimiques. L'usine Weiss a fermé dans la première moitié du XXe siècle. En avançant dans le hameau, sur la droite, après avoir dépassé quelques cabanons, vous apercevrez l'empiétement cylindrique d'une immense cheminée de brique rouge. Au fond du hameau juste derrière les cabanons, toujours à droite sur la colline, les restes d'une cheminée rampante se dévoilent au cœur de la végétation…

LE TÉLÉSCAPHE DE CALLELONGUE

30

Avenue de Pébrons
13008 Marseille

> **Le premier téléphérique sous-marin du monde**

À sa conception, le téléscaphe de Callelongue fut tout simplement le premier téléphérique sous-marin du monde.

Deux vestiges du téléscaphe sont encore visibles aujourd'hui : la « gare » de départ, avec ses quatre roues rouillées, qui se trouve en contrebas du sentier des douaniers, juste après le hameau de Callelongue, calanque de la Poulidette, et la roue d'ancrage, au bout du circuit sous-marin, qui se trouve en dessous du parking du cap Croisette, grand parking tout en longueur et point de départ de différents circuits pédestres vers les calanques.

James Couttet, champion de ski à la fin des années 30, avait suggéré l'idée : « mettre à la portée de tous la visite des fonds marins ». Denis Creissels, ingénieur spécialisé dans les téléphériques, ne se fit pas prier et c'est ainsi qu'en 1967 naissait à Marseille le téléscaphe, téléphérique sous-marin permettant d'aller observer le monde du silence en tenue de ville.

Les cabines jaunes aux vitrages généreux, pesant chacune 3 tonnes, pouvaient contenir 6 personnes, descendaient à 10 m de fond et le trajet de 400 m durait 10 minutes pour la somme de 12 francs de l'époque. Pour rassurer les usagers, deux hommes-grenouilles évoluaient autour des cabines pendant la plongée. Il y eut même des nocturnes avec des éclairages adaptés.

L'inauguration du téléscaphe eut lieu en juin 1967. Malgré son succès (plus de 30 000 billets vendus), il ne résista pas aux remous de mai 68.

Aujourd'hui, le contraste entre ces roues de ferraille oxydées par le ressac, la blancheur du calcaire et la profondeur du bleu de la mer est assez surréaliste.

LES « RELIEFS FIGURÉS » DU CHÂTEAU D'IF 31

Hôtel du Peuple souverain - Château d'If
1, quai de la Fraternité - 13001 Marseille
• Du 16 mai au 16 septembre, tous les jours, de 9 h 30 à 18 h 10
• Du 17 septembre au 31 mars, tous les jours sauf le lundi, de 9 h 30 à 16 h 45 • Du 1er avril au 15 mai, tous les jours, de 9 h 30 à 16 h 45
• Dernière visite en fonction des horaires de bateau • Attention, en cas de mauvais temps, la desserte du château d'If n'est pas assurée • Plein tarif : 5,50 €. Tarif réduit : 4 € • Navettes au départ du Vieux-Port, de 7 h 45 à 20 h 40 • Frioul If Express – 1, quai de la Fraternité. Tél. 04 91 46 54 65
• www.frioul-if-express.com - 15 € aller-retour

« Les inscriptions des révoltés de 1848

La forteresse construite sur l'îlot du château d'If, au large de Marseille, a plus souvent été utilisée comme prison* que comme élément de la défense de la ville portuaire, mission qui lui avait été cependant attribuée par François Ier**. On visite aujourd'hui les cellules où ont séjourné de prestigieux hôtes tels que Mirabeau ou le Masque de Fer ainsi que les prisonniers virtuels Edmond Dantès et l'abbé Faria, héros nés de l'imagination d'Alexandre Dumas pour son célébrissime roman *Le comte de Monte-Cristo*. Si tous ces souvenirs ne sont évoqués que par des panneaux informatifs sur un bâti qui devint au cours du temps de plus en plus carcéral, une catégorie de prisonniers a en revanche laissé une trace encore aujourd'hui visible de leur séjour : les émeutiers des journées de juin 1848, enfermés dans la citadelle de l'îlot, ont ainsi couvert les murs de la cour d'inscriptions appelées aussi « reliefs figurés » par les historiens. Ceci afin de les distinguer des simples graffitis, la recherche décorative et la qualité de ces gravures effectuées dans la « pierre du midi », un calcaire local tendre, étant remarquable. Elles constituent par ailleurs de précieux témoignages historiques. On compte 90 inscriptions qui pour la plupart sont datées et constituées d'un nom de famille et d'un « qualificatif » ayant entraîné son incarcération. On trouve par exemple : « L. Juge, socialiste » ou « Schaffhausen, démocrate ». Il existe aussi quelques rares bas-reliefs figuratifs comme celui qui représente une femme en robe longue, tenant une couronne à la main et se rapprochant d'un tombeau sur lequel figure la seule date de « 1848 ». L'inscription la plus spectaculaire et la plus humoristique se trouve sur l'arc du porche : elle baptise le lieu : « Hôtel du Peuple souverain ».

Ces prisonniers étaient la conséquence des combats de rue des 22 et 23 juin 1848 déclenchés par une incompréhension réciproque : les émeutiers protestaient contre la décision du préfet d'allonger la journée de travail alors qu'il avait justement fait droit à la demande du peuple de réduire cette durée. Les prisons de la ville étant déjà surchargées, les forts de la ville furent mis à contribution comme les forts Saint-Nicolas et Saint-Jean et, en dernier ressort, le château d'If.

* Le premier prisonnier répertorié fut le comte Anselme en 1582 (il avait comploté contre le roi). Les derniers, en 1871, furent les « Communards » de Marseille qui avaient marché sur la préfecture le 22 mars 1871. 500 d'entre eux furent emprisonnés au château d'If dans des conditions inhumaines.

** François Ier (1494-1547) avait assigné au château d'If un triple but : protéger les côtes d'une invasion, couvrir les entrées et sorties de la flotte des galères royales affectées à Marseille, et surveiller la cité phocéenne, récemment rattachée à la France (en 1480) mais toujours prête à la sédition.

POURQUOI LE CHÂTEAU D'IF FUT-IL CHOISI COMME PRISON POUR LE COMTE DE MONTE-CRISTO ?

En 1844, Alexandre Dumas publiait *Le comte de Monte-Cristo*. Il avait choisi le château d'If comme lieu de détention du héros, Edmond Dantès. Le roman rencontra un énorme succès : traduit dans le monde entier, vingt-trois films s'en sont inspirés. Pourquoi avoir choisi le château d'If comme prison pour le héros du célébrissime roman ?

Il faut remonter à l'Expédition d'Égypte commandée par Napoléon Bonaparte sous les ordres duquel servaient entre autres les deux généraux amis Kléber et Dumas (père d'Alexandre Dumas qui commandait la cavalerie lors de la bataille des Pyramides). Lorsque Bonaparte quitta prématurément l'Égypte pour rentrer en France, le 22 août 1799, il laissa le commandement suprême à Kléber qui n'apprécia que modérément cet abandon : « me voilà, sans pouvoir m'en défendre, avec l'Égypte sur le dos ; la solde est arriérée, les gens du pays ont perdu l'habitude de payer, et notre homme est parti comme un sous-lieutenant qui brûle sa paillasse après avoir rempli du bout de ses dettes et de ses fredaines les cafés de la garnison. Mes amis, ce bougre-là nous a laissé ici ses culottes pleines de m..., nous allons retourner en Europe et les lui appliquer sur la figure. »

Le 14 juin 1800, Kléber était assassiné par un étudiant syrien, Soleyman el-Halaby, qui fut condamné au supplice du pal. Embaumé, placé dans un cercueil de plomb, lui-même placé dans un cercueil de chêne, le corps de Kléber fut inhumé sur place au fort Ibrahim. Après la capitulation du corps expéditionnaire français le 31 août 1801, l'armée française ainsi que le cercueil de Kléber furent rapatriés par les vaisseaux anglais mais Bonaparte s'opposa à ce que le corps de Kléber puisse être inhumé sur le sol français, raison pour laquelle le cercueil du général allait demeurer dix-sept ans en attente dans une cellule du château d'If. Est-ce en souvenir de son père mort le 26 février 1806 (alors qu'il n'avait que 4 ans) et en hommage à son frère d'armes, le général Kléber, qu'Alexandre Dumas a choisi comme décor de son roman *Le comte de Monte-Cristo*, l'îlot du château d'If ? Rien ne le prouve mais tout permet de le supposer car en 1842, deux ans avant la parution du roman, sur le chemin de l'Italie, Dumas fit halte à Marseille.

Bien plus tard, lors de l'un de ses nombreux séjours à Marseille, Alexandre Dumas souhaita retourner sur l'île afin de revoir ces lieux qui lui avaient apporté tant de succès. Le château d'If était devenu depuis la sortie du roman un haut lieu touristique de Marseille que son gardien, un certain Grosson, avait à cœur de faire visiter. « Le gardien ne lui fit grâce de rien pas même du trou par lequel communiquaient Edmond Dantès et l'abbé Faria.

Ce trou, dit-il, c'est l'abbé qui l'a creusé avec une arête de poisson. Ah ! fit le visiteur, ce Dumas est au courant de bien des choses. Vous le connaissez peut-être ?

Je crois bien, répondit le gardien, c'est un de mes meilleurs amis.

Il vous en sait gré, répondit le célèbre romancier en lui serrant la main dans laquelle il glissa deux louis d'or, étrenne royale pour le pauvre gardien qui ne put remercier, tellement il fut surpris d'une telle aubaine ».

Extrait du *Guide-Souvenir du Touriste au château d'If*, Paul Ruat, éditions Tacussel (non daté mais manifestement de la fin du XIXe siècle).

QUI ÉTAIT LE VÉRITABLE ABBÉ FARIA ?

José Custódio de Faria, dit l'abbé Faria, est né le 31 mai 1756 à Camdelin, près de Goa (Indes), qui par un étonnant hasard fut le lieu d'origine du rhinocéros offert par Manuel Ier du Portugal au pape Léon X et qui fit une étape brouteuse sur l'ilot, en 1516, sur le chemin de Rome où il entreprit d'étudier la théologie tout en suivant le cursus qui l'amena à rentrer dans les ordres en 1780.

À Paris, en 1788, il fréquentait assidûment le milieu des magnétiseurs, médiums, parfois savants, souvent charlatans qui s'affrontaient violemment. C'est l'époque à laquelle Cagliostro défendait ses thèses sur le somnambulisme et Mesmer celles sur le magnétisme.

Chateaubriand dans ses *Mémoires* publiées après sa mort en 1843 rapporta qu'au cours d'un dîner il tourna en dérision l'ecclésiastique magnétiseur : « l'abbé Faria à un dîner chez madame de Custine se vanta de tuer un serin en le magnétisant : le serin fut le plus fort, et l'abbé hors de lui fut obligé de quitter la partie, de peur d'être tué par le serin : Chrétien, ma seule présence avait rendu le trépied impuissant ».

Sa présence à Marseille comme professeur de philosophie au lycée Impérial est attestée entre 1810 et 1811. Il fut révoqué pour avoir soulevé une partie des élèves contre le proviseur. Fut-il à ce titre emprisonné, un moment, au château d'If ? Rien ne peut confirmer cette hypothèse. Le 20 septembre 1819, Faria mourut d'apoplexie dans la capitale, laissant inachevé son traité *De la cause du sommeil lucide*, réédité en 2005 chez L'Harmattan.

Quand Alexandre Dumas s'installa à Paris, l'abbé Faria était décédé depuis trois ans. Il avait cependant laissé une forte influence dans les milieux du spiritisme dont le romancier était un adepte.

Rue Saint-Pierre
La Timone
Cimetière Saint-Pierre
Rue St-Pierre
Ch. de l'Armée d'Afrique
Boulevard Baille
Baille
R. R. Brun
Bd J. Moulin
Av. de la Timone
A50
Bd de la Valbarelle
N
Av. de la Capelette
Hippodrome
Bd de Pont de Vivaux
Bd de Saint-Loup
Parc Saint-Cyr
Ch. des Prud'Hommes
St-Loup
Av. Jules Cantini
R. Liandier
La Capelette
Av. du Prado
Boulevard Rabatau
Bd Schloesing
Boulevard Romain Rolland
R. Verdillon
Pierre Doize
Tr. Chante Perdrix
Parc des Bruyères
R. Fr. Mauriac
Rue Claudel
Saint-Marguerite Dromel
Rond-Point du Prado
Stade Vélodrome
Ste-Marguerite
Bd Paul
Mont Ste-Croix
Ch. du Vallon de Toulouse
Bd G. Ganay
R. A. Aubert
Bd Gillibert
Ancien Chemin de Cassis
Bd Sainte-Marguerite
Le Cabot
Cité Le Corbusier
R. Aviateur le Brix
Av. Viton
Mont Rouvière
Boulevard Michelet
Chemin Joseph Aiguier
Avenue de la Panouse
Muraille de Chine
Rue de la Fabrique
Av. Desautel
Bd du Redon
La Panouse
Vallon de la Louve
Av. d'Haifa
Av. de Mazargues
Rue Jules Isaac
Chapelle Saint-Joseph
D559
Route Léon Lachamp
Bd de la Concorde
Tr. de la Gouffonne
Av. de Hambourg
R. É. Zola
Av. du Maréchal de Lattre de Tassigny
Bd du Felibrige
Mont de la Gineste
Rue Floralia
Chemin du Roi d'Espagne
Av. de la Soude
Chemin de Morgiou
Traverse de la Seigneurie
Avenue de Luminy
Traverse de Rabat
Av. Colgate
Domaine de Luminy
Bd L. Pierotti
Les Baumettes
La Cayolle
Vallon de l'Homme Mort
Fontaine de Voire
Chemin de Sormiou
Mont Puget
Morgiou
Sormiou
Pointe du Vaisseau
Calanque de Sormiou
Calanque de Morgiou
Mer Méditerranée
Bec de Sormiou
Cap Morgiou
0
1 000
2 000 m

9e, 10e ARRONDISSEMENTS

CHAPELLE DU CENTRE PAOLI CALMETTE ❶

232, boulevard de Sainte-Marguerite
• Tél. : 04 91 22 33 33
• e-mail : infos@marseille.fnclcc.fr
• Accès : bus n° 24s, arrêt Hôpital-Salvator
• Ouvert tous les jours 24 h/24

Une œuvre culte

Située au cœur d'un centre de recherches sur le cancer, accessible par un long couloir, une étrange chapelle œcuménique est ouverte à tous, jour et nuit. Réalisée en 1997 par l'artiste Michelangelo Pisoletto, ce lieu de recueillement unique affiche un style très contemporain, sobre et épuré, qui, outre son intérêt esthétique, dégage une énergie particulière.

Commanditée par le bureau des compétences et désirs, cette chapelle sphérique de 85 m^2 a été conçue comme une fleur à six pétales, chacune des six cellules correspondant à un culte. Calqués sur la fleur de vie correspondant à la géométrie sacrée de l'univers, ces pétales convergent tous en un centre dit «énergétique», au milieu duquel se trouve un imposant cube en bois. Constitué de six miroirs tournés vers l'intérieur, ce cube est censé représenter le tout ou l'infini.

L'entrée, qui correspond au premier des six pétales, est accessible par une grande porte en bois lisse. Les trois cellules mitoyennes sur la gauche correspondent respectivement aux trois religions monothéistes, tandis qu'un autre espace est consacré aux spiritualités telles que le bouddhisme ou l'hindouisme. Le dernier pétale, quant à lui, est consacré à la laïcité et à la connaissance. Quelques ouvrages y invitent à la lecture.

Chaque cellule offre une profonde intimité tout en imposant, par la transparence des cloisons réalisées en grillage de fer, une communion singulière entre les espaces. Ce symbole de tolérance voulu par l'artiste est censé démultiplier la force du lieu. Le sol et les bancs, en pierre blanche de Volvic, lui confèrent une étonnante pureté.

Pour identifier chaque espace, Michelangelo Pisoletto a demandé à l'association œcuménique Marseille Espérance de lui prêter les iconographies correspondantes.

MARSEILLE ESPÉRANCE

Face à la mixité extraordinaire d'une ville comme Marseille, il fallait trouver le moyen d'apprivoiser la méfiance de l'autre et de bannir la haine et les préjugés. Créée en 1990, l'institution Marseille Espérance réunit les grands chefs religieux de la ville, en un véritable partenariat de forces spirituelles et culturelles. Ces hommes cherchent en permanence les moyens d'apprendre à chacun des leurs à concevoir les différences comme autant de richesses à partager. Marseille Espérance - 24, rue Montgrand - 13006 Marseille - Tél. : 04 91 55 00 78 - Fax : 04 91 55 02 74 - E-mail : sg-marseille-esperance@mairie-marseille.fr.

LES JARDINS FAMILIAUX « JOSEPH AIGUIER »

2

67, chemin Joseph-Aiguier
13009 Marseille
• Contact : M. Drici au 04 91 35 39 55

Une ancienne « cure d'air »

Au début du XXe siècle, alors que la tuberculose faisait 100 000 victimes par an, il fut décidé de multiplier le nombre des sanatoriums afin de lutter contre la « peste blanche ». Mais la plupart des malades n'avaient pas les moyens de séjourner dans ces établissements situés loin de leurs domiciles.

C'est ainsi que sont nées les « cures d'air », des cabanes en bois implantées sur des petites parcelles dans des terrains situés à la campagne, à proximité des villes.

Si une cinquantaine de cabanes sont encore aujourd'hui visibles dans l'enceinte des Jardins familiaux Joseph Aiguier, très peu sont d'origine. Elles sont à présent occupées par des familles qui viennent s'y reposer mais en journée seulement, car y dormir est interdit.

En novembre 1942, les cabanes non occupées furent utilisées pour reloger provisoirement les expulsés des Vieux-Quartiers de Marseille lorsque l'occupant nazi les détruisit à coups d'explosifs.

Aujourd'hui, une soixantaine de parcelles sont consacrées au seul jardinage selon le principe des jardins partagés. La liste d'attente est telle, que trois ans sont nécessaires pour envisager d'obtenir une place, dont le loyer, il est vrai, est dérisoire.

Un danger menace cependant ce lieu magnifique et préservé : le boulevard urbain sud, qui doit relier la rocade « L2 » en construction aux quartiers sud, devrait traverser le jardin.

LA PLAQUE DES ALLIÉS AU CHÂTEAU VALMANTE ❸

Centre de réadaptation fonctionnelle
143, traverse Gouffonne
- Accès : bus n° 21b, arrêt Valmante
- Ouvert tous les jours de 8 h 30 à 12 heures et de 14 heures à 17 heures
- Visites : contacter Mme Amadei au 04 91 82 50 85

L'ancien PC des Américains à Marseille

Occupé aujourd'hui par un centre de rééducation fonctionnelle, le château Valmante est un magnifique bâtiment qui recèle encore quelques traces de son surprenant passé. Afin de préserver les salles intérieures, des bâtiments plus adaptés aux soins médicaux ont été construits tout autour du périmètre. Sublimes, certaines fresques commanditées par l'ancien propriétaire sont encore visibles dans le boudoir et le fumoir aujourd'hui transformés en bureaux. Malgré son affectation actuelle, le château Valmante peut encore se visiter partiellement en téléphonant au préalable.

Édifié sous le second Empire par Joseph Granval, le château Valmante domine tout un quartier auquel il a donné son nom. Racheté à la fin du XIXe siècle par Louis Mantes, un riche homme d'affaires marié à la soeur d'Edmond Rostand, le château Granval prit dès lors le nom de Valmante, né de la contraction des deux noms. Inconditionnels de l'art sous toutes ses formes, les Mantes avaient paré leur propriété de véritables trésors en matière de fresques, peintures et mobilier. Quelques vestiges des riches heures de Valmante, sont encore visibles dans certaines pièces. On découvre également à l'extérieur, sur la dernière marche de l'escalier du premier perron, l'inscription «escalier Edmond Rostand».

Juliette Mantes Rostand se faisait toujours un plaisir d'héberger les artistes de passage à Marseille. Sarah Bernhardt y accompagnera à plusieurs reprises son ami Edmond Rostand. On dit que Marcel Proust aurait lui aussi séjourné à Valmante et que c'est ainsi que sa nièce adorée, Suzy Proust se serait mariée avec un des fils Mantes. Pendant la seconde guerre mondiale, le château fut réquisitionné une première fois par les Allemands pour loger l'amiral Mensch et ses hommes. Associé au complot contre Hitler et démasqué, l'amiral mettra fin à ses jours. Dès 1944, le château deviendra le poste de commandement de la base américaine de Marseille.

C'est dans ces murs que se réunirent en janvier 1945 les généraux Eisenhower, Marshall, Montgomery et Bradley pour une réunion historique visant la destruction des forces allemandes à l'ouest du Rhin. Deux mois après cette réunion, toute la rive gauche du Rhin est aux mains des Alliés. Une plaque commémorative est aujourd'hui visible sur la façade de l'édifice.

Au départ des Américains, Mme Mantes se décide à faire de Valmante une villa Médicis à la marseillaise. Elle est persuadée que cette ville a le potentiel pour devenir une plate-forme culturelle en Méditerranée et reçoit à cet effet un grand nombre d'associations littéraires et artistiques. Son projet échoue, faute de soutiens, et elle décède à Paris en 1956.

Laissé à l'abandon, pillé, le domaine sera racheté aux enchères par une société immobilière. Propriétaire de nombreux terrains dans les alentours, cette société est à l'origine des premiers grands complexes immobiliers du quartier. Son objectif est alors de raser le château et le domaine pour y édifier de grandes barres d'immeubles.

Le château Valmante sera finalement miraculeusement sauvé par la Sécurité Sociale en 1959, le directeur, sensible à son histoire, trouvant le moyen de l'échanger contre un terrain sur le Prado. Très vite il sera transformé en centre de rééducation, classé et protégé de la destruction. Le reste du domaine, en revanche, sera presque totalement détruit. Les immenses pilastres en pierre qui marquent l'entrée et la petite maison du gardien sont les seuls vestiges encore visibles.

PARC DE LA COLLINE SAINT-JOSEPH

4

La chapelle de Saint-Joseph-du-Cabot
- Accès par le boulevard du Redon : bus n° 24, arrêt Sangas
- Ouvert le mercredi et le dimanche à 15h
- Office le vendredi à 17 h
- Chapelet le dimanche à 15 h suivi de prières pour les malades
- Renseignements : 04 91 41 73 16

Après la Bonne Mère, le Bon Père

Le parc de la colline saint Joseph, bien que visible de toutes les hauteurs de la ville, reste un espace public peu fréquenté. Cette montagne de verdure en pleine zone urbaine semble avoir été préservée par miracle et recèle en son sommet un vestige inestimable. L'église de Saint-Joseph-du-Cabot, qui y est cachée sous les pins, fut l'un des principaux foyers de la dévotion marseillaise à Saint-Joseph. Avec ses allures néogothiques et son campanile dressé fièrement dans le ciel, ce sanctuaire oublié est, avec la Bonne Mère, le gardien de la cité phocéenne.

Le soir, de l'esplanade de Notre-Dame-de-la-Garde, cette colline toute verte et sa chapelle haut perchée semblent flotter dans les airs comme un mirage. Le Bon Père répond à la Bonne Mère comme un écho.

En dehors des offices, Saint-Joseph-du-Cabot n'est accessible qu'à pied, mais la promenade se révèle une véritable bouffée d'oxygène. De l'esplanade de l'église, on peut voir toute la ville : à l'ouest la mer et ses îles se confondent à l'horizon avec le ciel. à l'est, les barres d'immeubles de la cité Rouvière offrent un spectacle d'une tout autre nature. Face à vous, la ville tentaculaire, que l'on semble ici dominer, s'étire jusqu'au massif de l'étoile…

Appartenant à la confrérie des sœurs du Bon Pasteur, la chapelle saint Joseph fut construite en 1876 par un certain M. Berangier, connu du diocèse pour avoir paré la ville de quelques édifices religieux moins originaux. Elle remplaça à cette époque un modeste oratoire qui était devenu incapable d'accueillir la foule nombreuse qui commençait à s'y presser : en 1870, Pie IX avait déclaré Saint-Joseph patron de l'église universelle alors que les pèlerins commençaient à arriver en masse.

À l'intérieur de l'église, une étonnante sculpture, taillée à même un billot de noyer avec une finesse et une précision remarquables se trouve devant l'autel. Posée sur le sol, elle représente saint Joseph, agenouillé devant l'enfant Jésus. Cette œuvre chargée d'émotion et de subtilité à été exécutée par Philippe Dutilloy, un faussaire incarcéré au bagne de Toulon en 1849.

Pendant la seconde guerre mondiale, la colline fut occupée par les Allemands qui y établirent, au vu de sa situation exceptionnelle, leurs quartiers de haute surveillance de la ville et du littoral. Après la guerre, les pèlerinages se raréfièrent. La colline, qui n'était plus entretenue, devint broussailleuse et subit plusieurs incendies. En 1949, pour pouvoir restaurer l'église et entretenir le domaine, les sœurs furent contraintes de vendre des terrains en bordure du boulevard du Redon. En 1975, elles décidèrent de céder la colline à la Mairie de Marseille en vue d'en faire un parc public, le seul moyen de préserver ce poumon de verdure inestimable au centre de la ville.

Entretenu par une poignée de bénévoles et convoité par les promoteurs, ce domaine est un joyau fragile. Vos dons seront toujours les bienvenus.

Enfin, ne manquez pas le 19 mars, jour de la Saint-Joseph. La colline entre alors en effervescence et les chants et les danses se succèdent toute la journée.

VALLON DE LA LOUVE

5

219, avenue Léon-Lachamp
• Accès : bus n° 21

La muraille de Chine

Le site de la muraille de Chine est de ceux face auxquels l'homme se sent soudain tout petit. Au fond d'une impasse, caché à quelques mètres de l'axe principal qui vous conduit sur la Gineste en direction de Cassis, un petit sentier accessible à pied dévoile une impressionnante falaise surnommée la Muraille de Chine. L'endroit, superbe, offre une vision rare à Marseille.

C'est sur cette immense crête de plusieurs centaines de mètres de large que des propriétaires terriens avaient érigé au XIXe siècle un gigantesque mur en pierre renforçant encore l'aspect de muraille de ce domaine très peu fréquenté.

Ces constructions servaient à l'époque à séparer différents domaines de chasses. De cette empreinte de l'homme en milieu sauvage, il ne reste plus aujourd'hui que quelques bribes de fondations encore visibles de loin. Très protégée par les associations de défense de la nature, la colline n'est plus accessible au public. En empruntant le petit vallon qui s'ouvre devant vous, il vous sera toutefois possible de vous approcher de cette impressionnante falaise.

Elle abriterait, dit-on, les derniers couples d'aigles de Bonelli vivant en Europe.

ASSOCIATION TOUS CHERCHEURS – INMED 6

- Parc Scientifique et Technologique de Marseille-Luminy
- BP 13 - 13273 MARSEILLE Cedex 9
- Tél. : 04 91 82 81 45
- http://www.touschercheurs.fr
- http://www.printempsdeschercheurs.fr
- info@touschercheurs.fr

> « *Expérimenter les sciences pour mieux les comprendre*

L'association « Tous Chercheurs » a pour but de faire expérimenter les sciences pour mieux les comprendre et milite pour l'implication des chercheurs auprès de tous les publics. Elle a été créée en 2008 suite à la fusion d'Hippocampe et de l'école de l'ADN et a naturellement repris et développé les activités de ces deux organisations.

L'association propose entre autres des stages expérimentaux en direction des associations de maladies génétiques rares. Ces formations ont pour but de faire découvrir la recherche aux malades et à leurs familles et de les aider à mieux comprendre la génétique, leur maladie et son mode de transmission.

Depuis 2006, le « Printemps des Chercheurs » est le grand rendez-vous annuel entre chercheurs et grand public autour des découvertes réalisées dans les laboratoires de la Région.

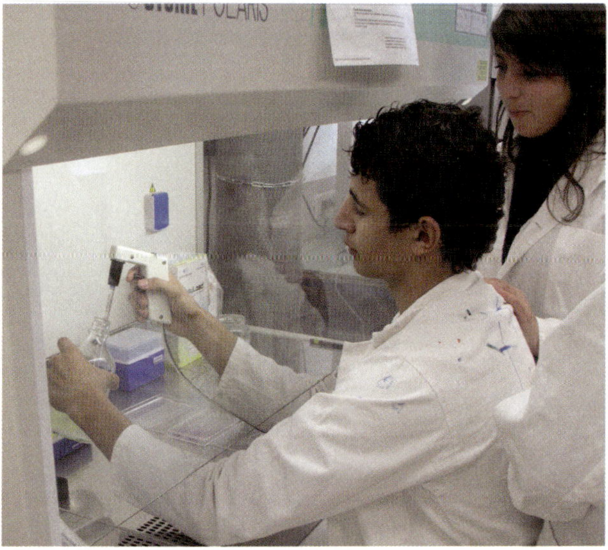

DOMAINE DE LUMINY

7

Cité universitaire
• Accès : métro jusqu'au rond-point du Prado puis bus n° 21, terminus Luminy

Le chemin des écoliers

Au cœur d'une petite forêt, la cité universitaire abrite le château de Luminy, une magnifique bastide au style très hispanisant. Une balade ludique et agréable permet de découvrir, cachés sous la verdure et inconnus de tous, d'étonnants vestiges architecturaux aux origines incertaines. Les premières mentions relatives au domaine de Luminy remontent au XIIe siècle.

Le parc universitaire de Luminy, considéré aujourd'hui comme la deuxième ville scientifique de France, a été bâti sur l'immense domaine d'un château du même nom. Le domaine s'étendait à l'origine de la sortie du quartier du Redon à la calanque de Sugiton. Toujours visible, entièrement restauré, le château sert aujourd'hui de résidence à quelques grands professeurs de passage, mais ne se visite pas. Néanmoins, tout autour de cette superbe bastide, un vaste sous-bois recèle encore quelques traces de ce que fut le domaine de Luminy lorsqu'il fut récupéré en 1820 par la famille Fabre. C'est elle qui a aménagé le parc dans son aspect actuel et restructuré la maison.

Face au château, prenez l'allée centrale qui s'enfonce dans la verdure. Une dizaine de mètres plus loin, tournez à gauche et n'ayez pas peur de sortir des sentiers battus pour vous engouffrer dans la verdure. Croulant sous la vigne, une ruine rectangulaire apparaît, ornée d'une étrange façade constituée de deux magnifiques colonnes gréco-romaines. Ce bâtiment aurait, pour certains, constitué les anciens thermes du château, alors que pour d'autres il s'agirait d'un petit théâtre.

En revenant sur vos pas, n'hésitez pas à plonger sous les arbres, de part et d'autre de l'axe principal. Au détour des sentiers, vous trouverez, camouflés dans la nature, un petit moulin, des bancs et des escaliers de rocaille ainsi qu'une petite maison à colombages. L'ensemble dégage une atmosphère presque féerique.

En revenant sur la route goudronnée qui encercle le sous-bois, face à la porte D de la cité universitaire, un étonnant bassin de 5 000 m3, vide et entièrement taggué est le lieu de rassemblement habituel des élèves du campus. Cette citerne fut construite par la famille Fabre pour stocker l'eau indispensable à l'irrigation des 200 hectares de terres cultivées ainsi qu'à l'alimentation du château.

En sortant du campus, une très belle randonnée sur les hauteurs des calanques débute en remontant la route derrière l'école d'architecture.

Luminy du latin lumen (lumière) tient son nom de la belle lumière rouge qui se reflète sur la roche entre ciel et mer, au coucher du soleil.

LES SEPT PÉCHÉS CAPITAUX DE LA PRISON DES BAUMETTES

8

Chemin de Morgiou
• Accès : bus n° 21s

Devant les barreaux

Située sur la route qui mène à la calanque de Morgiou, la fameuse prison des Baumettes présente sur ses murs de surprenants bas-reliefs représentant les sept péchés capitaux. Dans un style Art déco, espacées d'une dizaine de mètres, ces sculptures allégoriques rappeleront aux cinéphiles le film Seven.

Dernier grand projet de l'entre-deux-guerres, les travaux de la maison d'arrêt ne commencèrent qu'en 1937 à la suppression du bagne. L'immense porte en bois devant laquelle se ruent les familles, les jours de visites, semble avoir été inspirée d'un étrange building de la ville de Batman !

Les baumettes sont au sens littéral de petites «baumes», ou grottes, en référence aux nombreuses grottes naturelles du quartier. L'édifice, très impressionnant, a été conçu par l'architecte Gaston Castel (voir page 85). Les sculptures, quant à elles, ont été réalisées par son collaborateur et ami, Antoine Sartorio, à qui l'on doit également le monument de l'armée d'Afrique sur la Corniche, ou les statues du fronton de l'Opéra.

Attention, malgré leur intérêt pictural, il est interdit de photographier ces sculptures sans autorisation et des caméras surveillent incessamment les alentours de l'édifice.

Saint Augustin fut celui qui a nommé les péchés capitaux pour la première fois. Selon lui, ce ne sont pas les plus graves, mais ceux qui sont à l'origine de tous les autres. Les sept pêchés capitaux sont : l'avarice, la colère, l'envie, la gourmandise, la luxure, l'orgueil et la paresse.Dans la Bible, 7 est le nombre parfait et le symbole de l'abondance divine. Mais il est aussi le nombre du châtiment, de la purification et de la pénitence. Il est également attribué à Satan : la bête infernale de l'Apocalypse a par exemple sept têtes.

ANTOINE SARTORIO

Né à Menton en 1885, Antoine Sartorio, élève de l'école des Beaux-Arts de Marseille puis de l'Ecole nationale supérieure des Beaux-Arts à Paris connut rapidement le succès pour ses sculptures. Croix de guerre et légion d'honneur pour son comportement lors de la Grande Guerre, il devint le spécialiste recherché des monuments aux morts. À 82 ans, en 1967, il s'installa à Jouques (Bouches-du-Rhône), où il continua son œuvre jusqu'à sa mort, en 1988, à l'âge de 103 ans.

Ses oeuvres principales :

- *L'indépendance au Brésil* en 1923 à Santos (Brésil)
- La façade du grand Théâtre de Marseille en 1925. Place Ernest-Reyer, 1er arr.
- Le monument à l'armée d'Orient à Marseille en 1927. Corniche Président J.F. Kennedy à hauteur du vallon des Auffes, 7e arr.
- Le palais de la Méditerranée à Nice en 1929
- Le nouveau palais de justice de Marseille en 1933. 2-4, rue Emile-Pollak, 6e arr.
- Le haut relief au Palais de Chaillot à Paris en 1937
- Le monument au roi Alexandre Ier de Yougoslavie et à Louis Barthou en 1938. Angle place de la Préfecture et rue de Rome. À noter que Sartorio s'est rendu, en compagnie de l'architecte du monument, Gaston Castel (voir page 85) en Yougoslavie, à Oplenatz où le roi avait été enterré, ainsi qu'à Oloron-Sainte-Marie où reposait Louis Barthou. De la terre ramenée de ces deux lieux fut placée sous les fondations du monument marseillais.
- *Les sept péchés capitaux* sur le mur extérieur de la prison des Baumettes en 1938 (voir page précédente). Chemin de Morgiou, 9e arr.
- Voir aussi *Provence insolite et secrète* chez le même éditeur : les bas-reliefs de Sartorio près du pont Mirabeau

MA35524

L'ESCALIER DE LOUIS XIII

9

Petit escalier en pierre
Calanque de Morgiou
• Accès : en voiture uniquement

Le roi pêche

Au centre du village de pêcheurs de Morgiou, devant le petit port ponctué de barques traditionnelles multicolores, on distingue sur la gauche quelques marches creusées à même la roche.

Celle-ci ne sont autres que les marches d'un escalier façonnées pour faciliter la pêche du roi Louis XIII en novembre 1622. Le roi était, dit-on, armé d'un trident en vermeil ! La foule, perchée sur les rochers tout autour du site, était venue des quatre coins de la ville pour le voir et retentissait d'acclamations toutes les fois qu'il sortait un poisson de l'eau.

Cet escalier mène également à la petite plage cachée de Morgiou, ainsi qu'au reste de la calanque.

À VOIR AUX ALENTOURS :

LE PARC DES BRUYÈRES

10

Chemin des Prud'hommes • Saint-Loup - derrière le parking d'Auchan
• Accès : bus n° 17, arrêt Les Bruyères

Point de départ de très belles promenades sur les collines phocéennes, le parc des Bruyères, l'un des plus vastes domaines publics de la ville, a été aménagé de manière à mettre en valeur le paysage naturel. Caché derrière un centre commercial, au pied des montagnes, son manque de notoriété est dû à sa situation particulière.

LE PARC SAINT-CYR

11

83, chemin de la Valbarelle • Quartier de Saint-Loup
• Accès : bus n° 18, arrêt Saint-Thys

Des bassins, des jets d'eau et de vastes terrasses ornées de vasques, d'amours, de chérubins et de Neptunes, confèrent au méconnu parc Saint-Cyr des allures de grande noblesse.

LA FONTAINE DE VOIRE (DITE « FONTAINE D'IVOIRE »)

Vallon de l'Homme Mort 12

• Accès : le départ du chemin pédestre se situe au bout du boulevard Pierotti que l'on atteint en prenant à droite, sur le chemin du Roi-d'Espagne, au niveau de l'arrêt du bus n° 23. Laisser la voiture soit au boulevard Pierotti, soit un peu avant l'allée Chabrier devant les bureaux du parc du Roi-d'Espagne. Au bout du boulevard Pierotti (le mot « boulevard » est assez exagéré !), deux chemins sont fermés par des barrières de métal vert. Prendre le chemin de droite. Ensuite, aller tout droit pendant une vingtaine de minutes dans le vallon de la Jarre. Après la deuxième barrière, le vallon prend le nom de vallon de l'Homme-Mort.

Marseille aurait été fondée ici

La promenade de la fontaine de Voire est facile et fascinante car il se pourrait bien que ce soit devant cette fontaine que se déroula le banquet au cours duquel Gyptis tendit la coupe d'eau à Protis, scellant ainsi leur union et permettant aux Phocéens de créer Massalia.

La fontaine est en fait une source au débit aujourd'hui très faible. Son aspect est impressionnant : les plis torturés de calcaire blanc noircis autour de la bouche de la grotte donnent à l'ensemble un aspect spectaculaire et un peu effrayant. D'une hauteur de sept mètres et d'une largeur d'une vingtaine de mètres, la cavité abrite deux bassins destinés à recueillir l'eau fournie par la source.

D'OÙ VIENT LE NOM DE FONTAINE DE VOIRE ?

Datant pour le premier du XVIe siècle et pour le second, du XIXe, les deux bassins de la fontaine constituaient l'alimentation en eau de la ferme de Voire toute proche, aujourd'hui en ruines, et qui aurait donné son nom à la fontaine. L'abbé Marius Ganay a soulevé dans les années 50 une autre hypothèse pour expliquer le nom de la fontaine : selon lui, un médecin du quartier limitrophe de Mazargues, le docteur Voyre, aimait tout simplement se promener dans ce vallon. Enfin, certains prétendent que la fontaine s'appelait jadis « Font de Veyre », le mot veire en provençal signifiant « vieux » ou « voir ».

L'ORIGINE MACABRE DU VALLON DE L'HOMME-MORT

Le vallon de l'Homme-Mort pourrait devoir son nom au suicide de Xavier Dechaux dont deux grottes portent le nom, au-dessus de la fontaine d'Ivoire. À la fin du XIXe siècle, ce tailleur de pierre, qui a laissé son nom gravé sur plusieurs rochers du massif, s'est suicidé d'un coup de pistolet dans l'une de ces grottes jumelles. Il avait emporté sur place, en prévision de son acte, une grande croix de bois, une stèle de marbre ou était gravé son nom, la date de sa mort et son désir d'en finir avec la vie.

MARSEILLE AURAIT-ELLE ÉTÉ FONDÉE À LA FONTAINE DE VOIRE, ET NON SUR L'ACTUEL VIEUX-PORT ?

Quelques éléments, certes ténus, permettent de soutenir l'hypothèse de la fondation de Marseille par la tribu ligure des Ségobriges à la fontaine de Voire (ou d'Ivoire). Outre la tradition orale, des textes donnent des indices intéressants, comme celui de Strabon, géographe grec (57 av. J.-C. – entre 21 et 25 apr. J.-C.), qui a écrit une description de Marseille juste après sa fondation : « Marseille n'est plus située où elle était jadis : elle occupait alors les environs du Cap Croisette, où l'on voit encore ses ruines » (le Cap Croisette est la pointe ouest du massif de Marseilleveyre). Autre argument troublant : le nom de Marseilleveyre vient du provençal « Marsilho veiré », littéralement Marseille le Vieux...

En outre, Isidore Gilles dans Marseille depuis trois mille ans, publié en 1870, rapporte également avoir vu, autour du vallon de la fontaine de Voire, les bases de murailles cyclopéennes aujourd'hui disparues (les matières premières auraient été récupérées depuis par les constructions des alentours).

Enfin, il y a 2 600 ans, quand le Lacydon (la calanque qui est devenue le Vieux-Port) était entouré de marécages insalubres, les tribus de l'époque, vivant de chasse, de pêche et de cueillette, n'avaient pas les moyens d'assainir ces terres. De plus, leurs navires étaient des radeaux ou des barques primitives pour lesquels le Lacydon était surdimensionné. En revanche, pour les Phocéens qui étaient déjà venus en reconnaissance sur place, le site présentait beaucoup d'avantages, dont celui de pouvoir abriter une flotte de pentécontères, bateaux de plus de 35 m de long, mus par 50 rameurs. Enfin, pourquoi les Ligures auraient-ils concédé le Lacydon aux Phocéens si eux-mêmes l'occupaient déjà ?

LES CURIOSITÉS DU PARC DU 26E CENTENAIRE

Rond-Point Zino Francescatti
13010 Marseille
13
• Horaires :
Novembre, décembre, janvier, février de 8 h à 17 h 30
Mars, avril, septembre, octobre de 8 h à 19 h
Mai, juin, juillet, août de 8 h à 21 h

Histoire et tolérance

D'une superficie de 10 hectares, le parc du 26e Centenaire a été inauguré le 23 juin 2001. Son nom rappelle que la plus vieille ville de France existe depuis 26 siècles. À l'entrée du parc, dans un signe de tolérance et d'ouverture, un arbre d'acier projette son ombre sur des plaques de céramique scellées au sol où l'on trouve les noms et prénoms de près de 500 000 personnes.. Cette démarche a été initiée par Marseille-Espérance (voir page 209), un collectif rassemblant les représentants de sept religions, l'idée ayant ensuite été concrétisée par la mairie. Il est à noter que cette initiative n'est pas figée et que, chaque année, des noms sont rajoutés à la liste. Pour y figurer, il suffit d'envoyer une carte postale à l'adresse suivante : Marseille Espérance 24, rue Montgrand 13006 Marseille. Tél. : 04 91 55 00 78.

Autre curiosité du parc, quelques mètres de l'ancien tunnel ferroviaire Prado-Carénage (aujourd'hui remplacé par un tunnel routier) ont été conservés. Percé entre 1873 et 1878, le tunnel permettait de faire traverser la ville aux trains de marchandises. La gare elle-même avait pour principale fonction, avant que l'on y édifie le parc, d'être un lieu de chargement du train des ordures ménagères de la ville. Ce train, qui se dirigeait vers la décharge d'Entressen, la plus grande décharge en plein air d'Europe, était survolé par des nuées de mouettes et était surnommé par les Marseillais : « le train des bordilles* ».

* Bordilles : détritus en marseillais

vautezard
зима́
12
2212
ВРЕМЯ

LE CADRAN SOLAIRE DE LA TOMBE DU DOCTEUR PAKHOMOFF

14

Tombe Pakhomoff • Carré 30 Cimetière Saint-Pierre • 380, rue Saint-Pierre • www.pakhomoff.net • Accès : depuis l'entrée principale, emprunter la « petite porte » que vous atteindrez en longeant le mur d'enceinte (par l'intérieur ou l'extérieur du cimetière) en direction du dépôt de tram, la Pomme et Aubagne. Emprunter l'allée d'Arcussia (en face de la petite porte) jusqu'à l'allée numéro 9 (juste après le local des services techniques). Remonter l'allée, la tombe est la quatrième à gauche.

« Ici le temps pour nous n'est plus compté »

Deuxième prix au concours de Gnomonique de Brescia (Italie), le docteur Pakhomoff a disposé sur la tombe familiale un étonnant cadran solaire. Exposé depuis août 2000, le cadran est en réalité un véritable instrument scientifique dont certaines références géographiques sont liées à la saga de sa famille, comme l'indication des directions de Moscou et de Rome, capitales des pays d'origine du docteur. Outre une classique tige métallique qui marque l'heure solaire par la projection de son ombre, le cadran indique aussi les heures italiques (qui indiquent le nombre d'heures depuis le coucher du soleil), babyloniques (nombre d'heures depuis le lever du soleil), la courbe d'équation du temps gravée sur le midi solaire, les arcs diurnes des passages dans les différents signes du zodiaque, ainsi que le moment de la prière islamique.

Notons que la devise écrite en russe sur la tombe signifie avec un certain humour : « Ici le temps pour nous n'est plus compté ».

QUELQUES FAITS OUBLIÉS SUR LE CIMETIÈRE SAINT-PIERRE

Le cimetière Saint-Pierre a été conçu par l'architecte Sixte Rey entre 1853 et 1855 pour remplacer celui de Saint-Charles afin de faire de la place pour construire un quartier urbanisé autour de la toute nouvelle gare Saint-Charles, inaugurée en 1848. L'entrée principale du nouveau cimetière avait été prévue au chemin de l'Armée-d'Afrique, ce qui explique que le découpage en carré parte de là, et que cette entrée aujourd'hui annexe soit appelée « porte du carré 1 ». Le cimetière fut meublé de tombes bien avant son inauguration, la ville ayant offert gratuitement aux grandes familles la concession à Saint-Pierre. La première inhumation eut lieu en janvier 1856, après le don par la ville d'une concession perpétuelle à la famille d'un soldat, tiré au sort parmi les victimes de la guerre de Crimée. Le sort fit bien les choses : le soldat choisi s'appelait Marie-Joseph MAUR... Avec 63 hectares et plus de 100 000 tombes, le cimetière Saint-Pierre est le troisième plus grand cimetière de France derrière celui de Pantin (93), 107 hectares et celui de Thiais (94), 103 hectares. À noter que celui du Père-Lachaise à Paris ne fait « que » 44 hectares.

SI SUR LE RING, LA DESTINÉE AMÈRE
A VOULU, BEAU CHAMPION QUE TU TOMBES AU COMBAT
SACHES QUE POUR TOUJOURS, DANS LE CŒUR DE TA MÈRE
ON ENTENDRA LE TIEN QUI BAT.
À MON FILS REGRETTÉ

À VOIR AUX ALENTOURS :

AUTRES TOMBES INSOLITES

15

En quittant la tombe Pakhomoff, remonter l'allée 9 jusqu'au plat, continuer tout droit et après la première allée à gauche, entrer dans le carré 25 pour voir la tombe de Gustave Ganay, champion cycliste mort des suites de l'éclatement de son pneu arrière alors qu'il était lancé à 80 km/h au parc des Princes. La roue accidentée qui figurait sur le monument a malheureusement été dérobée. Revenir sur ses pas et pénétrer dans le carré en face, la pinède du carré 30, jusqu'à la tombe de Jean Bouin, très visible de loin avec son buste de bronze. Juste à côté se trouve l'une des tombes les plus insolites du cimetière : Le dernier baiser qui représente un homme courbé sur le lit de mort de son épouse. En continuant dans la même direction, prendre la première allée à droite jusqu'au tombeau du boxeur Ray Grassi, représenté grandeur nature en situation de combat. En face, on peut voir un peu plus loin sur la droite un monument aux morts composé d'une stèle et de la statue d'un soldat en bronze. À l'arrière, on peut lire cette étonnante inscription : « inauguré le 7 octobre 1925 par un ministre de la IIIe République », comme si le sculpteur avait oublié le nom du ministre dont il devait graver le nom... Il est en réalité probable que le sculpteur ait reçu l'ordre de ne graver le nom du ministre qu'au dernier moment, en raison de l'instabilité politique de la IIIe République qui connut plus de cent changements de Président du Conseil en soixante-dix ans. Rebrousser chemin et suivre cette même allée des Mobiles. Prendre à droite l'allée n° 5. À la colonne brisée sur la droite, prendre à droite. Sur la gauche se trouve la tombe de Rao, un gardien de but décédé très jeune, aussi représenté grandeur nature dans une posture sportive typique.

CEUX QUI NE SONT PAS ENTERRÉS À SAINT-PIERRE

L'on s'attend souvent, en raison de leur lien avec la ville, à retrouver certaines personnalités au cimetière Saint-Pierre, alors qu'ils sont inhumés ailleurs :

- CÉSAR (César Baldaccini) (1921-1998) : cimetière de Montparnasse, Paris.
- CHARPIN Fernand (30/5/1887 caserne de gendarmerie du Prado – 1944) : cimetière des Batignolles.
- Honoré DAUMIER : Valmondois en Val d'Oise de 1861 à 1880, puis cimetière du Père-Lachaise, Paris.
- DUBOUT Charles, Albert (1905-1976) : Saint-Aunès (Hérault) à l'est de Montpellier.
- FERNANDEL (Fernand Contandin) (8/5/1903 – 26/2/1971) : cimetière de Passy, Paris, son épouse ayant voulu l'avoir à proximité de son domicile, avenue Foch.
- MONTAND Yves (Ivo LIVI) (13/10/1921-9/11/1991) : cimetière du Père-Lachaise, Paris.
- RICARD Paul (9/7/1909-7/11/1997) : cimetière des Embiez, Var.
- RIMBAUD Arthur (20/10/1854-10/11/1891) : cimetière de Charleville (Ardennes), décédé à l'hôpital de la Conception (plaque près de l'accueil).
- SUARES André (12/7/1868-7/9/1948) : cimetière des Baux-de-Provence.
- THIERS Adolphe (15/4/1797-3/9/1877) : cimetière du Père-Lachaise, Paris.
- PAGNOL Marcel (28/2/1895-18/4/1974) : cimetière de la Treille, Marseille. Épitaphe empruntée à Virgile : « Il a aimé les sources, ses amis, sa femme ».

L'ÉMOUVANT GRAFFITI DE LA FAMILLE D'UN SUPPLICIÉ

16

• Carré 13 (dont une partie est dite « Carré des suppliciés »)
• Cimetière Saint-Pierre • 380, rue Saint-Pierre
• Accès : emprunter l'allée principale en face de l'entrée principale, prendre à droite la troisième allée (allée des Acacias), puis la première à gauche (allée Chevalier). Au bout de l'allée, le mur d'enceinte abrite le carré des suppliciés, sous les pins.

> ***Des condamnés à mort enterrés dans le plus grand secret***

Sur l'une des tuiles couvrant le faîte du mur d'enceinte (la 15e en partant du bout), un nom, « Maucuer », maladroitement gravé dans l'argile , rappelle une histoire émouvante : il s'agit d'une authentique inscription laissée par la famille du défunt pour pouvoir retrouver plus tard le lieu où celui-ci avait été inhumé. C'est en effet ici que les condamnés à mort, qui n'avaient pas eu droit à des obsèques, ni même à une simple stèle, étaient enterrés. Lorsqu'avait lieu une exécution capitale, le supplicié était en effet enterré à la hâte dans le plus total anonymat afin que la famille et les amis ignorent son lieu de sépulture. Détail sordide, la tête des guillotinés était placée entre leurs jambes dans le cercueil…

Émile Camille Maucuer a été décapité le 30 avril 1934. Accusé avec ses complices d'avoir tué trois policiers pendant l'attaque du bureau de poste de Saint-Barnabé, dans le 12e arrondissement de Marseille, il monta à l'échafaud en criant : « Vive la Russie » sans que personne ne sache pourquoi. Lorsque sa tête roula dans le panier, on vit une partie de la foule venir tremper son mouchoir dans le sang frais... Les collègues des policiers abattus signifiaient ainsi que justice était faite. Les autres rapportaient un souvenir de cette matinée particulière…

Des visites du cimetière ont lieu chaque mois sur le thème de l'insolite avec l'auteur de ce livre: « Les clés de Saint-Pierre, une visite sans concessions... ». Renseignements : www.provence-insolite.org. Inscriptions : Office de Tourisme et des Congrès de Marseille 4, la Canebière 13001 Marseille. Tél. : 04 91 13 89 00

À VOIR AUX ALENTOURS :

LA ROTONDE DES NOUVELLES GALERIES. CARRÉ 38

17

La trentaine de tombes des vendeuses des « Nouvelles Galeries », victimes de l'incendie qui ravagea le grand magasin de la Canebière le 28 octobre 1938, sont disposées en rotonde. L'incendie s'était déclaré pendant la fermeture du déjeuner, un jour où le mistral soufflait de manière violente, ce qui attisa les flammes à l'ouverture des portes. Ce drame, qui fit 73 morts, se déroula devant Edouard Daladier, président du Conseil, Edouard Herriot, président de la chambre des députés et maire de Lyon (dont les pompiers furent appelés en renfort). Le congrès du parti radical avait en effet lieu ce jour-là à Marseille.

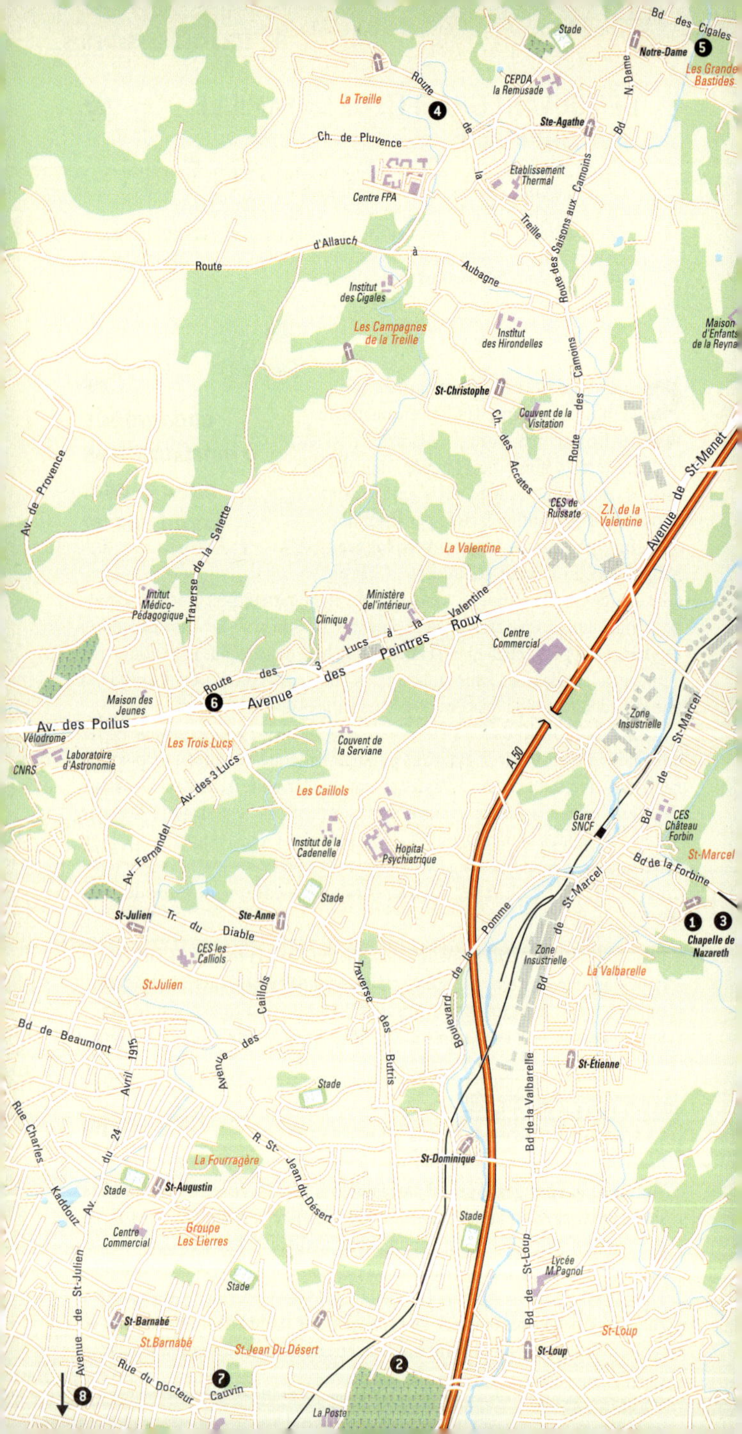

Bd des Cigales
Stade
Notre-Dame
5
Les Grandes Bastides
CEPDA la Remusade
La Treille
Route de la Treille
4
Ste-Agathe
Bd N. Dame
Ch. de Pluvence
Etablissement Thermal
Centre FPA
Route des Saisons aux Camoins
Route d'Allauch à Aubagne
Institut des Cigales
Les Campagnes de la Treille
Institut des Hirondelles
Maison d'Enfants de la Reyna
St-Christophe
Couvent de la Visitation
Ch. des Accates
Route des Camoins
Av. de Provence
Traverse de la Salette
CES de Ruissate
Z.I. de la Valentine
Avenue de St-Menet
La Valentine
Intitut Médico-Pédagogique
Ministère del'intérieur
Clinique
Route des 3 Lucs à la Valentine
Avenue des Peintres Roux
Centre Commercial
Maison des Jeunes
6
Av. des Poilus
Vélodrome
Laboratoire d'Astronomie
CNRS
Les Trois Lucs
Couvent de la Serviane
Zone Insustrielle
Bd de St-Marcel
A 50
Av. des 3 Lucs
Les Caillols
Av. Fernandel
Institut de la Cadenelle
Hopital Psychiatrique
Gare SNCF
CES Château Forbin
St-Marcel
Bd de la Forbine
Stade
St-Julien
Tr. du Diable
Ste-Anne
Bd de St-Marcel
1
3
Chapelle de Nazareth
CES les Calliols
Zone Insustrielle
Boulevard de la Pomme
La Valbarelle
St.Julien
Traverse des Butris
Avenue des Caillols
Bd de Beaumont
Av. du 24 Avril 1915
St-Étienne
Stade
Bd de la Valbarelle
Rue Charles Kaddouz
R. St-Jean du Désert
La Fourragère
St-Dominique
Stade
St-Augustin
Centre Commercial
Groupe Les Lierres
Stade
Lycée M.Pagnol
Bd de St-Loup
Avenue de St-Julien
Stade
St-Barnabé
St-Loup
St.Barnabé
St.Jean Du Désert
St-Loup
2
Rue du Docteur Cauvin
7
8
La Poste

11e / 12e ARRONDISSEMENTS

LES EX-VOTO DE LA CHAPELLE NOTRE-DAME-DE-NAZARETH

1

Place de la chapelle Notre-Dame-de-Nazareth
• Pour les visites, s'adresser à Monsieur Yves Fiorelli qui habite sur place au 23, place de la chapelle Notre-Dame-de-Nazareth.
• Une messe est célébrée dans la chapelle tous les 15 août.
• Accès : au village de Saint-Marcel emprunter la rue de Courencq. Il est possible de se rendre à la chapelle après la visite du castrum en prenant à gauche en redescendant vers le centre de Saint-Marcel, la montée des Gaulois. Attention, la voie est très étroite et ne vous y engagez pas si votre véhicule mesure plus de deux mètres de large.

"*Les ex-voto des lavandières*

Datant du XIIe siècle (et même du XIe pour certains), la chapelle Notre-Dame-de-Nazareth abrite, dans une niche du chœur, une statue en bois de la Vierge de Notre-Dame-de-Nazareth (XVIIe siècle). Cachée par une famille du quartier pendant la Révolution, la statue représente la Vierge et l'enfant Jésus qui tient des fleurs.

Autour de la niche abritant la statue, une guirlande d'objets attire l'attention. Plus que de simples objets, ces ex-voto ont été déposés par les « bugadières » (lavandières) de Saint-Marcel qui montaient en procession à la chapelle tous les ans, le 25 mars, jour de l'Annonciation. Les lavandières professionnelles étaient particulièrement nombreuses dans ce quartier, les grandes familles marseillaises comme les Noilly-Prat ou les Forbin y possédant à l'époque des bastides.

Parmi ces témoignages émouvants, notons des poissons en métal, un battoir et des cœurs. Sur un savon qui a résisté au temps (il daterait du XVIIIe siècle), on trouve ces vers (en provençal marseillais) :

« Lavandières de Saint-Marcel
Usons du savon le plus beau,
Malgré les ragots de la pie
Il ne faut guère jouer du battoir
Et nous ne connaissons pas la crasse. »

Notons dans la version originale ce jeu de mots intraduisible, car si « putasso » a été traduit par « crasse », le mot désigne aussi les prostituées de bas étage…

Dans la chapelle, restaurée en 1874 (date à laquelle un clocher lui a été ajouté), l'autel du Ve siècle a été bâti avec une pierre de réemploi qui fut trouvée dans les ruines du castrum voisin.

À l'extérieur, sur le mur nord, un Christ en croix rappelle la mission prêchée par les oblats d'Eugène de Mazenod en 1840. Si la mise en place de la croix ne posa aucun problème, en revanche, personne à Saint-Marcel ne voulut prendre le risque de « clouer le Christ en croix ». Ce fut un certain Marc Rebuffat qui s'en chargea finalement : ancien grenadier de la garde impériale, rescapé de la campagne de Russie, il prétendait n'avoir « plus rien à craindre du bon Dieu ni du Diable… »

LES JARDINS OUVRIERS CODER

2

35, avenue du Docteur-Heckel 13011 Marseille
• Pour visiter s'adresser au président : monsieur Cano au 04 91 44 93 75

De la brouette à la courgette

De 1881 à 1974, la société CODER (du nom des fondateurs) fut le principal employeur de la vallée de l'Huveaune. Produisant initialement des brouettes, la société se spécialisa ensuite dans la fabrication de matériel roulant routier et ferroviaire.

Pendant la Seconde Guerre mondiale, pour subvenir aux besoins alimentaires des ouvriers, à une époque de restrictions, les dirigeants de l'entreprise concédèrent des petites parcelles agricoles aux ouvriers de l'usine. Ces jardins ouvriers ont survécu à la liquidation de CODER en 1974 et sont actuellement gérés par la ville de Marseille et l'association des jardiniers locataires des 100 parcelles. La location revient environ à 100 € par an et par parcelle, à quoi il faut ajouter le coût de l'eau d'arrosage gérée par l'association. Il est aujourd'hui très difficile d'obtenir une parcelle : environ 60 personnes sont en liste d'attente.

Coincés entre l'autoroute et la ligne de chemin de fer, ces jardins ouvriers sont, si l'on en croit les jardiniers, des lieux de convivialité et de loisirs plus que de productivité intensive.

Pour en savoir plus, consulter le livre consacré à ce jardin : *Jardins ouvriers, jardins enchantés... ou les petits bonheurs marseillais*, Olivier Emran, Jean-Luc Abraïni, Karine Aprile-Morisse & Vincent Bourgeau, Label Livre Éditions, janvier 2011, 160 p., 25 €. Contact : 06 13 48 71 07

D'AUTRES JARDINS PARTAGÉS À MARSEILLE

Les jardins des Aures
Parc de Terre Nouvelle
68, chemin des Baumillons 13015 Marseille
Tél./fax : 04 91 51 73 86
accueiletrencontres@free.fr

Ce jardin partagé situé dans le quartier Notre-Dame Limite est né en 2000 à l'initiative de l'association « Accueil et Rencontres ». Le jardin répond pleinement aux buts de cette association : développer les liens de solidarité et promouvoir la mixité sociale. Des parcelles à cultiver sont mises à disposition d'une quinzaine de familles pour toute l'année. En outre, une parcelle collective permet la tenue de séances de sensibilisation et d'éducation à l'environnement et de formation à l'agro-écologie.

Après la guerre les jardins se sont peu à peu organisés en association loi de 1901 et ceux du Castellas fonctionnent aujourd'hui avec 246 parcelles sur 14 hectares de terrain dont 6 de jardins. L'association compte 300 personnes en liste d'attente ! Compter en moyenne 3 ans d'attente pour une cotisation de 0,50 cts par m².

Les jardins ouvriers et familiaux du Castellas
Chemin de Saint-Antoine à Saint-Joseph 13014 Marseille
Contact : 06 09 87 13 57 ou 06 16 97 42 97

Pendant la Seconde Guerre mondiale, l'État français développa le concept de jardin partagé afin de répondre à la crise alimentaire due à l'occupation d'une partie du pays, suite à la défaite de 1940. C'est ainsi que sont nés en 1941 « les jardins ouvriers et familiaux du Castellas ». Les services de l'État récupéraient des terrains inexploités, les divisaient en parcelles de 300 m² et les attribuaient par ordre d'inscription sur la liste d'attente. En contrepartie, les attributaires devaient tout faire : défricher, amener l'eau d'arrosage, construire la cabane à outils. Le fonctionnement du jardin se faisait sous la responsabilité d'une assemblée de notables (banquiers, avocats, notaires) le plus souvent d'opinion pétainiste et paternaliste.

L'ORIGINE DES JARDINS PARTAGÉS EN FRANCE

Dans les années 1880, l'abbé Lemire (1853-1928), maire d'Hazebrouck et député du Nord jusqu'à sa mort, obtient des municipalités alentour, des entreprises et des paroisses, le prêt de parcelles agricoles afin de les mettre à la disposition des mineurs : ces derniers, très souvent d'origine paysanne, ressentaient le besoin de retrouver un potager à des fins principalement économiques. De plus, l'activité agricole familiale permettait d'éloigner les chefs de famille du bar ou du cabaret. C'est ainsi que fut créée en 1896 la « Ligue Française du Coin de la Terre et du Foyer ». Notons que pour obtenir une parcelle, mieux valait être visible à la messe du dimanche et faire partie de la communauté catholique de la commune concernée.

En Provence et plus particulièrement à Marseille, le concept existait auparavant grâce à Frédéric Ozaname (1813-1853), historien et essayiste catholique, professeur d'histoire de littérature étrangère à la Sorbonne et fondateur de la Société Saint-Vincent-de-Paul qui sera béatifié par le pape Jean-Paul II le 22 août 1997. Dès 1833, Frédéric Ozaname obtient des terres cultivables dans les quartiers de Saint-Barnabé, le Cannet et Montredon (jardins disparus aujourd'hui). En 1903, le Marseillais Joseph Aiguier (1872-1938) fédère les diverses initiatives françaises en fondant « l'œuvre des Jardins de Famille » qui va fusionner avec la « Ligue Française du Coin de la Terre et du Foyer » de l'abbé Lemire.

Les jardins partagés, ouvriers ou familiaux vont prospérer tout au long du XXe siècle, surtout pendant les deux guerres mondiales. En 1950, l'on compte à Marseille plus de 7 000 parcelles.

À partir des années 1960, les jardins familiaux sont en repli, d'une part parce qu'ils n'ont pas les moyens de résister à la pression immobilière et d'autre part parce que leur image se dégrade : la parcellisation ponctuée de cabanons précaires rappelant trop l'aspect des bidonvilles.

Aujourd'hui, même si l'on ne compte plus que 750 parcelles à Marseille, le mouvement d'expansion est relancé et la France (ce n'est pas le cas en Espagne et en Italie par exemple) a encadré cette activité par la loi Royer de 1970). Chaque jardin existant reçoit en moyenne entre 50 à 100 demandes de mise à disposition de parcelles par an. Les jardiniers titulaires d'une parcelle n'en sont ni propriétaires, ni locataires : ils sont bénéficiaires d'une mise à disposition pour une durée reconductible, mais en aucun cas héréditaire. Par ailleurs, si une parcelle est laissée à l'abandon, elle sera récupérée par l'association gestionnaire. Le prix moyen annuel d'une parcelle de 100 m^2 tourne autour de 50 € par an à quoi il faut ajouter le prix de l'eau.

Voir aussi page 211 les **Jardins familiaux de Mazargues « Joseph Aiguier »** dans le IXe arrondissement

NB : dans le XVIe arrondissement, au-dessus de l'Estaque, les multiples jardins ouvriers d'autrefois ont été soit privatisés, soit détruits pour laisser place à des constructions.

RUINES DU CASTRUM MÉDIÉVAL DE SAINT-MARCEL

3

Boulevard de la Forbine

• Accès : au village de Saint-Marcel, prendre le boulevard de la Forbine. Après avoir dépassé la montée des Gaulois sur la droite (qui mène à la chapelle Notre-Dame-de-Nazareth), laisser votre véhicule au petit parking sur la droite. Quelques marches sommaires en rondins de bois marquent le début du sentier sans autre indication. Monter une dizaine de minutes jusqu'à ce que les remparts et la tour apparaissent.

> ***Quiconque détient les clés de Saint-Marcel, détient les clés de Marseille***

Après le siège de Marseille par Jules César (49 av. J.-C.), les Romains implantèrent au sommet d'une colline, au sud-ouest de l'actuel Saint-Marcel, un *castellum*, poste fortifié de surveillance. Leur intention était de prévenir l'arrivée d'un ennemi par la vallée de l'Huveaune et de surveiller les Marseillais. Ils vont y demeurer pendant 400 ans.

En 925, cette fortification sera rasée par les Sarrasins. L'évêque de Marseille, Pons II (1008 - 1073) fait reconstruire le château en 1057. Puis le *castellum*, habitation seigneuriale, devient castrum en abritant autour de lui un village, et son nom, « Castellum Massiliense », devient Saint-Marcel (Sancti Marcelli). Il est possible que ce nom provienne de Marcel, évêque de Die, qui était passé par là.

Au XIe ou XIIe siècle, alors que la petite chapelle Saint-Michel qui était située dans le castrum devenait trop exiguë, les moines de Saint-Victor édifièrent en dehors des remparts une nouvelle église, Notre-Dame-de-Nazareth (voir page 237).

M. de Forbin d'Oppède dans sa *Monographie du château de Saint-Marcel près Marseille, du Xe au XIXe siècle*, publiée en 1888, en a fait une description précise : « Le castrum était constitué d'une muraille en forme de quadrilatère de 60 mètres de long, flanqué de deux tours rondes massives à l'entrée à l'est, et d'un donjon au sud-ouest. L'angle nord-ouest n'avait pas de tour, pour la raison que cet angle se trouvait sur un précipice à pic formé de roches inaccessibles. »

Aujourd'hui, on peut voir une tour assez bien conservée et des murailles qui, bien que n'ayant pas leur hauteur d'origine, restent imposantes.

LE MYSTÈRE DE LA FONDATION DE MASSALIA

Certains auteurs, dont l'historien Alfred Saurel (Montpellier 1827 - Marseille 1887), ont soutenu que le nom de Saint-Marcel était une christianisation de Marseille dans ses appellations primitives de Massalia et Massilia.

Saurel souligne que le nom du château était « Castellum Massiliense » jusqu'au XIe siècle. On a ainsi cru encore une fois pouvoir situer le lieu où habitait la tribu ligure ayant accueilli les Phocéens. On peut dire aujourd'hui qu'entre cette localisation, le Lacydon (l'actuel Vieux-Port) et la fontaine de Voire (voir page 224), le mystère reste entier.

LES CURIOSITÉS DES COLLINES DE MARCEL PAGNOL

4

Cimetière de la Treille
Route de la Treille

Les mains de Marcel Pagnol à la source de Manon

Les circuits sur les traces de Marcel Pagnol partent le plus souvent de la Treille qui accueille la tombe la plus visitée de Marseille, dans le petit cimetière du village. Marcel Pagnol y repose sous une pierre de Cassis portant cette épitaphe en latin, empruntée à Virgile : « Fontes, amicos, uxorem dilexit » (Il a aimé les sources, ses amis, sa femme).

Il serait dommage de ne pas descendre les quelques marches qui conduisent au niveau inférieur du cimetière et aller au fond, où se trouve la tombe de Marius Broquier. Sa tombe est, en effet, ornée d'une maquette de la ferme d'Angèle, dont l'originale fut utilisée pour le film de Marcel Pagnol *Angèle*, sorti sur les écrans en 1934. Marius Broquier, ami d'enfance du cinéaste provençal et surnommé affectueusement « Mius », fut son décorateur attitré. Certaines de ses réalisations sont encore visibles autour du village de la Treille, comme le faux village d'Aubignane, entièrement recréé pour le film *Regain* (1937) : quelques éléments demeurent dont une arche spectaculaire, encore debout. La ferme d'*Angèle*, elle, est en ruine, mais conserve encore le trou rond qui fut pratiqué dans un des murs pour y placer la caméra.

Toujours dans le même cimetière, un peu plus loin sur la gauche se trouve la tombe de la famille Magnan où repose Baptistin David Magnan, dit « Lili des Bellons », l'ami d'enfance. Lorsque l'on arrive aux Bellons, la route qui mène à la Bastide Neuve porte son nom.

Sous ces ruines d'Aubignane se trouvent le puits d'Angèle, un petit bijou dans le vallon de Marcellin, et la « source de Manon ». Ainsi surnommée par Pagnol, la source de la Serpe est située au fond d'un petit abri. Elle avait été découverte par Marius Broquier pendant le tournage d'*Angèle*, et il avait été décidé de l'aménager afin d'y retenir le litre et demi de débit hebdomadaire d'eau dans une petite conque en ciment. Munie d'une bouteille de pastis, d'une truelle et d'un peu de ciment, une partie de l'équipe participa à l'opération et laissa l'empreinte de ses mains sur le ciment frais. On y reconnaît encore aujourd'hui, de gauche à droite, les mains de Marcel Pagnol, d'Orane Demazis, de Roger Ledru, chef opérateur, de Marius Broquier, de Jean Servais et enfin, de Rellys (dont la seule scène du film a été coupée au montage). Une inscription au-dessus de la source atteste du passage des protagonistes d'*Angèle* le 9 septembre 1934. À noter que la source de la Serpe, dite « source de Manon », se trouve juste au-dessus du rocher sur lequel Ugolin (interprété par le même Rellys) hurle son amour à la bergère dans *Manon des sources* (1953).

À VOIR AUX ALENTOURS :

UNE DES DERNIÈRES NORIAS DE MARSEILLE (5)

Boulevard des Cigales, Eoures

Après l'épicerie-tabac-presse « Aux Tropiques », qui a servi de décor au tournage du film *Le Schpountz* (1938), il faut marcher quelques mètres le long de la route d'Aubagne, jusqu'à l'angle avec le boulevard des Cigales, pour admirer l'une des dernières norias visibles de Marseille. Le mot « noria » désigne un dispositif permettant d'élever l'eau d'un puits en se servant de la force motrice d'animaux comme les ânes ou les chevaux.

MARCEL PAGNOL À MARSEILLE

Dans la vie de Marcel Pagnol (1895-1974), Marseille a compté beaucoup plus qu'Aubagne, où il est né. Les nostalgiques des films en noir et blanc de l'emblématique réalisateur provençal sont parfois surpris d'apprendre que la plupart des lieux évoqués dans ses mémoires ou dans ses films, se situent en fait à Marseille.

Il en est ainsi de la fameuse « Bastide Neuve » (plaque sur la façade - ne se visite pas), qui se trouve à la Treille dans le 11e arrondissement de la ville. De même, l'épicerie du film *Le Schpountz* existe encore sous l'appellation « Aux Tropiques », 2, rue du Village, à Eoures, toujours dans le 11ᵉ.

LES HABITATIONS MARSEILLAISES DE MARCEL PAGNOL

- En 1897, Joseph, son père, instituteur, est nommé à Saint-Loup, dans le 10e arrondissement de Marseille, là où sera implanté en 1962 le lycée Marcel Pagnol. L'académicien l'inaugurera lui-même.
- En 1900, nomination à l'école des Chartreux. La famille s'installe tout à côté, au numéro 54 de l'avenue des Chartreux (plaque sur la façade).
- En 1903, nouveau déménagement rue du Jardin des Plantes puis au 52 rue Terrusse.
- En 1906, il habite au numéro 33 de la rue Tivoli puis, deux ans plus tard, à nouveau rue Terrusse mais au 51, dans un appartement avec jardin.
- Au décès d'Augustine (sa mère) en 1910, Joseph et ses enfants s'installent 17 cours Lieutaud.
- Puis Joseph déménage, habite au 44 rue Marengo puis se fixe au 66 cours Julien où il résidera de 1915 à 1935 .
- En 1916, Marcel Pagnol se marie et quitte Marseille avant d'y revenir pour y installer le siège de sa société de production de films. Ses studios sont basés au 14 impasse des Peupliers ; puis, à partir de novembre 1937, au 111 chemin de l'Éperon (devenue rue Jean Mermoz).
- En 1941, il achète le château de la Buzine à Saint-Menet, 11ᵉ (aujourd'hui en travaux pour devenir, à terme, le musée cinématographique méditerranéen).

ÉGLISE SAINTE-RITA

6

366, avenue des Poilus, Les Trois-Lucs, 13012 Marseille
- Chaque 22 du mois, jour de la mort de la sainte, messe à 9h.
- Chaque 22 mai, date anniversaire de sa mort, deux messes à 10h et à 16h30 au cours desquelles a lieu la bénédiction des roses*.
- La fête de la sainte est précédée de trois jours de prières les 20, 21 et 22 mai.

« La sainte des causes désespérées

Spécialiste des causes désespérées, Rita est une sainte qui fait, aujourd'hui plus que jamais, l'objet d'une ferveur et d'une sollicitation considérables. Que ce soit à Cascia (Italie), à Vendeville (Nord) ou à Nice (voir *Côte d'Azur insolite et secrète* chez le même éditeur), les fidèles, principalement des femmes, se pressent dans ses chapelles et églises. La paroisse du quartier des Trois-Lucs, consacrée au culte de sainte Rita, est également un lieu de pèlerinage.

La popularité de la sainte à Marseille est attestée par le nombre impressionnant de cierges et de photophores qui brûlent devant sa statue en bois de cerisier, sculptée par le docteur Joubert. Elle y est représentée avec un clou dans le front et du sang qui en coule (ceci par convention pour ne pas rebuter les fidèles – voir plus bas). Hasard ou allusion, la villa de famille achetée par l'acteur Fernandel, en 1935, située tout à côté au 138, avenue Fernandel, s'appelle « Les Mille Roses ».

SAINTE RITA : EN ODEUR DE SAINTETÉ...

Née en 1381 à Roccaporena en Ombrie (Italie), Margarita Mancini (Rita est le diminutif de son prénom) se fit remarquer dès sa petite enfance par ce qui fut interprété comme un miracle : un essaim d'abeilles rentra en effet dans sa bouche ouverte sans lui faire aucun mal. Mariée selon la volonté parentale, elle perdit son époux et ses deux fils frappés de mort violente. Elle se consacra alors à l'amour du Christ. Malgré son statut de veuve qui l'empêchait de postuler pour le couvent, elle y fut conviée par les sœurs Augustines. Sa réputation grandit assez vite, tout ce qu'on lui demandait se réalisant. Elle devint rapidement l'avocate des causes désespérées et des guérisons de la petite vérole.

Un jour, alors qu'elle priait dans l'église, une épine de la couronne du Christ se détacha et vint se ficher sur son front. Une odeur pestilentielle s'échappa de sa plaie purulente et on l'isola dans une cellule où elle mourut le 22 mai 1457 en retrouvant un visage d'une beauté surnaturelle tandis qu'une odeur de rose se répandait dans le couvent. Son corps embaumé repose dans un état de conservation parfaite à Cascia, à côté de son village natal. Sainte Rita a été béatifiée en 1627 par Urbain VIII, et canonisée le 24 mai 1900 par Léon XIII.

* La bénédiction des roses se réfère d'une part au fait que sainte Rita mourante demanda qu'on lui apporte une rose du jardin. Comme par miracle, une rose unique émergeait de la neige qui était tombée abondamment sur le jardin. C'est d'autre part le rappel qu'au dernier soupir de la sainte, l'odeur pestilentielle qui émanait de sa blessure se transforma en suave odeur de rose.

LA SALLE DES CHEF-D'ŒUVRES DES COMPAGNONS DU DEVOIR

7

184, rue du Docteur Cauvin 13012 Marseille
• E-Mail : compagnonsmarseille@compagnons-du-devoir.com
• Tél. : 04 91 36 50 80 • www.compagnons-du-devoir.com
• Services administratifs ouverts du lundi au vendredi de 8h30 à 12h30 et de 13h30 à 17h • La salle est visible sur demande préalable et pendant les journées portes ouvertes régulières.

Marseille, une étape majeure pour les compagnons

La salle des chef-d'œuvres des Compagnons du devoir permet d'admirer les pièces attestant du savoir-faire de l'aspirant après son « tour de France » (voir ci-dessous). On peut notamment admirer un fabuleux escalier en bois, une très belle sphère ajourée, taillée dans une seule pierre, même si la vedette reste le spectaculaire sous-marin en forme de requin mis au point par le professeur Tournesol pour Tintin, dans Le Trésor de Rackham le Rouge…

Notons que Marseille est une ville très importante dans la tradition compagnonnique par la proximité de la grotte de la Sainte-Baume où aurait vécu la patronne des compagnons, Marie-Madeleine (voir plus bas).

LE COMPAGNONNAGE : S'ÉLEVER PAR LE TRAVAIL

La tradition orale fait remonter le compagnonnage à l'époque de la construction du Temple de Salomon à Jérusalem (Xe siècle avant J.-C. – voir double page suivante) et quelques documents précis attestent de l'existence, pratiquement sous leurs formes actuelles, de sociétés compagnonniques au Moyen Âge. Contrairement à l'idée reçue, les compagnons existent encore aujourd'hui et seuls des ouvriers minutieusement choisis pour leurs qualités professionnelles et morales sont admis dans cet ordre. L'aspirant, parrainé par un compagnon, remplit d'abord son temps d'apprentissage (environ trois ans). Il effectue ensuite un tour de France des cayennes (lieu de réunion et d'accueil des compagnons) d'une durée de cinq à sept ans, et poursuit ainsi sa formation avant de présenter son chef-d'œuvre, plus prosaïquement une œuvre qui prouve ses acquis et marque sa maîtrise. Ce long parcours, qui fait partie des sept fondamentaux du compagnonnage (accueil, voyage, métier, communauté, transmission, initiation, chef-d'œuvre), n'a qu'un objectif : former, dans un esprit de fraternité, des ouvriers dont l'idéal est de s'élever par le travail. Gage de la qualité de leur travail, nombre de compagnons sont appelés à restaurer les plus beaux édifices du patrimoine français, reçoivent le prix du « meilleur ouvrier de France », ou travaillent dans les plus illustres maisons. Les compagnons n'ont aucun lien avec la franc-maçonnerie, malgré une similitude dans certains symboles (notamment l'équerre et le compas) : les Francs-maçons ont tout simplement repris et utilisé certains de ces symboles qui préexistaient chez les compagnons. Aujourd'hui, plusieurs associations coexistent et notamment l'Union des compagnons du tour de France des devoirs unis, les Compagnons charpentiers des devoirs du tour de France, l'association des Compagnons du devoir, les Compagnons du tour de France et la Fédération compagnonnique des métiers du bâtiment.

V∴ G∴
U∴
I∴
N∴ D∴
G

ORIGINE DU COMPAGNONNAGE

Chaque association de compagnons se réclame de l'un des trois fondateurs suivants qui remontent, selon la tradition, à la construction du Temple de Salomon* :

- Salomon, fils de David et de Bethsabée, roi d'Israël (de 970 à 931 av. J.-C. selon la chronologie biblique usuelle). Il est présenté comme le constructeur du premier Temple de Jérusalem ;
- Maître Jacques serait devenu maître des tailleurs de pierre, des menuisiers et des maçons lors de la construction du Temple de Salomon. Revenu en France en compagnie d'un autre maître, dénommé Soubise, avec lequel il se serait fâché pendant le voyage, il se serait caché à la Sainte-Baume pour se protéger de son rival et y aurait été assassiné, trahi par un de ses fidèles. Une autre version de la légende, plus tardive, identifie maître Jacques à Jacques de Molay, dernier grand-maître de l'ordre du Temple ;
- Le père Soubise aurait été, selon la légende, architecte sur le chantier du Temple de Salomon, où il aurait encadré les charpentiers. Il serait revenu en France par Bordeaux après sa brouille avec maître Jacques dont il aurait jalousé l'autorité. Selon certaines légendes, il aurait été à l'origine de l'assassinat de celui-ci, alors que d'autres légendes l'en innocentent.

SAINTE MARIE-MADELEINE - PATRONNE DES COMPAGNONS

Patronne des compagnons, Marie-Madeleine est omniprésente parmi les compagnons. Dès sa formation, l'apprenti compagnon, pendant son tour de France, passe obligatoirement par la grotte de sainte Marie-Madeleine à la Sainte-Baume. Sur la couleur que porte le jeune aspirant (reçue le soir de son adoption), figure, outre le blason de son corps d'état, une marque, frappée à chaud, qui représente une scène évangélique : « Noli me tangere » (ne me touche pas), en rappel de ce que le Christ ressuscité aurait dit à Marie-Madeleine. Pourquoi Marie-Madeleine est-elle la patronne des compagnons ? Certains trouvent une réponse dans la présence des fondateurs du compagnonnage, maître Jacques et père Soubise, à la Sainte-Baume neuf à dix siècles avant la naissance de Marie-Madeleine. La forêt de la Sainte-Baume semble en effet un lieu sacré depuis toujours. Quand Jules César eut besoin d'arbres pour les fortifications du siège de Marseille (49 av. J.-C.), on dit qu'il vint en personne abattre le premier arbre, aucun des habitants des lieux ne voulant accomplir ce sacrilège...

Une autre hypothèse remonte au temps des croisades, pendant lesquelles les Croisés, partant pour Jérusalem, faisaient souvent le pèlerinage à la Sainte-Baume. Parmi les Croisés, les maîtres charpentiers, menuisiers, et autres tailleurs de pierre étaient en nombre pour édifier les machines de guerre en bois et les forteresses en pierre et partir sur les lieux mythiques de la fondation de leur ordre.

Pour plus d'informations sur le tombeau de sainte Marie-Madeleine à Saint-Maximin, consultez *Provence insolite et secrète* chez le même éditeur. Voir également page 44 l'article consacré à Marie-Madeleine au musée du Vieux-Marseille.

* Le Temple de Salomon est, selon la Bible, le premier temple juif de Jérusalem. Sa construction aurait eu lieu au Xe siècle av. J.-C. et sa destruction au Ve av. J.-C. Le Temple de Salomon était supposé couvert d'or et abriter l'Arche d'Alliance (les tables de la Loi – les Dix Commandements - données à Moïse sur le mont Sinaï). La franc-maçonnerie fait allusion dans ses rites et dans son identité graphique au Temple de Salomon.

LA PIERRE DES HESPÉRIDES

8

Résidence des Hespérides
Boulevard des Alpes
Saint-Barnabé 13012 Marseille

Une énigme non encore résolue

Devant le bâtiment A7 de la résidence des Hespérides, au boulevard des Alpes à Saint-Barnabé, sur un petit carré de pelouse, se trouve une pierre énigmatique d'environ un mètre de côté et dont trois faces sont gravées.

Une des faces présente des décorations végétales qui font penser à des roseaux et des cannes, l'autre montre une cloche et des sacs fermés par des ganses et enfin, sur la face avant, se trouve un orifice sur lequel aurait très bien pu être adapté un robinet. Autour de ce trou, on note deux croix et une inscription : « Le 9 septembre 1849, c'est ce jour-là, Dieu merci, que les eaux de la Durance arrivèrent ici. Juin 1852 ». L'inscription est suivie de 4 initiales : M, F, R et V.

Cette pierre est probablement une partie d'une fontaine installée par les habitants qui étaient désireux de profiter le plus tôt possible de l'eau qui provenait de la Durance grâce au canal de Marseille achevé par Franz Mayor de Montricher en 1849.

Il semble que la fontaine ait même fonctionné avant l'arrivée de l'eau de la Durance (pour la tester ?) en utilisant l'eau du ruisseau Bombinette qui prend sa source non loin.

La Bombinette est un ruisseau qui se jette dans la rivière Huveaune à l'endroit de l'échangeur Florian de la future rocade L2. Ce talweg (*) s'écoule dans le sens Nord-Sud, perpendiculairement à l'Huveaune, et traverse la résidence de la Fourragère puis la cuvette de Saint-Jean du Désert.

* Talweg signifie littéralement « chemin de la vallée » en allemand. Il est l'équivalent de l'expression « ligne de collecte des eaux ».

N
E
O
S
Château-Gombert
CH. DES LAMBERTS
IMPASSE DES LAMBERTS
les Mourets
Carrière
Centre de Gérontologie
AV. DE CHÂTEAU GOMBERT
Technopole de Marseille - Provence
les Grottes Loubière
CH. DES GRIVES
Clinique
Lycée A. Arthaud
la Rose
13e
la Batarelle
T. DE PARTY
St-Jérôme
SEPTÈMES - LES- VALLONS
Réserve du Vallon Dol
AV. DU MERLAN
Faculté des Sciences St-Jérôme
le Merlan
AV. ESC. NORMANDIE-NIEMEN
14e
Usine de Traitement des Eaux
TR. DE LA FONTAINE
Carrière
Ste-Marthe
ALLENDE
CHEMIN DU COTEAU
15e
TRAV. CADE
CH. DES BESSONS
BD A. DE LA FORGE
Musée de la Moto
I. DES 4 PORTAILS
TR. DE LA TOUR SAINTE
Tour Sainte
BD JOUR DAN
la Savine
les Aygalades
Gare Ste-Marthe
St Barthélémy
CH. DU VALLON DES PINS
BD DE LA SAVINE
Carrières
BD LOMBARD
Foyer de l'Enfance
CH. DE ST-JOSEPH
Camp de Ste Marthe
AV. S.
Hôpital Nord
CES
CH. DE LA PAGODE
Borel
Collège
Marché d'Intérêt National
Gare
Centre Hospitalier
Faculté de Médecine
CH. DE LA MURE
R. PAUL COXE
BD S. BOLIVAR
AV. DU M. NATIONAL
AV. ARNAVON
CH. DE GIBBES
AV. DE ST-ANTOINE
CH DE ST-ANTOINE A ST-JOSEPH
la Delorme
les Arnavaux
Notre-Dame
PL. DES COMPAGNONS BATISSEURS
BD G. LUSSAC
Cimetière
RTE DE LA GAVOTTE
CES
CH. DES TULERIES
la Delorme
Gare de St-
BD D. CASANOVA
Moulin du Diable
BD HENRI BARNIER
AV. DE LA VISTE
la Visite
AVENUE DES AYGALADES
BD DU CAP. GEZE
BD F. DE LESSEPS
Gare du Canet
Centre Commercial Grand-Littoral
Parc Bregante
AV. DE ST-LOUIS
la Cabucelle
Gare du Canet
Ecole
Butte Montmartre
St-Louis
RUE DE LYON
St-Louis
Hôpital
Anciens Abattoirs
Lycée St.Exupéry
CHEMIN DE LA MADRAGUE VILLE
PL. DES ABBATOIRS
Cité Jaune
les Crottes
BD DU POINT DE VUE
Ecole
Verduron
Calade
St-André
Arenc
Gare de St-Henri
AV. A. ROUSSIN
CES Arthur Rimbaud
St-Henri
CH. DU LITTORAL
Gare de Mourepiane
Darse Sud
Bassin de la Pinède
Bassin National
Bassin Mirabeau
quai Wilson
quai au Soufre
quai aux Charbons
Château Bovis
CES
LITTORAL
16e
Marché d'Intérêt National de Saumaty
Jetée du Large
Avant Port Nord
Village de l'Estaque
CHEMIN DU
Rade de Marseille
Hameau de la Nerthe
Port de l'Estaque
Anse de l'Estaque
PLAGE DE L'ESTAQUE
Port de la Lave
Tunnel du Rove
Port de Corbière
Mer Méditerranée
ROUTE DU ROVE
1
2
5
6
7
7
9
10
11
12
13
14
15
16
17
18
19
20
21
22
23
24
25
26

13e, 14e, 15e, 16e ARRONDISSEMENTS

THÉÂTRE ET PARC PUBLIC ATHÉNA-NIKÉ ❶

Entrée par l'impasse des Lambert
• Quartier de Château-Gombert
• Accès : bus n° 5T à partir du métro La Rose, arrêt Fresnel

" ***Béton !***

Isolé au centre de 14 hectares de terres agricoles, le théâtre Athéna-Nike, que certains spécialistes pensent être l'exacte réplique d'un temple grec du Parthénon à Athènes, mérite une attention particulière. Construit en 1906, il aurait été la première réalisation en béton armé de la région et a été restauré en juillet 2007.

Cet immense domaine encore vierge est accessible par deux entrées dont la plus agréable est située chemin des Lambert, une impasse camouflée dans la nouvelle zone urbaine de Château-Gombert. Laissez le technopole sur votre gauche et filez tout droit sur l'avenue Einstein. Vous dépassez sur la droite une déchetterie au-dessus de laquelle vous apercevez un imposant corps de ferme et une belle bastide d'un autre temps qui indiquent l'entrée du parc. Après la déchetterie, tournez à droite la rue Copernic, puis, au bout de la rue Fresnel, au rond-point, prenez la rue Champollion. Le premier chemin sur votre droite est un cul-de-sac qui donne sur l'entrée de cet ancien domaine, entre la vieille bastide et son corps de ferme. Au bout du chemin, une immense prairie encerclée de très beaux arbres s'ouvre devant vous.

Pour rejoindre le théâtre, prenez le sentier central qui passe à gauche d'une curieuse petite maison en pierre. Le chemin, bien qu'accessible au public, est fermé par deux barrières qu'il ne faut pas hésiter à enjamber. Entouré de fil de fer, très abîmé, voilà le premier théâtre en plein air de la ville, celui qui a accueilli Sarah Bernhardt en personne. Le parc offre une promenade très agréable malgré les travaux.

Au début du siècle, Paul Barlathier, patron de presse et helléniste hors pair, avait acheté ce domaine dans l'unique but d'y installer cet amphithéâtre. Le plateau était comparable à celui du théâtre d'Orange et les gradins comprenaient 1 300 places assises. Pendant quelques années, la programmation y fut brillante, mais dès la première guerre mondiale, il tombera en désuétude. Il sera redécouvert par hasard en 1970 par une association de sauvegarde du patrimoine, l'Assenemce, enseveli sous les ronces.

LES SANTONS DU MARÉCHAL PÉTAIN AU MUSÉE DE CHÂTEAU-GOMBERT

2

Musée des Arts et traditions populaires du terroir marseillais
5, place des Héros - Château-Gombert
• Tél. : 04 91 68 14 38 • E-Mail : contact@musee-provencal.fr
• Horaires : du lundi au vendredi de 10 h à 13 h et de 14 h à 17h, samedi et dimanche de 14 h à 17 h sauf jours fériés
• Visites commentées sur rendez-vous
• Tarifs : 3,80 € / enfant, 2 € / personne pour un groupe (minimum 20 personnes), visite commentée : 5 € / personne
• Possibilité de déjeuner au musée : restaurant La Table Marseillaise

« Lou maréchal dans la crèche

De façon surprenante, le musée des Arts et traditions populaires du terroir marseillais présente des santons du maréchal Pétain. Sa présence s'explique probablement par le voyage que fit le maréchal à Marseille le 3 décembre 1940 (son premier voyage en province), pendant lequel il visita notamment la foire aux santons, ce qui donna l'idée à deux santonniers (Junois et Gaubert) de créer cette figurine à son effigie. Pour la petite histoire, on prétend d'ailleurs que la ressemblance des santons avec leurs modèles incitait parfois à des rites de sorcellerie pratiqués, bien évidemment, dans la plus grande discrétion. Aujourd'hui, les santonniers continuent à faire preuve d'imagination et créent chaque année de nouveaux personnages parfois liés à l'actualité. Ainsi, en décembre 2007, le santon de l'abbé Pierre fit une courte apparition sur les étals de la foire aux santons à Marseille.

Le musée expose aussi quelques poteries, rares témoignages de la peste de 1720. Ayant été en contact avec les malheureux frappés par l'épidémie, ces récipients ont été jetés dans le Vieux-Port par peur de leur contamination. Les « pots à fraise », notamment, dans lesquels on mettait des fraises des bois, furent utilisés pour couler au fond de la mer les vêtements portés par les pestiférés (que l'on appelait des « charpies »).

Dans la section des crèches et santons du musée, on notera la qualité avec laquelle ces pots ont été reproduits. Ils sont, de plus, capuchonnés de papier en forme de chapeau pointu et reliés à la céramique par un brin de rafia, exactement comme dans la réalité de l'époque.

DORMIR AU MUSÉE : L'OUSTAÙ

(Oustaù signifie maison en provençal)

Chambre double à 69 €

Le musée met à disposition sept chambres de style provençal meublées avec le fonds du musée. Toutes les chambres sont tout confort avec salle de bains et Wi-Fi.

10

À VOIR AUX ALENTOURS :

LA BORNE DE SÉPARATION DES COMMUNES DE MARSEILLE ET D'ALLAUCH

Chemin des Lamberts **3**

La borne se trouve au tout début du chemin à droite en partant de l'avenue Albert Einstein.

Datée de 1660, une borne de séparation des communes de Marseille et d'Allauch est encastrée dans un mur de la propriété du numéro 1 du chemin des Lamberts.

Taillée dans un bloc de pierre blanche, elle est ornée d'une croix qui représente le blason de Marseille. La date correspond à la reprise en main de Marseille par le roi Louis XIV et à l'extension des remparts de la ville décidée par lui. La commune d'Allauch, dont le territoire a été occupé par l'homme dès la Préhistoire, est née en 1384.

UNE STATUE DE SAINTE GEMMA GALGANI SUR UNE VILLA DE CHÂTEAU-GOMBERT **4**

157, chemin de Palama

La statue, qui se trouve dans une fausse fenêtre aménagée au fronton de la villa, est parfaitement visible de la route, même si l'édifice lui-même est un peu en retrait de la voie publique. D'après Adrien Blès et Régis Bertrand (*La statuaire religieuse des maisons de Marseille*, éditions La Thune), la statue aurait été apportée dans les années 1930-1935 par le propriétaire de la villa.

SAINTE GEMMA GALGANI

Née à Camigliano en Italie (voir chez le même éditeur Toscane insolite et secrète) le 12 mars 1878, tout près de Lucques où ses parents tenaient une pharmacie, Gemma Galgani se consacra à l'amour de Jésus, dont elle présenta les stigmates. Elle fut prise en charge par les pères passionistes, une congrégation dont les trois vœux – chasteté, pauvreté, obéissance - étaient complétés par un quatrième, celui de propager le culte de la Passion du Christ. Elle finit sa vie dans la souffrance un samedi saint, le 11 avril 1903 et fut canonisée en 1940. Son culte est paradoxalement plus développé en Espagne et au Chili qu'en Italie.

LE MUSÉE DE LA MOTO

5

Quartier du Merlan - 18, traverse Saint-Paul
• Accès : du centre Bourse, bus n° 533, direction Saint-Jérôme, arrêt Merlan - Sainte-Marthe
• Tél. : 04 91 55 48 43 • fsassu@mairie-marseille.fr
• Ouvert du mardi au samedi de 10 heures à 17 heures
• Tarif plein : 2,25 € (réductions : 1,75 €)
• Gratuit pour les enfants en dessous de 12 ans

La chevauchée fantastique

Installé dans un ancien moulin à farine, l'étonnant musée de la moto offre sur quatre étages une vision exhaustive de l'histoire de ce véhicule. En téléphonant au préalable vous pourrez bénéficier d'une visite guidée commentée par le responsable, François Sassu, qui saura rendre la visite passionnante !

Celle-ci, du premier au dernier étage, suit un ordre chronologique, des premières motocyclettes conçues dès la fin du XVIIIe siècle jusqu'aux bolides les plus futuristes. Certains prototypes fabriqués pour les plus grandes courses de vitesse sont uniques au monde.

Sur tout le parcours, des photos en noir et blanc retracent l'histoire des grandes courses marseillaises qui se déroulaient en pleine ville jusque dans les années 50. L'un des trajets les plus appréciés démarrait de la place Castellane et remontait le Prado puis le boulevard Michelet. Le point de rendez-vous de ces dizaines de motards et les différents réglages se faisaient sur le cours Lieutaud, ce qui y explique la présence actuelle de magasins spécialisés.

Malgré l'aspect flambant neuf des bolides, certaines machines ont été trouvées dans des décharges ou dans de vieilles casses dans des états de rouille avancée. Elles ont retrouvé ici une seconde vie grâce à l'atelier de restauration du musée dans lequel s'activent de jeunes apprentis.

Conçu en novembre 1989 dans le cadre du grand projet de restructuration des quartiers nord, ce musée ne fait pas partie des musées de la ville de Marseille, ce qui explique sans doute son anonymat. Il s'inscrit dans un programme pédagogique mené par le département de la jeunesse qui vise à former en mécanique et carrosserie des jeunes issus de milieux défavorisés. Leur travail est remarquable. Tout est fait selon la tradition, respectant le travail d'origine jusque dans les plus petits détails. Sur les 120 motos présentées, presque toutes démarrent aujourd'hui au quart de tour.

Parmi les pièces les plus étonnantes, on peut découvrir au 4e étage la moto de Monica Vaga, la seule femme à avoir fait le tour du monde sur une 125 cm3. Dès son arrivée à Marseille, en 2001, après 444 jours de route et la traversée de 53 pays, elle décide de laisser sa moto au musée. À sa demande, rien n'a été touché depuis. Le top case, sa trousse d'urgence, son sac à dos, ses sacoches ficelées sur le porte-bagages encore remplis de ses affaires, ses grigris et divers gadgets, tout est encore accroché à la carlingue. L'ensemble est même recouvert de poussière du désert qu'elle a expressément demandé de ne pas nettoyer !

STATION ALEXANDRE

6

29/31, boulevard Charles-Moretti
13014 Marseille
• Tél. 04 91 00 90 00
• http://www.station-alexandre.com

Un vestige d'Eiffel de l'exposition coloniale de 1906

Passant par là, dans le courant de l'année 2003, mandatée par son mari pour trouver 500m2 afin de déménager leur cabinet d'expertise-comptable à l'étroit en centre-ville, Sylvie Caulet découvrit, derrière des panneaux publicitaires qui l'occultaient, un hangar métallique de 10 000 m^2 produit par les usines Eiffel et promis à la démolition. La qualité de la construction et le raffinement des détails telles ces colonnes de fonte surmontées de chapiteaux corinthiens et ces frises en linteaux décorées de rosaces ne pouvaient laisser indifférente une amoureuse du patrimoine. Commença alors une aventure exemplaire qui fera qu'aujourd'hui la magnifique structure (qui était la gare de triage d'une ancienne huilerie) a été entièrement restaurée mais, de plus, est venue participer à la vie du quartier du Canet.

Station Alexandre est aujourd'hui un centre d'affaires où travaillent 90 entreprises et où 300 personnes se croisent quotidiennement. Le centre médical et les trois restaurants attirent les habitants du quartier et de nombreux événements culturels se déroulent dans le grand hall qui se transforme en lieu d'exposition ou en salle de spectacle.

Il semble que la structure d'Eiffel ait été fabriquée pour un pavillon de l'exposition coloniale de 1906 à Marseille. Malheureusement aucune archive n'a pu être exploitée afin de savoir quelle institution ou société avait commandé cet ensemble qui aurait été livré en « kit », ce qui aurait permis à l'huilier Victor Régis, de la récupérer à la fin de l'exposition et de la remonter où elle se trouve aujourd'hui.

LES VESTIGES DES DEUX EXPOSITIONS COLONIALES DE 1906 ET 1922 À MARSEILLE

Le seul vestige confirmé des deux expositions coloniales qui ont eu lieu à Marseille en 1906 et 1922 est le « Palais des Arts », deuxième du nom dans la même ville, l'autre étant l'ex-bibliothèque et conservatoire de musique. Ce Palais des Arts fut construit pour l'exposition de 1922 et constituait le pavillon officiel de Marseille et de la Provence. Il fut conservé afin d'abriter jusqu'en 1940 le musée du Vieux-Marseille. Il se trouve aujourd'hui dans l'enceinte de la Foire de Marseille et présente diverses expositions à cette occasion (dix jours mi-septembre). Le reste de l'année, seul l'extérieur est visible.

On a souvent soutenu que les grilles du parc Chanot donnant accès à la fois à un jardin public et à la Foire étaient elles aussi de l'époque de l'une des deux expositions coloniales. Il n'en est rien car ce portail en fer forgé a été exécuté en 1924 par l'Atelier Trichard. Il avait été commandé pour la première édition de la Foire de Marseille inaugurée le 6 juin 1925.

TESTUT

SAVONNERIE LE SÉRAIL

7

50, boulevard Anatole-de-la-Forge
• Accès : du centre Bourse, bus no 533, arrêt collège édouard-Manet
• www.savon-leserail.com
• Ouvert de 8 h 30 à 12 heures et de 14 heures à 17h30
• Visites possibles en téléphonant au : 04 91 98 28 25

Ma petite entreprise

Créée en 1949, la savonnerie le Sérail balise l'entrée du quartier de Sainte-Marthe. Dernière fabrique artisanale de savon de Marseille de la cité phocéenne, la savonnerie le Sérail est ouverte à la visite. Celle-ci permet de suivre les différents processus de fabrication traditionnelle du véritable savon de Marseille dans le cadre d'un vieux corps de ferme où tout est d'origine, de la bâtisse aux machines et au savoir-faire des artisans.

Le savon en lui-même fleure bon la tradition : ces cubes de 300 ou 600 grammes, issus de moules d'époque, sont tous estampillés du célèbre logo «extra pur 72 %», un pourcentage qui indique la teneur en acide gras, issu de l'huile d'olive la plupart du temps.

M. Boetto père, le fondateur de cette usine, est décédé en 1990. Il a heureusement su transmettre auparavant son savoir-faire et sa passion à ses fils qui dirigent aujourd'hui la fabrique. Le fait d'ouvrir cette petite entreprise au public est, pour eux, le moyen de préserver une technique qui tend à disparaître.

La saponification se fait aujourd'hui encore dans les chaudrons d'origine, d'une contenance de 8 tonnes. L'huile, qui est chauffée au préalable à 100°, est mélangée à de la soude. Ce mélange plusieurs fois filtré est ensuite cuit à 110° pendant 4 heures, puis lavé avec de l'eau et du gros sel. Il est ensuite coulé dans d'immenses bacs en pierre de 7 000 litres dans lesquels il doit reposer pendant 48 heures. Quand la pâte a bien durci et que l'on peut marcher dessus sans qu'elle se casse, elle est découpée à la machette en cubes de 40 à 50 kg. Ces morceaux sont ensuite passés à la découpeuse, une petite machine qui calibre grossièrement chacun des cubes de savon, avant qu'ils soient taillés à la main.

Pour finir, ils seront séchés à l'air libre. Le temps de séchage dépend donc du climat, et si le vent est son fidèle allié, la pluie est évidemment son pire ennemi. Viendra ensuite la phase finale, le passage dans «la mouleuse», qui marquera le bloc de son empreinte originale. L'ensemble du processus prend environ un mois.

Pour les puristes, au-delà de l'aspect extérieur du savon, les différents ingrédients utilisés sont eux aussi extrêmement importants. La qualité des huiles, des essences naturelles, voire des huiles essentielles, comme celles utilisées pour les savons à la lavande, doit être choisie avec soin.

PROMENADE SUR LE VALLON DOL

8

104, traverse de la Fontaine
• Accès : bus n° 533 à prendre au niveau du 23, impasse du Four-de-Buze

La réserve du cœur

Camouflés aux tréfonds du quartier de Sainte-Marthe, après le canal de Marseille, au fond de la traverse de la Fontaine, deux pilastres en pierre balisent l'entrée d'une promenade atypique sur le massif de l'étoile. Avancez sur le chemin et contournez la barrière pour entrer sur le domaine communal de la chaîne de l'étoile. Un sentier mène au centre d'un domaine naturel de 22 hectares dont fait partie le bassin du vallon Dol. Ce bassin de décantation, conçu en forme de cœur, est la plus impressionnante réserve d'eau de la ville.

L'association Assenemce (Association de sauvegarde des sites et de l'environnement au nord-est de Marseille et de la chaîne de l'étoile) propose de très beaux circuits agrémentés de différentes explications sur la faune et la flore à tous les amoureux de randonnées. Téléphonez au 04 91 60 84 07 si vous souhaitez faire appel à leurs services. (E-mail : assenemce@free.fr).

LA FERME PÉDAGOGIQUE DE LA TOUR-DES-PINS

9

2, Traverse Cade, 13014 MARSEILLE
• Tél : 04 91 63 26 68
• Vente de produits de la ferme de 16 h à 18 h
• Tarifs : 6 € (Enfants : 3 €)

Une ferme en ville

Cet endroit un peu particulier, à quelques encablures du centre-ville, permet une sensibilisation et la responsabilisation des enfants vis à vis de leur environnement à travers l'observation des plantes et des animaux domestiques. La ferme offre aux petits citadins une découverte du monde rural et des travaux de la ferme : soins des animaux, observation du potager, jardinage... Essentiellement réservée à un public scolaire (grandes sections de maternelle, écoles primaires) et aux centres de loisirs, la ferme ouvre ses portes au public en fin de journée.

AUTRES FERMES

Ferme pédagogique « Le Collet des Comtes »
137, boulevard des Libérateurs - 13012 Marseille - Tél. 04 91 88 23 72
Ferme pédagogique « Le Roy d'Espagne »
Rue Jules-Rimet - 13009 Marseille - Tél. 04 91 73 97 53

LE CHEMIN DES BESSONS

10

- Accès : du centre Bourse, bus n° 530, arrêt Sainte-Marthe
- Château Ricard - 60, chemin des Bessons
- Table d'hôtes La Bessonière - Impasse des 4-portails
- Tél. : 04 91 21 51 82 • esatlabessonniere@orange.fr
- Du lundi au vendredi midi sur réservation - Menus de 14 à 19 €
- Prestations traiteur sur demande
- Les Ecuries La Roserie - Tél. : 04 91 02 81 85
- Ouvert de 8 heures à 12 h 30

« Une promenade aux pays des légendes

Une étrange tour surplombée d'une vierge, un vieux château, une table d'hôtes perdue dans les vergers, une source miraculeuse, une légende oubliée, le chemin des Bessons offre un parcours haut en couleur et vous propulse en quelques enjambées au cœur de l'une des dernières campagnes de la ville.

Démarrez votre promenade au départ de la départementale 4, sur le chemin de Saint-Joseph à Sainte-Marthe. À l'angle de la résidence « «Les Hauts de Massalia", on plonge très vite dans un univers bucolique tel qu'on les connaît en Normandie.

Sur votre droite, à hauteur du numéro 60, on découvre tout d'abord le très beau château Ricard. Ancienne demeure de M. Paul Ricard, le créateur de la célèbre boisson anisée, ce château du XVIIᵉ siècle appartient toujours à la famille. Sur la gauche, une curieuse statue de la vierge attire nettement l'attention (voir double page suivante).

Un peu plus loin, sur votre gauche, se trouve l'impasse des 4-Portails au fond de laquelle se situe le domaine de Mont Riant. Celui-ci accueille un centre d'aide par le travail qui permet à de jeunes handicapés mentaux de travailler et de subvenir à leurs besoins en cultivant la terre et en vendant leurs légumes sur le marché de Sainte-Marthe le mardi et vendredi matin. Ceux-ci servent également le déjeuner à la table d'hôtes de La Bessonière.

Un peu plus haut, face à la villa La Source, sur l'arrondi du mur, une plaque commémorative relate une étonnante histoire qui aurait donné son nom au quartier de Sainte-Marthe. Après avoir vaincu la Tarasque, un dragon fabuleux, Marthe serait venue rendre visite à Marie Madeleine, qui aurait séjourné quelque part au pied du massif de l'étoile. En s'asseyant sur une pierre plate pour se reposer de son long voyage, elle aurait fait jaillir une source dite miraculeuse. Aujourd'hui tarie par la percée du tunnel de Gardanne, cette eau était encore utilisée au siècle dernier pour soigner des maladies de peau. Les anciens se souviennent encore du puits qui suscitait tant de convoitises et générait de grandes processions au départ du village. La pierre plate sur laquelle se serait assise sainte Marthe, passée de main en main depuis des siècles est visible dans le quartier. Seules quelques personnes, gardiennes de son secret, en connaissent l'emplacement. Nous vous laissons aller à sa recherche…

Continuant toujours votre lente progression sur le chemin des Bessons vous ferez bientôt face aux écuries de la Roserie. Derrière d'immenses grilles noires, une superbe bastide classée, aujourd'hui en ruine, est piteusement posée au milieu des chevaux. M. Rapin y propose depuis plus de dix ans des prestations de dressage pour différents spectacles allant de la cascade à la tauromachie. Il propose également une activité de gardiennage de chevaux appartenant à des particuliers. Il est possible de venir assister à quelques sessions de dressage en téléphonant au numéro ci-contre. On compte sur son terrain une vingtaine de chevaux en pâturage dont un ou deux sont toujours à vendre.

STATUE DE TOUR-SAINTE

11

Le sanctuaire de Notre-Dame-Immaculée-de-Sainte-Espérance
Traverse de la Tour-Sainte
• Accès : bus n° 31, arrêt Tour-Sainte

> ***C'est une statue abandonnée...***

Cachée dans la verdure, une étrange tour surmontée d'une vierge d'environ 6 mètres de haut, s'élève dans le ciel de Marseille. Méconnue de la plupart des habitants, la Tour-Sainte, achevée en 1856, a pourtant donné son nom à toute une parcelle de Sainte-Marthe.

La tour, visible de tout le quartier, est aujourd'hui prisonnière d'une forêt de ronces, sous les arbres de la villa Bellevue, une belle bastide mitoyenne. Bien endommagée, la tour n'est plus accessible, mais il est toutefois possible de s'en approcher en demandant l'autorisation à l'un des locataires de la jolie villa située au 22 de la traverse de la Tour-Sainte. Là, un petit chemin s'enfonce dans la verdure et vous conduit face à l'édifice où la vue est superbe. L'église attenante à la tour est un vrai bijou d'architecture byzantine mais elle est fermée au public depuis plus de cinq ans. La statue de la Mère-de-Sainte-Espérance, de son nom initial, a été édifiée par le comte Amédée Armand qui vouait un amour démesuré à la Vierge et voulait faire de sa propriété un important lieu de pèlerinage. Cet édifice serait le premier au monde entièrement dédié à la mère de Jésus. C'est après la proclamation du dogme de l'immaculée conception par le pape Pie IX, le 8 décembre 1854, que le comte entame les travaux d'une tour octogonale de 30 mètres de haut, surmontée d'une majestueuse Vierge en pierre. Bien qu'elle ait été sacralisée l'année de sa construction et que le pape lui-même lui ait accordé de précieuses indulgences, ce sanctuaire alors réputé est aujourd'hui complètement tombé en désuétude.

Il y a quelques années, l'édifice a été offert à l'archevêché par l'héritier du domaine. Celui-ci, au lieu d'envisager la restauration, n'a malheureusement trouvé comme idée que de le louer à un opérateur de téléphones mobiles pour y installer des antennes !

MAIRIE DES 13E ET 14E ARRONDISSEMENTS ⓬

Le château saint-Joseph - Parc du Grand-Séminaire
- 72, rue Paul-Coxe
- Accès : bus n° 27 ou n° 31, arrêt Grand séminaire
- Tél. : 04 91 55 43 11
- Ouvert du lundi au vendredi de 8 h 30 à 18 heures
- Chapelle - Père Martinez : 04 91 69 46 58

“ *Le Grand Séminaire*

La mairie des 13e et 14e arrondissements de la ville est certainement l'un des plus beaux châteaux de Marseille. Remarquable réussite architecturale, le château Saint-Joseph apporte un certain panache à cet ancien petit village du terroir. D'une surface de 8 000 m2, la bâtisse surplombe un très beau parc public qui offre, sur plus de deux hectares, une agréable promenade le long de ses grandes pelouses bordées d'allées de platanes.

Commandité par le marquis de Villeneuve, ambassadeur de Louis XIV à Constan-tinople, l'édifice à été conçu au centre du village de Saint-Joseph, au début du XVIIIe siècle, par Balthazar Dreveton, l'architecte du couvent des Bernardines. Sa façade en hémicycle, ouverte sur le midi, en fait une œuvre architecturale rare dans la région. Cette superbe bastide était à l'époque fastueusement meublée dans un style oriental et le domaine s'étendait sur plus de 20 hectares.

À la mort de Joseph de Villeneuve fils, le domaine est vendu à un riche négociant qui sera guillotiné à la Révolution. La bastide et ses terres sont alors revendues en dix lots au profit de la nation. En 1800, le château et ce qu'il reste du parc sont acquis par Antoine d'Anthoine, créateur d'un comptoir en orient et maire de Marseille en 1805. Anobli par Napoléon Ier, il deviendra le baron de Saint Joseph.

Quelques années après sa mort, en 1829, l'endroit est racheté par une congrégation enseignante, les dames de Saint-Pierre-de-Grenoble, qui fusionne dès 1835 avec la congrégation des dames du Sacré-Cœur. Ce sont elles qui firent édifier en 1858 la superbe chapelle que l'on voit dès l'entrée principale sur la gauche. Digne de l'importance des lieux, elle est deux fois plus grande que la chapelle paroissiale du quartier.

Toujours sous une forte influence religieuse, le château devient par la suite une école pour enfants tuberculeux, un hôpital pour blessés de guerre, et enfin une fabrique de prothèses jusqu'à la révolution. Après le vote de la loi Combes en février 1906, qui signe la séparation de l'église et de l'Etat, le bâtiment est mis sous séquestre. Il sera utilisé lors de la première guerre mondiale comme hôpital militaire. En 1921, le diocèse de Marseille acquiert le château et y installe le Grand Séminaire afin d'y former de futurs prêtres. C'est sous ce nom que la bastide et le parc seront connus pendant plus d'un demi-siècle. Le château est dans un état pitoyable en 1976 quand la municipalité le rachète. Il sera restauré avec soin pendant plusieurs années, avant de devenir mairie de secteur en 1983.

15e Arrt
ALLÉE
SIRIUS

CHÂTEAU DE SERVIÈRE

13

Place des Compagnons-Bâtisseurs
- Accès : métro Bougainville puis bus no 38, arrêt Castor-de-Servière
- Tél. : 04 91 60 99 94 • www.chateaudeservière.org
- Entrée libre du mardi au samedi de 14 h à 18 h et sur RDV
- Visite et atelier de pratique artistique sur RDV, forfait de 30 € la séance

« Des castors artistes

Bâti au centre d'un lotissement d'environ 300 maisons construit dans les années 50, le château de Servière abrite de façon étonnante une galerie renommée d'art contemporain.

Vieille bastide du XVIIIe siècle, le château est situé dans le domaine des Castors de Servière qui fut, au milieu du siècle dernier, le centre d'une expérience étonnante. Société coopérative des années 50, le mouvement des Castors répondait à la crise du logement qui suivit l'après-guerre en France. À cette époque, les promoteurs n'avaient pas encore découvert les sources de profit potentiel que représentaient l'immobilier et seul l'état construisait des habitations collectives. À l'insuffisance du rythme des constructions engagées par l'état, les Castors, en rappel de l'animal qui construit sa propre demeure, répondirent par l'auto-construction.

Aujourd'hui, ce domaine, dont toutes les rues ont curieusement des noms de planètes, s'articule autour du château. Après la guerre, le château servit tout d'abord pour loger certaines familles dont les maisons étaient encore en chantier. Très vite, après quelques travaux, ils y installèrent une crèche, une laverie et un centre social à vocation culturelle. Dès 1988 le centre culturel devient l'association Château de Servières et travaille à la production, à la diffusion et à l'initiation de l'art contemporain pour le plus grand nombre, afin de sensibiliser un public néophyte des quartiers dit «sensibles.» Elle a ainsi coproduit et accueilli les travaux de plus de 330 artistes, jeunes ou confirmés, et organisé des échanges avec une quinzaine de pays du pourtour méditerranéen. Sa posture artistique singulière est née d' un projet social et démontre, par sa longévité, une force et une vitalité qui perdure au delà de son ancrage dans les quartiers nord. L'association construit aujourd'hui sa programmation dans l'espace d'exposition des Ateliers d'artistes du centre-ville, mis à disposition par la ville de Marseille.

Association Château de Servières
Bureau et Galerie : Ateliers d'Artistes de la Ville
11-19, boulevard Boisson 13004 Marseille
Tél.: 04 91 85 42 78 - chateaudeservieres@gmail.com

ÉGLISE DE SAINT-LOUIS

14

• Accès : bus n° 25, arrêt Saint-Louis
• Ouvert du mardi de 9 heures à 12 heures et le mercredi de 9 heures à 12 heures • Office le jeudi matin à 8 heures et le dimanche à 10 h 30
• Renseignements auprès du père Alfonso - Tél. 04 91 46 02 75 ou 06 60 67 45 86
• Paroisse : 04 91 03 01 58 - 06 23 33 53 44

Un dôme dans la tourmente

L'immense dôme vert de l'église de Saint-Louis se distingue d'à peu près toutes les hauteurs de la ville. L'autoroute A7, en direction d'Aix, en offre également une vue partielle mais intéressante.

Trop de Marseillais pensent toutefois qu'il s'agit là d'une mosquée, perdue quelque part dans le quartier des Aygalades. Située en fait au cœur du petit village de Saint-Louis, cette église méconnue mérite d'être visitée pour son architecture atypique. Édifiée sur les fondations des anciennes fabriques de réglisse CAR, connues pour leurs fameux Carensac, l'église de Saint-Louis a la particularité d'être conçue sur un plan circulaire. Un immense Christ accolé au dôme s'élève dans le ciel comme un minaret et lui tient lieu de campanile. Il est l'œuvre du sculpteur Saradezolle. Construite en béton en 1935, cette église très particulière est l'œuvre de l'architecte Sourdeau. Située non loin des usines de Saint Louis Sucre, dans un quartier qui à l'époque était fortement industrialisé, elle fut longtemps tenue par les pères travaillistes. Sur les murs intérieurs du chœur circulaire, on trouve d'étranges fresques peintes aux accents soviétiques. Elles illustrent des ouvriers croulant sous le poids du travail et demandant à Dieu la force de continuer leur labeur pour nourrir leur famille.

À l'entrée, on trouve également de très beaux vitraux dont l'un d'eux représente Saint-Louis avec son sceptre, son globe et sa couronne. La crypte aurait été habitée sous l'occupation par les bersaglieri, l'équivalent italien des chasseurs alpins.

À VOIR AUX ALENTOURS :

LA CITÉ JAUNE

15

204, chemin de la Madrague-Ville. Bus n° 70, arrêt Rabattu

Bâtie à la hâte après la guerre, la Cité Jaune est un endroit unique à Marseille. Conçue comme un village dans la ville, elle est constituée d'un lacis de ruelles parsemées d'une trentaine de petites maisons peintes d'un jaune canari du meilleur effet ! L'idée de la municipalité était d'apporter une touche joyeuse à cette ligne de crête, alors parsemée de blockhaus, qu'était le chemin de la Madrague-Ville. En faisant face à l'entrée de la cité, il est d'ailleurs possible d'apercevoir sur la droite une sorte de talus herbeux qui n'est autre qu'un ancien blockhaus enterré. Ces maisons, faites à l'économie pour loger une population modeste, ont subi d'importantes dégradations au cours des ans et certaines ont fini par être entièrement murées ou squattées. Il a fallu aux associations locales une lutte de plusieurs années pour voir le site entièrement réhabilité il y a un peu moins de dix ans. Aujourd'hui, relativement bien entretenue, la Cité Jaune mérite un coup d'œil.

105

L'ÉGLISE DES AYGALADES

16

24, avenue Renée d'Anjou
- Accès : bus n° 28 ou n° 31, arrêt les Aygalades
- Offices le dimanche à 10 heures- Sauf le 3ème dimanche du mois
- Père Antoine : 04 91 60 91 93

Une église troglodytique

Coiffée d'un étonnant clocher en fer forgé, l'église des Aygalades aurait fait partie du premier couvent des Carmes en Europe au XIIIe siècle. édifiée par une poignée d'ermites chassés de leurs grottes sur le mont Carmel en Palestine par l'invasion sarrasine, cette petite église recèle une mystérieuse grotte qui renferme une statue de Marie Madeleine.

Habitués à vivre coupés du monde, les carmes s'installèrent, dès leur arrivée à Marseille en 1238, dans de petites cellules en pierres, confectionnées dans certaines cavités naturelles de la colline des Aygalades. On les aperçoit encore juste après l'actuel cimetière, à gauche, sur l'autoroute en direction d'Aix. Quelques vestiges sont encore visibles et signalés par un panneau à cet endroit. Ce premier couvent improvisé, situé à proximité d'une rivière et d'une grande cascade aujourd'hui disparues aurait subi d'importantes inondations qui força les carmes à le déserter. Ce n'est qu'en 1265 qu'ils eurent l'autorisation royale de bâtir un véritable couvent à l'emplacement de l'actuelle église des Aygalades.

À l'intérieur de celle-ci, certains vestiges du XIIIe siècle, notamment dans la première chapelle de gauche, et dans toutes les chapelles de droite, sont encore visibles pour un œil averti.

L'église a subi d'importantes restaurations au fil des siècles, notamment au XVIIe siècle, époque à laquelle elle fut entièrement reconstruite. L'actuelle partie basse de l'église et les chapelles latérales datent en partie de cette époque, tout comme la statue de Marie Madeleine, visible dans une étonnante grotte naturelle, englobée dans l'architecture de l'église. Longtemps murée, cette grotte aurait été un lieu de culte bien antérieur à la fondation de l'église. On dit, pour la légende, que Marie Madeleine y aurait séjourné.

Au XVIIIe siècle, la partie haute de l'église, menaçant de s'effondrer, subit une rénovation sommaire. Ce n'est qu'au XIXe siècle que l'église sera une seconde fois entièrement restaurée. S'appuyant sur la partie basse de l'édifice du XVIIe siècle, l'architecte Dupoux fit élever un plafond néogothique voûté en faux appareillage de pierres.

À des fins d'harmonisation esthétique, la partie basse du XVIIe siècle, chapelle comprise, fut traitée dans le même faux appareillage. De récentes restaurations ont permis de redonner vie aux pierres sculptées et ornementées d'époque, recouvertes depuis lors par de nombreuses couches de peinture et de badigeons de chaux.

LE CHÂTEAU BLANC

17

Boulevard Lombard
• Accès : bus n° 30, arrêt Les Aygalades

> *Le comte des mille et une nuits*

Sur la route de Saint-Joseph à Saint-Antoine, dominant la ville sur les hauteurs des Aygalades, un étrange édifice aux allures de palais des mille et une nuit défraie la chronique et titille les imaginaires depuis des décennies. Connue sous le nom de Château Blanc, cette résidence privée n'est visible que de l'extérieur. Ancien pavillon de chasse, cette étrange maison orientale appartenait au comte de Gissac au siècle dernier. Beaucoup de grands seigneurs possédaient à l'époque une résidence secondaire aux Aygalades et dans les alentours. En tant que président de la Croix-Rouge, le comte de Gissac avait longuement vécu au Maroc et avait rapporté de son séjour un amour inconditionnel pour ce pays. À son retour en France, il découvrit un terrain proche du château de son ami le comte de Foresta. C'est là qu'il choisit de bâtir le Château Blanc. Le comte de Foresta et le comte de Gissac se faisaient signe, dit-on, de leurs hauteurs respectives. Alors que les visites du comte à Marseille se faisaient néanmoins de plus en plus rares, il avait laissé son palais oriental aux mains de la paroisse des Aygalades qui y installa une famille dans le besoin avec ses huit enfants. Le père des propriétaires actuels racheta ce domaine en 1940, mais une grande partie des terres avait déjà été vendue. Toujours superbe, riche d'une fastueuse salle de réception ornée de fresques murales remarquables, ce pavillon de chasse présente toutefois des pièces très exiguës. Ce château est l'un des seuls, parmi des dizaines d'autres beaucoup plus imposants, à avoir résisté au développement des quartiers nord, tels qu'on les connaît aujourd'hui.

ALEXANDRE ANSALDI, UN IMPOSTEUR DE GÉNIE

Reliant le quartier du Merlan à celui de Sainte-Marthe, l'avenue Alexandre Ansaldi est signalée par de sobres panneaux : « Avenue Alexandre Ansaldi, philosophe ». Si ce patronyme a bien été porté par un astucieux Niçois (voir Côte d'Azur insolite et secrète chez le même éditeur), des dizaines de villes en France et dans le monde qui lui ont consacré une artère (dont Montréal au Canada, Perpignan, Rodez, Royan et Marseille) ont en réalité été roulées dans la farine : né à Nice le 6 avril 1908, Alexandre Ansaldi n'est qu'un imposteurՑ La biographie qu'il s'était inventé le faisait descendre du roi d'Italie Victor-Emmanuel II et d'une certaine Madame Ansaldi, belle femme niçoise qui aurait été mise enceinte à la suite d'une brève rencontre royale... Ne voulant pas reconnaître cet enfant, le roi anoblit le mari de la dame afin de la dédommager. C'est ainsi qu'Ansaldi se prétendait petit-fils de S.A.S. le prince André d'Ansaldi et fils de S.A.S. le prince Benoît. Se faisant appeler S.A.S. le prince Louis-Eugène Alexandre d'Ansaldi, il créa une fondation à son nom, l'Œuvre nationale du Théâtre à l'hôpital, simple association d'amis qui devint plus tard l'Académie Ansaldi de Paris, institution internationale fondée en 1933, reconnue d'utilité publique et honorée d'un prix par le président de la République en 1947. C'est au nom de cette notoriété inventée qu'Ansaldi obtint que des rues portent son nom, et ce, dans plusieurs pays. Il publia des documents à sa gloire et fit émettre des timbres à son effigie.

79

PROMENADE SUR LE CHEMIN DE LA MÛRE 18

• Accès : bus n° 30, arrêt Chemin-de-la-Mûre

« Les hauteurs de la ville

Parsemé de jolies bastides, le chemin de la Mûre est l'occasion d'une très agréable promenade ponctuée de plusieurs lieux surprenants. Il est aussi l'accès le plus évident, et pourtant le plus méconnu, aux terres sauvages du massif de l'Étoile.

L'entrée du chemin de la Mûre, sur la route de Saint-Antoine à Saint-Joseph, est marquée par la voie de chemin de fer, aujourd'hui désuète. Ce lieu serait celui d'un ancien octroi, connu naguère sous le nom de Bélier.

Après quelques mètres, en empruntant le début du chemin, remarquez sur votre droite le très agréable parc Valbelle, pas toujours indiqué sur les cartes. La bastide centrale, acquise par la ville en 1979 et restaurée en 1987, est aujourd'hui un centre de désintoxication pour jeunes délinquants, ce qui lui vaut son anonymat actuel.

Face à l'entrée du parc, une belle bastide très endommagée, l'Annonciade, fut la propriété des évêques de la ville au XVIIe et XVIIIe siècles. De la rue, il est encore possible d'apercevoir une étrange plaque apposée sur une tour en pierre recouverte de verdure. Il y est gravé un poème à la gloire de cette eau «miraculeuse» qui alimentait la bastide et le parc. Il s'agirait de l'une des fameuses sources des Aygalades, un quartier qui doit son nom au latin aqualata, ce qui signifiait «Eaux-Vives». L'ensemble du quartier reste aujourd'hui l'un des plus verdoyants de la ville. Même si les sources anciennes ont été taries par les divers aménagements urbains, le ruisseau des Aygalades, anciennement appelé «La Caravelle» existe toujours et est visible à Saint-Antoine. Arrivés au bout de la route sinueuse que vous avez suivie pendant un bon kilomètre, il faut vous garer dans le renfoncement à droite. Là, un sentier rocailleux légèrement en biais sur la droite vous conduit à un grand bassin de pierre en forme de trèfle. D'étranges trous, tout autour du bassin, laissent présager un réseau complexe de canalisations. Aujourd'hui asséché, ce bassin servait à alimenter deux propriétés d'été au XIXe siècle. L'une d'entre elles, Les Hirondelles, est encore visible, en ruine, sur les hauteurs. La vue sur la ville y est remarquable

Après avoir dépassé les bassins, vous apercevez au loin d'anciennes restanques, dans le prolongement d'une carrière située en contrebas. Elles auraient été construites par des bagnards au XVIIe siècle.

En reprenant le chemin central, vous découvrirez en vous enfonçant dans le massif de l'Étoile, derrière le premier versant, un château en ruine, qui sert aujourd'hui de refuge de chasse. Il s'agit de l'ancienne demeure d'été du comte de Castellane, anciennement propriétaire de tout le domaine. Le nom «chemin de la Mûre» ou «plateau de la Mûre» viendrait d'ailleurs d'une immense plantation de mûriers pour vers à soie qui entourait le domaine à l'époque. Tout le site constitue encore aujourd'hui une remarquable promenade.

LA PAGODE PHAP HOA

19

3, chemin de la Pagode
- Accès : au métro Bougainville, prendre le bus no 30, arrêt Vallon-des-Tuves
- Tél. : 04 91 65 59 49 ou 06 61 74 39 86
- E-mail : pagode_phaphoa@yahoo.fr
- Ouvert tous les jours de 9 heures à 17 heures

Little Bouddha

Sur les hauteurs du quartier de la Savine, un immense Bouddha doré semble veiller sur la ville. On le distingue très nettement de la route, s'élevant à plusieurs mètres de haut, tout comme l'immense pagode rouge au toit effilé qui sert à la fois de lieu de culte, de table d'hôtes végétarienne, et de salle de classe.

La pagode Phap Hoa accueille tous ceux, quelle que soit leur confession ou leur culture, qui souhaitent suivre l'enseignement spirituel proposé ici, un bouddhisme dit de la Terre Pure.

Pour accéder à la pagode, le plus simple est de passer par le village de Saint-Antoine : sur l'avenue de Saint-Antoine, prenez à gauche, direction la Savine. Sur le chemin de Saint-Antoine à Saint-Joseph, longez le ruisseau des Aygalades également connu sous le nom de Caravelle. Cet étonnant petit chemin conduit au vallon des Tuves, un endroit méconnu, caché derrière le viaduc ferroviaire. Là, se détache l'immense Bouddha en or, également visible de l'autoroute A7 en direction d'Aix, juste avant de passer sous le viaduc sur la droite.

Fondée en 1978 par un moine bouddhiste vietnamien du nom de Thich Thien Dinh, la pagode Phap Hoa recèle, disséminée dans tout le parc, une série de statues de Bouddha représenté dans les différentes phases de sa vie. Si vous parvenez à les joindre et a entrer sur le site, demandez l'autorisation de faire le tour du bâtiment pour apercevoir notamment l'étonnante statue couchée, représentant Bouddha en phase d'éveil, ayant atteint le nirvana.

Le bouddhisme de la terre pure, d'origine vietnamienne, est une forme du bouddhisme selon laquelle un certain travail de purification de l'esprit et d'apprentissage de la maîtrise de soi permettrait d'accéder à une terre d'éternel bonheur. Cet enseignement spirituel est ouvert à tous, moyennant une participation libre. Il en est de même pour le repas mensuel végétarien précédé d'une prière, à 12 h, chaque premier dimanche du mois. 10 € par personne, réservation auprès de Mme Phan Dinh Goi (Tél. : 04 91 51 68 10).

LA GARE FRANCHE CENTRE INTERNATIONAL DE TRAFIC CULTUREL

20

7, chemin des Tuileries
• Accès : bus n° 26
• Tél. : 04 91 65 17 77
• www.cosmoskolej.org

Une fabrique à rêves

Enclavée entre le plan d'Aou, une cité sensible, et le village de Saint-Antoine, la Gare Franche est un espace culturel hors normes fondé par le créateur de spectacles Wladyslaw Znorko. Dans cette étrange maison cachée au fond d'une impasse et dans son jardin, d'où sont régulièrement extraits de vieux ossements humains, l'atmosphère est assez particulière.

Le domaine, nommé en référence à sa compagnie, le Cosmos Kolej (chemin de fer des étoiles, en polonais), est constitué d'une vieille usine désaffectée en voie de réhabilitation et d'une bastide ancestrale aux allures de petit château fort. Il s'apparente à un carrefour d'échanges et de réflexions sur le spectacle vivant, accessible au public : une visite guidée du site est organisée gratuitement tous les mardis sur rendez-vous.

Grand troubadour devant l'Éternel, le metteur en scène Wladyslaw Znorko a décidé ici d'ouvrir son espace de travail à tous ceux qui souhaitent jeter un pont entre le rêve et la réalité. Gravitant dans un univers où l'onirisme et la poésie tiennent une place prépondérante, toute la troupe conçoit ses relations avec le public comme une réelle richesse à partager. Tout ici, les rapports humains, les décors, les histoires, le jardin, participent vivement à ce moment d'évasion. Vous pourrez assister à une répétition, discuter avec un créateur, comprendre sa démarche ou encore observer la vie d'une compagnie de théâtre. Vous y découvrirez les histoires du site, les officielles et celles rêvées par un homme qui n'a de cesse de donner matière à son imaginaire. La vieille usine de futailles, la bastide aux origines incertaines et les différentes légendes en font une visite particulière.

Dès les travaux de mise en conformité terminés, il sera possible de venir voir des spectacles sur place. L'usine, qui sert actuellement d'entrepôt de décors et de costumes, devrait devenir un théâtre. D'ores et déjà, la bastide accueille quelques artistes en résidence ainsi que les bureaux de la compagnie.

Le Cosmos Kolej cherche véritablement à s'impliquer dans la vie de son quartier. Les élèves du collège Elsa-Triolet parrainent actuellement le lieu. Les jardins de La Gare Franche leur offrent une bouffée d'oxygène dans ce quartier qui manque cruellement d'espaces verts.

BAR
O-TO
servez-vous...
prix
volume

LA STATION-SERVICE DES FRÈRES KRIKORIAN

21

68, avenue de Saint-Antoine
• Accès : bus n° 97 direction Hopital-Nord, arrêt Chemin-de-Mimet ou bus n° 26, arrêt Saint-Antoine
• Tél. : 04 91 51 25 91

« Boire ou conduire ! »

Sur l'avenue de Saint-Antoine, une petite station-service indépendante, comme on n'en voit plus depuis bien longtemps, étonne l'automobiliste de passage. Conçue dans les années 50 sur un ancien relais de diligences, elle a gardé tout son cachet. On s'y arrête pour son bar en Formica multicolore, typique de l'après-guerre. Le petit hôtel, caché derrière la pompe à essence d'origine, héberge à l'année quelques figures du quartier. Faute de mains d'œuvre, le restaurant est, lui, fermé depuis bien longtemps.

Ce qui attire avant tous les visiteurs, c'est la notoriété qu'ont connue les deux frères Krikorian. L'un, André Rian, pour ses entrées dans les plus hautes sphères du show-business grâce à son orchestre qu'il baladait de gala en gala à travers toute la France. Son histoire passionnante ne se raconte pas, elle s'écoute. Allez donc discuter un peu avec lui autour d'un verre. L'autre, Jacky, fut réputé pour sa carrière de footballeur professionnel.

André et Jacky ont su, au cours des années, mener de front une carrière professionnelle intense et la gestion de cette modeste entreprise familiale qui les a vus naître. Ils ont su tenir tête aux grands groupes pétroliers qui cherchaient à les déposséder de leur bien. Les frères Krikorian sont aujourd'hui totalement indépendants et revendiquent cette liberté.

Si deux pompes à essence modernes sont venues épauler la pompe d'origine, le hangar où naguère on attelait les chevaux et dans lequel les anneaux en fer sont toujours visibles, ainsi que la personnalité de nos deux comparses, toujours aimables et souriants, tout ici invite les curieux à s'arrêter un instant. Quitte à faire le plein, autant le faire ici !

À VOIR AUX ALENTOURS :

LA MONTÉE DE LA BUTTE MONTMARTRE

22

Quartier de Verduron

Pas de Moulin Rouge au pied de la version marseillaise de la butte Montmartre, mais de charmantes maisons qui bénéficient très probablement des plus belles et des plus étonnantes vues de la ville. Sur les hauteurs du quartier de Verduron, deux immenses escaliers situés en parallèle, au départ du bien nommé boulevard du Point-de-Vue, ont emprunté leurs noms aux deux points culminants de Paris, les Buttes-Chaumont et la butte Montmartre.

LA TOUR À GLACE DU MARCHÉ D'INTÉRÊT NATIONAL DE SAUMATY

23

Chemin du Littoral • Tél. : 04 91 10 11 96
• Tour à glace : ouvert du lundi au vendredi de 5 h à 20 h et le samedi de 5 h à 12 h - Tél. : 04 91 46 04 09
• Restaurant «Le poisson qui marche» : ouvert du lundi à dimanche de 12 h à 14 h, mardi et samedi de 19 h 45 à 22 h
• Menus 27 et 45 € - Tél. : 04 91 46 70 00

« La pêche miraculeuse

Centrale de vente en gros de produits frais destinés aux professionnels, le marché d'intérêt national est composé de deux sites distincts, situés dans deux quartiers très différents. Le marché des Arnavaux est spécialisé dans la vente de viande, de fruits, de légumes et de fleurs. Le marché de Saumaty est, lui, exclusivement dédié aux produits de la mer et recèle, derrière sa grande halle, le dernier véritable port de pêche de Marseille. Ce site très particulier peut se visiter et l'on peut également y manger dans l'un des meilleurs restaurants de poisson de la ville, le méconnu «Poisson qui marche».

Fondé en 1976, le MIN de Saumaty rassemble sur 8 hectares tout ce qui touche au marché de la mer, et sur 4 hectares de plan d'eau, un port de pêche dissimulé au cœur du Port autonome, à l'entrée de l'Estaque. Tous les jours, chalutiers, thoniers, lamparos et autres embarcations débarquent à 16 heures, chargés de poissons pêchés dans la nuit. C'est à ce moment que la halle à marée, immense hangar de plus de 5 000 m2, commence à s'activer. Pêcheurs, grossistes et mareyeurs battent le pavé avant l'arrivée des acheteurs professionnels : restaurateurs, poissonniers ou acheteurs de grandes surfaces. À 17 heures, les ventes commencent. Elles s'achèveront à 20 heures dans une atmosphère parfois électrique.

La Somimar, la société qui dirige le MIN, organise tout au long de l'année des visites de Saumaty. Deux rendez-vous sont également proposés par l'office du tourisme. La présentation du site, son histoire, l'arrivée des chalutiers, le débarquement des poissons, la grande halle à marée, mais aussi la tour à glace, une étonnante tour métallique de plusieurs mètres de haut qui produit quelque 45 tonnes de glace par jour, sont autant de curiosités à découvrir. Destinée en premier lieu aux professionnels, la tour à glace est également ouverte au public et permet de se procurer des sacs de glaçons ou de glace pilée de plusieurs kilos.

Un restaurant de poissons, «le poisson qui marche», ainsi qu'un snack, sont également accessibles au public tous les jours de la semaine. C'est un excellent restaurant gastronomique situé sur les hauteurs de la halle, pour lequel le chef s'approvisionne tous les jours à la criée. Ouvert en 2003, il est très peu connu du grand public car beaucoup le conçoivent encore comme un restaurant réservé aux professionnels. La salle du restaurant, en baie vitrée, offre une superbe vue du port de Saumaty que vous pourrez admirer en goûtant par exemple un rôti de lotte farci, sauce poulet. Il propose également dans le petit salon une impressionnante carte de whiskies et une cave à cigares.

LE PARCOURS DES PEINTRES

24

Village de l'Estaque
• Accès : bus n° 35, départ devant l'église Saint-Ferréol, place Gabriel-Péri
• Deux circuits sont proposés par l'office de tourisme de Marseille : « L'Estaque, parcours des peintres » et « Promenade urbaine poétique, littéraire et décalée dans le quartier de l'Estaque » par le comédien-tchatcheur Jean-Marie A.Sanchez
• Réservation et calendrier : Tél. 08 6 500 500
• http://www.marseille-tourisme.com

Une palette impressionnante

Hommage à la mémoire des peintres qui ont rendu l'Estaque si célèbre. L'Estaque possède huit plaques de laves emmaillées éparpillées au gré des rues. Elles affichent la plupart du temps un petit texte ainsi qu'une représentation d'un tableau et offrent aux promeneurs curieux un parcours ludique et original au cœur du village. Cette belle initiative de l'office du tourisme a été inaugurée en janvier 2001.

La première plaque se situe sur la chaussée, à l'entrée du port, à la sortie du village. Elle concerne le peintre André Derain et représente une scène de bateaux de pêche réalisée ici même en 1905. L'ambiance n'a guère changé. À cette époque Derain travaille étroitement avec Matisse. Il sera le premier de sa génération à opérer une fusion entre l'art primitif instinctif et la recherche picturale, par une stylisation des traits et des volumes. Il fait entrer la vie quotidienne dans la peinture.

En suivant l'embarcadère, entre les bateaux, vous atteindrez la deuxième plaque du parcours, consacrée à Georges Braque qui passa son été 1907 entre l'Estaque et la Ciotat. Il reviendra par la suite quelques années plus tard, alors qu'il partage un atelier avec Raoul Dufy, pour peindre la terrasse des sœurs Fallet, une étonnante auberge ouverte dès 1845. Le château Fallet, aujourd'hui divisé en copropriétés, est encore visible, peint en rose, au niveau du 146, chemin du Littoral. Vous le distinguerez entre les arbres en levant la tête. Les peintres de passage y ont tous été invités avec leurs chevalets, aussi existe-t-il de nombreuses représentations de la large terrasse de ce château aujourd'hui oublié. Remontez ensuite vers la ville. Suivez le parcours fléché dit «Parcours des peintres» pour atteindre la place François-Malterre. Face à vous en haut d'un escalier se dresse l'église du village, à droite de la maison Giraud que Cézanne louait à chacune de ses visites et sur laquelle est posée une autre plaque. Il y viendra une première fois en 1864 puis quelques années plus tard afin de s'y cacher pour fuir la guerre contre la Prusse. À gauche, la plaque émaillée relate certains échanges entre Cézanne, Renoir et Zola, alors en train d'écrire Naïs Micoulin, inspiré par une ouvrière d'une tuilerie de l'Estaque. C'est également à cette époque qu'il crée La Marseillaise, un quotidien local qui fera faillite alors que Cézanne est, lui, initié aux eaux-fortes par Pissarro.

En 1884 Cézanne et Renoir, en pleine période impressionniste, posent leurs chevalets dans l'arrière-pays. On répertorie aujourd'hui quatre tableaux de Renoir sur l'Estaque, bien qu'il ait toujours tourné le dos à mer.

La promenade se poursuit par la rue Jumelle, sur la gauche, un peu plus haut derrière la place, puis sur la droite par la traverse Mistral. Descendez ensuite sur la droite dans l'avenue de la Mer, pour suivre la route qui tourne sur la gauche. Vous apprécierez les belles villas d'époque qui balisent le chemin sur les hauteurs du village. Cette plaque illustre le premier tableau cubiste de sa génération, réalisé par Georges Braque en 1910. La maison à l'Estaque est toujours visible sur l'autre rive des Riaux. On reconnaît aisément ses formes, ses volumes, seule la peinture des volets a changé. Le vallon des Riaux, creusé par un cours d'eau, s'étire jusqu'aux collines en traversant les différentes carrières inaugurées par le percement du tunnel de la Nerthe au début du XXe siècle.

Remontez ensuite le boulevard de la Falaise, puis la montée Castejon, juste après le viaduc pour apercevoir, sur la gauche, au loin, une ferme jaune accolée à une maison grise.

Il s'agirait de la ferme paternelle des Puget, bien que Pierre Puget soit né au Panier. La bastide familiale fut peinte par Cézanne.

D'autres plaques jalonnent encore le parcours, vous les découvrirez en redescendant sur la route du Rove.

L'ENTRÉE DU TUNNEL DU ROVE

25

Port de la Lave
• Route du Rove
• Accès : bus n° 5, arrêt Corbière

> *Le plus grand tunnel maritime d'Europe*

Plus grand tunnel maritime d'Europe, le tunnel du Rove est fermé depuis 1963, après un éboulement qui a eu lieu en son centre. Aujourd'hui, de par sa taille imposante, il reste très impressionnant d'aller en observer l'entrée.

Située au pied des jardins de Corbière, dans le renfoncement du petit port de la Lave, la vue sur l'entrée du tunnel est accessible par la route du Rove, après le village de l'Estaque, en direction de la côte bleue. Les travaux du tunnel commencèrent en 1911, donnant lieu à une première jonction de galeries en février 1916. Ensuite, seront progressivement posées les briques de la voûte sur plus de 7 kilomètres de long, 18 mètres de large et 15 mètres de hauteur.

L'objectif du tunnel était de permettre à des péniches de gabarit international, avec un tirant d'eau maximal de quatre mètres, de transporter des marchandises pondéreuses depuis le port de Marseille jusqu'à l'étang de Berre, à Fos-sur-Mer. Ce trajet leur permettait d'atteindre ensuite Port-Saint-Louis et de remonter le Rhône.

Ce tunnel est aujourd'hui l'objet de plusieurs projets de réhabilitation afin, principalement, d'y faire circuler l'eau, ce qui permettrait de lutter contre la pollution de l'étang de Berre, aujourd'hui voué à une catastrophe écologique. Au vu de la quantité des rejets industriels, une simple remise en circulation de l'eau permettrait un rétablissement du taux de salinité et favoriserait à nouveau le repeuplement de la faune et de la flore du plus grand étang marin d'Europe qui s'étend sur 15 500 hectares.

LE HAMEAU DE LA NERTHE

26

Accès : en voiture
Sur la route du Rove, prendre le chemin de La Nerthe

Promenade dans un terroir oublié

Sur les hauteurs de l'Estaque, aux limites de la ville, un hameau verdoyant dont les plus anciennes mentions datent du XIe siècle, recèle encore quelques curiosités incontournables. On y découvre, au cours d'une agréable promenade, des ruines ancestrales, un village perdu dans les collines et une petite chapelle abritant une étrange vierge à l'enfant.

À l'entrée du hameau, sur un monticule éloigné de la route, il est encore possible d'apercevoir une bâtisse en ruine et les restes d'une tour. Le «château de l'air» aurait été au Moyen Âge une métairie bâtie sur des fondations beaucoup plus anciennes. En contournant la ruine, on aperçoit au sol que les roches semblent avoir été affûtées pour les rendre tranchantes. Certains textes prétendent que les Templiers, alors très actifs dans la région, y auraient construit une forteresse, cherchant à contrôler la communication entre Marseille et la «mer de Martigues». À la suppression de leur ordre, autour de 1300, tous leurs bâtiments furent détruits.

Un peu plus loin, on découvre un village sur la droite, constitué de quelques corps de bâtiments et d'une petite chapelle. Notre-Dame-de-la-Galline aurait été consacrée une troisième fois en 1045 par Pons, alors évêque de Marseille, sous le nom de Notre-Dame-de-la-Nerthe. Les mentions antérieures ont disparu. La chapelle, très sobre, ne présente que très peu d'intérêt visuel de l'extérieur mais elle renferme de superbes ex-voto des XVIIe et XVIIIe siècles ainsi qu'une statue de Vierge à l'enfant en bois polychrome qui daterait du XVe siècle. Serré contre la hanche de Marie, l'enfant Jésus tient dans ses bras une poule blanche. L'histoire, quelque peu étrange, relate un acte datant de 1405 selon lequel le prêtre de la Nerthe aurait passé un amendement pour un lopin de terre avec le prêtre des Pennes, moyennant du blé et une poule qu'il devait lui remettre chaque année au 15 août. Un pèlerinage avait lieu chaque année le 8 septembre jusqu'aux années 1980, date de la dernière restauration de l'église. Une messe a encore lieu tous les premiers samedis du mois à 10 heures, dernier moyen de pouvoir encore contempler l'intérieur de l'édifice et ses chefs-d'œuvre.

Non loin de là il est également possible d'apercevoir sur le bord de la route une large bâtisse en ruine et un ancien four à chaux.

INDEX ALPHABÉTIQUE

Remerciements :
Pour Éléonore van den Bogart :
Serge Alexandre, Silvie Allemand, Dan Assayag, Maeva Aubert, Monsieur Bayle, Emilie de Beaumont, Madame Berrest, Florent Billioud, Adrien Blès, Guy-Auguste Bonifacci, Christine Bonneton, Ludovic Bonneton, Louis-Marie Bourgeois, sœur Chantale, Jérome Denoix, Chantale Desurmont, Niloufard Djavadi, Daniel Drocourt, René Egea, Nicole Farese, Vincent Formery, Nicole Gage, Monsieur Germain, Robert Gilles, Mathieu Gubert, Antoinette Guillem, Madame Girardin, Adélaïde Giustetti, Louis Giustetti, Pascale Giustetti, Azmina Goulamaly, Aliette Jalenques, Bruno Joannon, Timothée Jonglez, Monsieur Jouannaud, Rémy Kertenian, Madame Lacquevres, Sandrine Leras, Jean-Claude Lévi, Jérome Lion, Monsieur Madonna, Alain Mantes, l'adjudant Marassé, Georges Marbec, sœur Marie Laetitia, Marseille Espérance, Jean-Michel Martinez, Éric Martin, Lucas d'Orgeval, Francois et Sally Picard, Valérie Renaud, Corine Robet, Monsieur Sabatini, Madame Sakakini, Pierre Santoul, Robert Saunier, Damien Seyriex, Monsieur Soler, Monsieur Star, Madame Tabet, Ambroise Tézenas, Odile Thiery, Monsieur Thomas, Madame Tordjman, l'abbé Yannick Vella, Patrick Vidal, Prune Vidal, Marie de Viviés, Roseline Ynesta, Karine Zacharias, Wladislaw Znorko et toute son équipe.
Ainsi que toute l'équipe du musée d'histoire de Marseille et des archives municipales.

Pour Jean-Pierre Cassely :
Michel Aperio, Père Armagier, Marie Aubert, Régis Bertrand, Jacques Betbedé, Adrien Blès, Patrick Boulanger, Benteta Bouchra, Evelyne Bremondi, Alain Briselance, père Pierre Brunet, Jean-Michel Calard, James Caplan, Caroline Casta, Jean-Albert Chiapero, Jean Contrucci, Alèssi dell'Umbria, Louis Del Rosso, Jacques Fasce, Thierry Garcia, Claire Guillon, Christian Laget, Marie-Noëlle Mivieille, Yves Padovani, Nathalie Paoli, Sophie Pellegrin, père Louis Spazokilis président de la commission d'art sacré, Marc Stamegna, François Thomazeau, Natacha Tourseiller, Jean-Pierre Tricon, et Sophie Vague.

Crédits photographiques : Geoffroy Mathieu et Jean-Pierre Cassely, sauf : lunette Jean-Louis Pons (Michel Eisenho), collier marseillais (Pellegrin et fils), château Ricard (Ricard) et théâtre du gymnase (théâtre du gymnase).

Cartographie : Jean-Baptiste Neny - **Conception de la maquette :** Roland Deloi - **Maquette :** Stéphanie Benoit - **Lecture-correction :** Marie-Odile Boitout, Marielle Gaudry, Romaine Guérin et Stéphanie Jonglez.

Dépôt légal : avril 13 – Édition : 02
ISBN: 978-2-36195-041-5
Imprimé en France par Gibert-Clarey
37 170 CHAMBRAY-LES-TOURS